KB198877

이슬람에서
바라보는 유럽

나이토 마사노리 **지음** | 권용철 **옮김**

AK

일러두기

1. 이 책에 나오는 외국 지명과 외국인 인명은 국립국어원 외래어 표기법에 따랐다.

2. 서적 제목은 겹낫표(『 』)로 표기하였으며, 그 외 인용, 강조, 생각 등은 작은따옴표를 사용하였다.

목차

머리말

필자의 이전 저서인 『유럽과 이슬람 ─ 공생은 가능한가?』가 간행된 것은 2004년의 일이었다. 그 이후, 유럽과 이슬람의 관계는 악화의 일로를 걸었고 극단적으로 말하면, 공생의 방향으로 나아갔다고 확신할 수 있게 하는 일은 하나도 일어나지 않았다고 말해도 좋을 것이다. 특히 2015년부터 2020년까지 중동에서의 내전과 전쟁의 결과로 인해 난민의 격류(激流)가 유럽으로 향하면서 유럽과 이슬람의 공생은 불가능한 상황으로 빠져들고 있다.

유럽만 그런 것이 아니라 미국도 도널드 트럼프 정권이 탄생하면서 무슬림(이슬람교도)과의 관계는 상당히 냉랭해졌다. 이 책에서는 깊숙이 들여다보지 않겠지만, 트럼프 정권 이전까지 미국에서 무슬림과의 공존은 유럽보다도 잘 이루어지고 있었다. 어디까지나 상대적인 이야기이지만, 유럽에 비하면 원리적, 조직적인 차별과 소외가 행해지지는 않았다고 할 수 있다.

그 배경 중의 하나로는 미국이 이민으로부터 성립된

국가이기 때문에 국가를 구성하는 '국민'의 정의에 '민족'이나 '혈통'과 같은 것을 끌어내지는 않았던 점이 있다. 토착 아메리칸(Native American)은 백인 입식자(入植者)에 의해 박해를 받는 입장이었기 때문에 토착(네이티브) 국민이라고 하는 정의는 본래 미국과 같은 이민 국가에서는 사용하지 않는다.

또 한 가지는 사회에 기독교의 강한 영향력이 있음에도 불구하고, 미국 헌법의 수정 제1조는 '국가의 교회'를 가지는 것을 인정하지 않고 있고 그래서 기독교 국가를 정면에서부터 주장할 근거를 보유하지 않았다는 점이다. 종교의 다양성을 받아들이는 것은 미국이라고 하는 국가형태의 기초가 되었던 것이다. 그런데 트럼프 정권의 탄생으로 미국의 원점(原點)이라고 할 수 있는 다양성의 전제가 붕괴되기 시작했다.

한편, 유럽의 여러 국가들은 영국, 아일랜드, 키프로스, 몰타 등을 제외하면 태반이 대륙에 있고 육지상에서 국경을 구분하여 독립된 국가를 이루고 있다. 그래서 국경선의 안쪽에 거주하는 사람에게는 국민으로서의 어떠한 정의가 필요했다. 말하자면, 원국민(原國民, 네이티브)이라고 할 수 있는 사람의 속성을 국가 성립 시기에 정하지 않으면 안 되었다. 거기에는 민족, 건국의 이념, 그리고 종교적인 배경까지 짙게 남아 있다.

그런데 20세기 후반이 되면서 국경을 넘는 사람의 이동이 활발해졌고, 본래는 국민이 아닌 '이질적 존재'를 국내에 포함하게 되었다. 여기에서 다루는 유럽의 이슬람 문제라고 하는 것은 유럽에게 있어서 '이질적인' 무슬림이 유럽 각 국가에 정주해 가는 과정에서 현저하게 나타났던 것이다.

이에 더하여 유럽의 여러 국가들에는 종교와 국가의 관계에 대해서 '세속주의'라고 하는 매우 강력한 사상 조류가 있었던 것이 무슬림과의 공존을 곤란하게 만들었다. 간단하게 말하면, 국가의 공적인 영역에 종교가 개입할 수 없다는 사상이자 원칙이다.

이에 비해 이슬람이라는 종교의 본질에는 세속주의라고 하는 것을 받아들일 여지가 없다. 인간 사회의 어느 영역에는 신의 손이 미치지 않는다고 하는, '속'(俗)과 '성'(聖)을 구분하는 사고방식이 존재하지 않는 것이다.

그렇기는 하지만, 19세기 이래 무슬림 측은 서구에서 생겨난 세속주의와의 타협을 이어가려고 했다. 20세기가 되면서 서구 열강의 식민지나 위임통치령이었던 다수의 이슬람 지역이 독립을 한 이후부터도 이슬람에 기초를 둔 통치는 이루어질 수 없었다. 정도의 차이는 있지만, 서구 근대국가를 모방하여 세속주의(정교분리)를 받아들이지 않을 수 없었던 것이다.

그러나 1980년대부터 세계의 무슬림들 중에는 점점 세속주의로부터의 거리를 두는 사람이 늘어났다. 세속주의를 거절하는 무슬림의 운동도 세계 각지에서 기세를 올렸다. 중동, 이슬람 세계에서 나타난 이슬람 부흥 운동의 조류이다. 이 운동은 조금 뒤늦게 유럽으로 건너왔던 무슬림 이민들 사이에서도 확산되어 갔다.

이 책에서는 이전 저서와는 조금 관점을 바꿔서 이슬람 세계 측에서 일어났던 것이 유럽에서 이끌어낸 반응에 초점을 맞추려고 한다. 이슬람이라고 하는 것의 이질성을 유럽 안에서 파악하는 것이 아니라 양자의 상관관계 속에서 공생이 파탄으로 향하는 과정을 서술해보려는 시도이다.

서장

───────────

유럽의 무슬림
세계

유럽에 거주하는 무슬림

유럽 사회에서 이슬람에 대한 몰이해(沒理解)는 최근에 적대감으로 바뀌었다. 유럽 사회는 과거 반세기 이상에 걸쳐 함께 거주해 왔던 이웃인 무슬림 이민에게 적대감을 가지게 된 것이다.

2017년 봄, 베를린에 있는 이슬람 조직의 한 사람은 필자에게 이렇게 말했다.

"10년 정도 전까지 독일인들은 무슬림에는 '좋은 무슬림'과 '나쁜 무슬림'이 있다고 말했다. '나쁜 무슬림'이라고 하는 것은 말할 것도 없이 테러리스트이다. 그런데 지금은 무슬림이라고 말하면, 즉 나쁜 인간을 의미하는 것이 되어버렸기 때문에 대화의 실마리조차 보이지 않는다."(베를린-이슬람 연맹의 부르한 케시치)

무슬림의 인구가 지나치게 많은 것일까? 아니면 무슬림에 의한 테러가 계속 이어지는 것이 원인일까? 혹은 유럽 사회 측이 무슬림을 계속 오해한 결과로 인해 적대시하게 된 것일까?

이러한 질문들에 답하기 이전에 먼저 대체 어느 정도의 무슬림이 유럽 여러 국가들에 거주하고 있는지, 어디

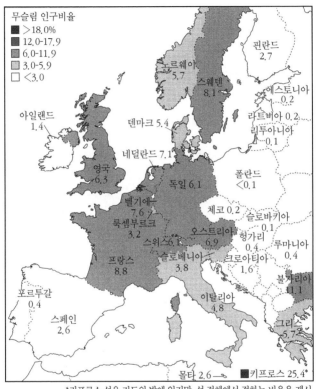

무슬림 인구비율
>18.0%
12.0-17.9
6.0-11.9
3.0-5.9
<3.0

핀란드 2.7

노르웨이 5.7

스웨덴 8.1

에스토니아 0.2

라트비아 0.2

리투아니아 0.1

아일랜드 1.4

덴마크 5.4

네덜란드 7.1

폴란드 <0.1

영국 6.3

독일 6.1

체코 0.2

슬로바키아 0.1

벨기에 7.6

룩셈부르크 3.2

오스트리아 6.9

헝가리 0.4

루마니아 0.4

스위스 6.1

슬로베니아 3.8

크로아티아 1.6

불가리아 11.1

프랑스 8.8

포르투갈 0.4

스페인 2.6

이탈리아 4.8

그리스 5.7

몰타 2.6 → ■키프로스 25.4*

*키프로스 섬은 지도의 밖에 있지만, 섬 전체에서 점하는 비율을 제시.

출처 : Pew Research Center의 EU 국가들의 데이터(2016년 당시)

그림 서-1 유럽의 무슬림 인구비율

에 거주하고 있는지를 살펴보려고 한다.

국가마다 정확한 종교별 통계가 갖추어진 것은 아니지만, 미국의 퓨 리서치 센터(Pew Reseach Center)의 EU(유럽연합) 여러 국가들의 데이터(2016년 당시)를 소개한다(그림 서-1). 다만 이 통계도 2015년 유럽의 난민 위기로 인해서 많은 시리아인과 이라크인이 유럽에 쇄도했던 것을 반영하지 못해서 실제로는 더 늘어났다고 생각하는 것이 좋겠다.

대략적으로 살펴보면 독일에 500만 명, 프랑스에도 500만 명, 영국에는 300만 명, 이탈리아에도 250만 명 정도의 무슬림이 있다. 비율을 보면, 대체로 5% 전후이지만 무슬림은 주로 도시 지역에 거주하고 있기 때문에 대도시에서의 비율은 꽤 높아진다. 우리들이 여행을 할 때에 런던, 파리, 베를린이나 암스테르담을 방문할 경우 이곳이 도대체 어느 나라인가라는 생각을 가질 수도 있다.

베를린, 클로이츠베르크의 변화

그런데 많은 이민이 거주하는 거리의 모습은 조금씩 변화하고 있다. 2015년, 베를린의 클로이츠베르크를 방

깔끔하게 개장된 클로이츠베르크의 튀르키예 요리점. 가게 내부의 사진은 40년에 걸친 이 가게의 역사를 찍은 것(2015년, 필자 촬영).

문했을 때에 필자는 그 변화를 보고 매우 놀랐다. 클로이츠베르크라는 지역은 10년 전까지만 해도 튀르키예 사람들의 거리로 알려져 있었다. 코트부사 토아라고 하는 지하철역에서 내리면, 근처에 튀르키예어 간판이 넘쳐나고 도착하는 곳에 튀르키예 요리인 도네르 케밥을 먹을 수 있는 식당, 튀르키예의 식재료를 파는 상점이 늘어서 있었다. 걸어가고 있어도 독일어는 거의 들리지 않고 튀르키예어가 난무하는 거리였다. 거리의 분위기는 거칠고 어두웠다.

그곳에는 중정(中庭)을 둘러싸서 만든 건물이 많고, 1층 부분은 작은 공방(工房)이나 아틀리에가 있고, 위층에는 이민들이 거주하고 있었다. 주민 중에서도 독일인은 적었다. 위층의 창문으로는 아이들이나 여성이 얼굴을 내놓고 조그만 중정을 바라보고 있는 모습을 자주 볼 수 있었다.

그 거리가 깔끔한 구획으로 변해 있었다. 예전부터 있었던 서민적인 튀르키예 요리점은 한껏 멋을 부린 튀르키예풍의 카페로 변해 있었다. 점포 앞에서 도네르 케밥을 굽고, 끊이지 않고 근처에 거주하는 노동자들이 찾아와서 마구 주문을 하는 떠들썩함은 더 이상 존재하지 않았다.

유기농 재료를 사용하는 카페와 새로운 디자이너의 옷을 파는 옷가게를 볼 수 있었던 반면, 튀르키예인의 식료품 가게나 도네르 케밥의 인비스(패스트푸드 가게)는 대부분 없어졌다. 튀르키예인 거리의 '향취'가 사라진 것이다.

만났던 사람에게 물어보니 이곳은 이미 튀르키예인 거리의 클로이츠베르크가 아니라고 한다. 물론, 아직 남아

클로이츠베르크의 공공주택. 예전에 다수의 튀르키예인이 거주하고 있었다(2015년, 필자 촬영).

있는 향기는 있지만 이색 문화의 향기를 즐기는 젊은 부부와 아티스트, 환경문제에 민감한 주민들이 늘어났다고 한다. 예전에는 모든 건물도 벽의 색깔이 칙칙해서 어두운 인상이었는데, 이미 밝은 크림 색깔 등으로 벽이 칠해져 있었다.

시리아 등 다양한 아랍 사람들의 거리

2년 후, 인근에 있는 노이케른 구역의 헤르만프랏치를 방문했을 때에 필자는 다시 놀랐다. 중동풍 이민 거리의 모습은 이곳에 남아 있었다. 그리움을 느끼기도 했는데, 길을 가는 사람들이 하는 말은 튀르키예어가 아니었다. 시리아나 이라크에서 사용되는 아랍어였다.

동행했던 팔레스타인 출신 조수의 표정이 급속하게 밝아졌다. 팔레스타인 사람들의 모어도 아랍어이기 때문에 시리아에서 사용하는 언어와 가까웠기 때문이다.

시리아인이 운영하고 있는 카페를 방문했다. 일을 하는 사람들은 이라크, 시리아, 이집트 등 다양한 아랍 국가들에서 온 난민과 이민들이었다. 손님의 대부분은 시리아에서 온 난민이었는데, 즐겁게 대화를 나누는 사람은 없고 모두 소곤소곤 작은 목소리로 대화하면서 스마트폰을 조작하고 있었다. 마시고 있는 것은 홍차 아니면 가루를 통째로 끓는 물에 섞어서 내놓는 커피였다.

헤르만프랏치 근처에도 예전에는 튀르키예 요리인 도네르 케밥의 인비스가 늘어서 있었던 반면, 지금은 시리아 요리점이 많다. 슈퍼마켓도 예전에는 튀르키예어로 가게의 이름을 적었던 점포가 많았는데, 이제 사진에 보이는 것과 같이 아랍어로 되어 있다. 이 점포의 이름은 알 디마슈키(다마스쿠스의 사람)이기 때문에 난민이 처음 만들었을 것이다.

헤르만프랏치에 있는, 아랍어로 적힌 슈
퍼마켓(2017년, 필자 촬영).

　여기에서 한 가지 일본에 거주하는 일본인들이 오해하기 쉬운 점에 대해 언급해두고자 한다. 난민이라고 하면, 심한 타격을 받고 난민 캠프에 수용되어 앞날을 걱정하면서 살아가는 사람을 상상하는 경향이 있다. 그러나 시리아인은 특히 그러하지만, 놀랄 정도로 자립심이 강하다. 그들은 독일에 안주할 땅이 있기 때문에 이곳을 목표로 삼았지만, 이는 정부의 보호에만 의지하려는 것이 아니다. 독일이 유럽 국가 중에서도 경제가 좋은 상황이고, 할 일이 있다는 것을 알고 있었다. 그리고 그뿐만이 아니다. 호경기를 이용하여 곧바로 장사를 시작하려는 의욕으로 넘쳐났던 난민도 많았다. 시리아인은 중동 국가들 중에서도 레바논인과 나란히 상업의 민족으로 알려져 있다. 대략 세계의 어디를 가더라도 그 자리에서 장사를 시작할 정도의 노하우와 기개를 지닌 사람들이다.

이민의 거리, 파리

파리에도 또한 많은 이민들이 넘쳐나고 있다. 다수의 이민이 거주하고 있는 지역은 파리의 교외인데, 물건을 사기에 편리한 지역은 시내의 북쪽 역에서부터 동쪽 역에 걸친 일대에 퍼져 있다.

파리의 서쪽에서부터 남쪽에 걸쳐서는 부유한 사람들이 거주하고, 동쪽에서부터 북쪽에 걸쳐서는 소득이 낮은 계층의 사람들이 많다. 이민이 거주해 왔던 교외라고 하는 곳은 후자의 지역에 있다.

2005년에는 끌리쉬-쑤-부와 등에서 젊은이들과 경찰이 충돌하면서 차를 불태우는 등의 폭동이 일어났다. 파리 시내에서부터 샤를 드골 공항으로 향하는 교외 전차가 통과하는 곳인데, 공항까지 직통으로 가는 전차를 타면 이곳에는 정차하지 않는다. 그러나 각 역마다 정차하는 것을 타면 교외의 거리에서 하나의 역마다 멈추게 된다.

2005년의 폭동 직후, 이 지역의 분위기는 상당히 삼엄했다. 인적이 드문 역에서 내렸다가 여러 명의 소년들에게 가방을 빼앗기기도 하고, 소득이 낮은 사람들을 위한 공공 주택들이 있는 곳에 다가섰을 땐 어디에서 던졌는지는 모르겠지만 돌이 날아오기도 했다. 다른 지역에서 온 사람에 대해서 강력한 불신감을 가지고 있었음이 분명하다.

그러나 2015년에 이 지역을 걸어갔을 때에는 10년 전의 인상과 크게 달라졌다. 베를린과 마찬가지로 파리에서도 일정 지역에 이민이 집중하면서 범죄가 많이 발생하는 것을 행정 당국이 문제로 여기면서 우선 그러한 지역을 청결하게 만들기 위한 도시계획이 시작되었다. 우선이라고 쓴 것은, 몰라보게 예뻐지는 것은 아닐지라도 삭막한 분위기의 대규모 주택부터 조금 더 낮은 층으로 해서 서로 주민의 얼굴이 보일 정도의 집합 주택으로 새로 만든 곳이 몇 군데 있었기 때문이다. 끌리쉬-쑤-부와도 깔끔해진 인상이었는데, 여전히 경찰과 주민 젊은이와의 관계는 긴장되어 있었다.

필자가 방문했던 2015년 봄에도 통행 중인 차를 갑자기 잠복 중인 순찰차가 정지시키더니 안에 있던 사람들을 끌어내리고 차 안을 뒤져 소지품을 조사하는 상당히 황당한 장면과 마주쳤다. 함께 있었던 튀르키에 사람에 따르면, 거리는 깔끔해졌지만 마약 거래 수사와 테러 관계 수사로 주민을 느닷없이 구속하는 것은 흔히 있는 일이었다.

다만 필자가 방문했던 시기는 그해 11월에 일어났던 파리의 동시다발 테러 사건 이전이었다. 그 이후에 비상사태선언이 나오면서 다시 경찰과의 관계는 긴장이 계속되고 있다.

동유럽의 무슬림

앞서 나온 〈그림 서-1〉은 EU 가맹국에서 무슬림의 비율을 표시한 숫자이다. 유럽으로 많은 난민이 오기 이전 주변 여러 국가들의 상황을 같은 퓨 리서치 센터의 2010년 추계로 살펴보려 한다(Pew Research Center, 27 Jan.,

그림 서-2 보스니아-헤르체고비나, 코소보 주변의 지도

Muslim Population by Country).

  코소보에는 무슬림의 비율이 92%, 알바니아는 82%, 보스니아-헤르체고비나는 42%, 마케도니아는 34%(북마케도니아에 대해서는 튀르키예의 NGO인 IHH인도지원재단, 2014년에 따른다), 몬테네그로는 19%와 같이 무슬림의 비율이 높은 국가가 나란히 존재한다(그림 서-2 참조). 이러한 발칸반도의 국가들에 무슬림이 많은 것은 오스만제국 영토였던 시대에 무슬림으로 개종하고 그대로 계속 거주했던 시민이 많았기 때문이다.

  그런데 이러한 국가들에도 새롭게 유입하는 무슬림이 있다. 중동 국가들의 질서가 잇달아 붕괴로 향했기 때문에 많은 난민이 유럽으로 향했다. 그들 중에는 본래 무슬림이 많은 이러한 국가들을 목적지로 삼은 사람들이 있었기 때문이다. 이 지역은 무슬림 사회로서 중동에서부터 연결되고 있다는 것이 실감되었다.

다만 동유럽이라고 해도 여기에서 언급한 것처럼 무슬림이 거주하고 있는 곳은 옛 유고슬라비아의 여러 국가들, 혹은 중동과 가까운 지역이다. 이 지역은 키프로스를 제외하면 이전의 사회주의권에 속했던 것도 있어서 무슬림이라고 해도 종교가 아이덴티티의 전면으로 나타나는 일은 많지 않았다.

보스니아와 코소보

우리들이 동유럽에 대해서 '무슬림'이라는 말을 빈번하게 들었던 시기는 옛 유고슬라비아가 붕괴했던 1990년대 초에 시작된 보스니아 분쟁 때였다. 이때 세르비아 및 크로아티아와 분쟁했던 보스니아-헤르체고비나의 '민족'에 '무슬림 사람'이라는 명칭이 붙은 것을 보았다. 동유럽을 전문적으로 공부하지 않은 필자의 입장에서는 단지 무슬림이라고만 해도 좋을 것 같은데, 왜 '사람'을 붙였는지 기묘하게 느꼈던 기억이 있다.

그들도 언어적으로는 세르보-크로아트어를 말하고 있었기 때문에 세르비아인, 크로아티아인이었는데 종교적인 아이덴티티가 달랐다. 지금은 보스니아인이라고 표기되는 경우도 많아졌다. 세르비아인의 대부분은 기독교 정교도이고, 크로아티아인의 대부분은 가톨릭이라는 것을 생각하면, 처음부터 종교적인 아이덴티티를 둘러싸고 차별화가 시도되었던 것이다.

2013년에 보스니아-헤르체고비나의 수도 사라예보를 방문했을 때 구시가지의 인상은 튀르키예의 역사적 지방 도시 그 자체였다. 카페에는 긴 걸상이 있었고, 여기에서 튀르키예 커피를 홀짝홀짝 마시면서 담소를 나누고 있었다. 동으로 만든 냄비와 커피포트를 제작하는 직인(職人)들이 있는 작은 길은 튀르키예의 사프란볼루 근처의 구시가지를 산책하고 있다는 기분이 들게 했다.

보스니아는 15세기에 오스만제국의 한 주(州)가 되었고, 사라예보는 그 주요 도시였다. 1908년에 오스트리아-헝가리제국에 편입되기까지 500년 동안 오스만제국의 일부였기 때문에 튀르키예의 거리처럼 보이는 것도

사라예보의 옛 시가
(2013년, 필자 촬영).

당연하다. 그러나 독립 이후 30년 만에 새로운 무슬림 사회가 형성되는 중이다. 오스만제국이 지배했던 시대부터 살고 있는 무슬림뿐만이 아니다. 지금 보스니아에는 시리아 난민 말고도 이라크, 이란, 파키스탄, 아프가니스탄, 그리고 북아프리카 출신자들까지 다양한 사람들이 EU 가맹국인 크로아티아와 가까운 도시 비하치와 수도 사라예보에 모여들고 있다. 2018년에만 새롭게 대략 5만 명이 보스니아에 왔다고 언급되고 있다(알자지라, 2019년 12월 6일).

보스니아의 무슬림도 세계의 무슬림이 처한 상황과 관련이 없다고는 할 수 없다.

이전에는 '동유럽에도 무슬림이 있다'라는 식으로 중요

하지 않은 존재로서 인식되는 경우가 많았던 그들도 유럽의 '이슬라모포비아'(Islamophobia, 이슬람 혐오)를 알고 있고, 중동 이슬람 세계의 질서 붕괴가 자신들이 살고 있는 국가에 직접적인 영향을 끼친다는 점도 알게 되었다.

최근에는 동유럽의 폴란드, 체코, 헝가리, 그리고 슬로바키아 네 국가(비셰그라드 4개국)가 유럽 전체 중에서도 극단적인 이슬람 혐오를 내세운 정치가의 무대가 되고 있는 중이다. 이 4개 국가에는 무슬림이 적고, 그들이 현실의 무슬림과 접하면서 생긴 혐오감이 아니라 상상의 무슬림 형상 때문에 극도로 혐오하고 있는 것이다. 앞서 언급했던 퓨 리서치 센터의 국가별 무슬림 인구 추계(2016년)에 따르면, 동유럽 여러 국가들의 무슬림 인구 비율은 폴란드가 0.1% 이하, 체코가 0.2%, 헝가리가 0.4%, 슬로바키아가 0.1%이다. 무슬림이 극도로 적은 지역인데, 유럽에서 가장 격한 이슬람 혐오가 일어나고 있다는 것은 주목해야 할 현상이다.

유럽 지역 중에서 옛날부터 무슬림이 거주해 왔던 구 유고슬라비아 지역은 중동의 위기로부터 도망친 사람들뿐만 아니라 전투원들의 은닉처가 되고 있는 중이다. 이 문제가 갑자기 부각된 곳이 코소보이다. 격렬한 분쟁 이후인 2008년 2월에 코소보는 간신히 세르비아로부터의 독립을 선언했지만, 세르비아는 이를 승인하지 않았고 지금도 분쟁의 불씨는 그대로 남아 있다. 코소보는 이웃 국가인 알바니아와 함께 동유럽 중에서 가장 경제적으로 취약하고, 좀처럼 성장의 전망이 보이지 않는다. 세르비아와의 관계로 인해 사회적 불안도 지속되는 이 국가에서는 알바니아계 무슬림 중에서도 급진적인 이슬람주의가 침투하고 있는 중이다. 이 수년 사이에 코소보는 수십 명의 젊은 전투원을 '이슬람국가'(IS)에 보냈다고 알려져 있다.

이렇게 되면, 이미 이슬람 혐오를 드러내고 있는 폴란드, 체코, 슬로바키아, 헝가리와 세르비아 등 기독교 여러 국가들과 이에 인접한 보스니아-헤르체고비나, 알바니아, 코소보 등 무슬림이 많은 국가들 사이에서도 새로운 긴장감이 높아지게 될 것이다.

1장

여성의
머리에 쓰는
덮개 논쟁

1. 무슬림 여성의 머리에 쓰는 덮개를 둘러싸고

프랑스의 부르카 금지법

2010년에 프랑스 의회를 통과한 '부르카 금지법'은 2011년 4월부터 시행되었다. 기묘한 이름으로 알려지게 된 이 법률은 프랑스에서는 1980년대 말부터 지속된, 무슬림 여성의 스카프와 베일 등 머리에 쓰는 덮개를 금지하는 일련의 운동의 최종 결말이었다.

부르카라고 하는 것은 아프가니스탄에 많이 있는 파슈툰이라고 하는 민족의 여성들이 머리에 쓰는 덮개에 자주 붙이는 명칭인데, 본래 프랑스에서는 이를 입는 사람이 거의 없었다. 실제로는 부르카에 한정되지 않고, 얇은 천으로 얼굴을 뒤덮어 버리는 덮개나 눈만 내놓는 니캅도 공공장소에서의 착용이 금지되었다(덮개 종류에 대해서는 그림 1-1 참조). 이를 위반하면 위반자에게는 150유로의 벌금, 착용을 강제하면 3만 유로의 벌금이라는 엄중한 형벌이 부과되었다. 얼굴을 내놓는 히잡에 대해서는 이 법률에서의 금지 대상이 아니었지만, 대학을 제외한 공교육의 장소에서는 금지되고 있다.

그림 1-1 무슬림 여성의 덮개의 다양한 종류
왼쪽에서부터 튀르키예의 스카프, 니캅, 히잡, 부르카

최초로 프랑스의 공적 장소에서의 무슬림 여성의 덮개가 문제가 되었던 것은 1989년이었다. 무슬림의 여자 생도가 스카프를 착용하고 공립 중학교에 등교하려고 하자 교장이 이를 금지시켰기 때문에 논쟁이 되었던 것이다.

그러나 이때에 콩세유데타(번역하기가 어려운 기관인데, 행정소송의 최고재판기구와 비슷한 것)는 ① 개인의 신앙 실천의 자유, ② 공교육의 종교로부터의 중립성 유지, ③ 착용을 금지하는 경우에는 해당 생도가 학교에 오지 않는 결과가 되어 '계몽'의 기회를 박탈당하게 된다는 세 가지 사항을 종합적으로 판단하여 무슬림 여성의 덮개를 일률적으로 금지하지는 않았다. 그러나 이 판단은 뒤에 서술할 '프랑스공화국의 정교분리(세속주의) 원칙'에 위반하는 것이라는 비판이 솟아올랐고, 점차 규제 강화의 방향으로 기울어지게 된다.

2004년이 되면, 명확하게 분위기가 바뀌었다. 시라크 대통령 휘하에 설치되었던 '스타지 위원회'에서 오랜 논의를 거쳐 공교육의 장소에서 '종교적인 상징'의 착용을 금지하게 되었다. 이 경위에 대해서는 많은 연구자가 검토하고 있는데, 그 대부분은 프랑스에서의 원칙을 옹호하거나 혹은 차별을 은폐하는 구조에 관한 것이 많다. 그러한 관점들도 중요하지만, 당사자인 이민, 그것도 이슬람주의로 이론적 무장을 하지 않은 일반 무슬림의 목소리는 예상 외로 알려져 있지 않다.

결국 2004년의 법에 의해 공교육 장소에서 '이것을 보라는 듯이' 혹은 '강요하는 것처럼' 종교적 상징을 보이기 위해 몸에 착용하는 것은 금지되었다. 기독교의 십자가, 유대교도 남성이 쓰는 모자는 어떻게 해야 하는가에 대한 논의도 있었지만 모자에 대해서는 프랑스도 유대인 차별의 역사를 가지고 있어서 쟁점이 될 수 없었고, 십자가는 눈에 보이지만 않는다면, 즉 옷의 안쪽에 살짝 넣어 몸에 착용하면 문제가 되지 않았다.

그러나 무슬림 여성의 덮개는 본래 여성의 성적(性的) 부위에 두발과 목, 목구멍 안쪽 등을 포함한다는 이슬람의 규범이 원래 있기 때문에 눈에 띄는 것도, 눈에 띄지 않는 것도 아니어서 이러한 부위들을 가리려고 한다면 어쩔 수 없이 눈에 들어오기 때문에 '금지'한다는 것이었다. 그러나 프랑스에서 덮개를 금지할 때 논의의 초점은 덮개가 '이것을 보라는 듯이' 혹은 '강요하는 것과 같은' 종교의 상징인지의 여부, 그리고 한 걸음 더 나아가면 '종교의 정치적 상징'인지의 여부였다.

'이것을 보라는 듯이'인가, '강요하는 것처럼'인가?

우선 '이것을 보라는 듯이' 혹은 '강요하는 것처럼'에 대해서는 무슬림 여성들 스스로가 그것을 느끼는 사람과 느끼지 않는 사람으로 나뉜다.

튀르키예, 튀니지, 알제리와 같이 본국이 상당히 철저하게 세속주의를 제도적으로 채용하는 국가에서 온 이민 중에는 이슬람의 규범이 타인의 행동 양식에도 압력이 된다고 느끼는 사람(여성도)이 적지 않다. 두발에 관해서 말하면, 이를 드러낸다고 해서 벌거벗겨진 것과 같다는 감각이 없다는 것이다.

반면, 가리고 있는 무슬림 여성의 입장에서 보면 이를 착용하지 않는 것은 나체로 밖에 나가는 것 같다는 감각을 가지고 있다. 여성에 제한되지 않고, 보수적인 사람의 입장에서 보아도 가리지 않은 무슬림 여성은 '성적으로 문란한 여성'이라고 간주하는 경우와 '그런 것은 개인의 자유이기 때문에 자신이 입는 것은 다른 사람이 입어라 혹은 입지 말아라 하는 것과는 관계가 없다'고 보는 경우로 나뉜다.

두발 등을 가리는 것은 절대적인 전거(典據)인 『쿠란』에서 남성과 여성 모두 성적인 부위를 가릴 것을 요구하고 있다는 것(24장 30-31절), 예언자 무함마드의 언행록인 『하디스』에는 전승으로 무함마드의 부인과 딸이 그렇게 했다는 것이 기록되어 있기 때문에 '이슬람적 규범'의 하나라고 여기는 것이다. 『쿠란』의 해당 부분을 인용해보겠다.

(남성) 신앙자들에게 말한다. 그들의 시선을 낮추고 음부(陰部)를 지키라고 할지니 그것이 그들에게 있어서 한층 청렴한 것이다. 실로 알라께서는 그들이 행하고 있는 것에 대해서 훤히 알고 계신다.(24장 30절)

또한 여성 신앙자들에게 말한다. 그녀들의 시선을 낮추고 음부를 지키라고 할지니 또한 그녀들의 장식(필자 주: 아름답고 매력적인 부분으로, 얼굴과 두 손 이외의 전신)은 밖으로 드러내는 것 이외에 드러내서는 안 된다. 또한 그녀들의 가슴을 가리는 것을 써서(필자 주: 머리와 가슴을 가리는 것) 자신의 남편, 아버지, 남편의 아버지, 그녀의 아들, 남편의 아들, 그녀의 형제, 형제의 아들들, 자매의 아들들, 그녀의 여성들(필자 주: 이슬람교도인 여성 혹은 여성 전반), 그녀의 오른손이 소유한 것(노예), 남자 중에 성욕을 가지지 않은 하인, 그리고 여자의 치부(恥部)를 알지 못하는 어린이 외에는 자신의 장식을 겉으로 드러내서는 안 된다.(이하 생략, 24장 31절)

확연하게 어디를 어디까지 가리라는 것은 명시되어 있지 않다. 그래서 앞부분은 이슬람의 각 법학파(수니파에서는 주요한 법학파가 4개 있다) 학자들의 통일된 견해와 같은 것이 있어서 자신의 집안이 어느 법학파에 속하는지에 따라서 이에 따라야만 하는 것이다.

대체적인 부분, 손목부터 앞부분과 얼굴은 내놓아도 되는데 다른 곳은 가려야 하는 것이 된다. 법학파 중에서도 엄격한 학파는 니캅(얼굴도 가리거나 혹은 눈만 노출하는 덮개, 그림 1-2)의 착용을 요구하는 경우도 있다. 덮개의 이름은 가지각색이지만, 결국 덮어서 가리는 물건인 것이다. 아랍어에서는 히잡이 '숨기는 물건', '가리는 물건' 혹은 '뒤덮는 물건'이라는 의미인데, 이것이 이슬람에서 '덮개' 전체를 표현한다.

다음으로 덮개를 쓰지 않은 여성을 성적으로 문란하다고 간주하는 것인지의 여부인데, 그 의식은 덮개를 쓴 여성과 이를 지지하는 남성이 어디까지 이 이슬람적 규범을 '사회적 규범' 혹은 무슬림에게 있어서 '법적인 규범'으로 간주하는가에 따른다.

비록 유럽 사회에 있다고 하더라도 여기에는 상당히 밀도가 높은 무슬림 이민가(移民街)가 존재하고 있어서 무슬림 사회가 형성된 것과 같은 경우에는 반드시 그 사회는 폐쇄적인 성격을 지니게 된다. 유럽에 있는 이민 사회의 경우 그 바깥으로 나가버리면, 일반적으로 규범도 그 무엇도 없는 사회가 펼쳐져 있다. 그렇기 때문에 무슬림이 집중된 이민가 안에서 거주하는 사람들은 더욱 바깥의 '독'(毒)으로부터 몸을 지키려고 하기 때문에 규범성을 강하게 드러내기가 쉬워진다. 거꾸로, 덮개에 저항하는 여성은 개인의 자유를 제약하는 것으로 이를 규정하면서 이러한 종류의 사회적 압력을 싫어한다.

조금 원리적인 입장으로 돌아와서 생각해보자. 이슬람의 교리 중에는 타인을 향한 신앙의 강제가 있어서는 안 된다는 규정이 있다. 종교에 강제가 없다고 하는 것은 『쿠란』에 전거(2장 256절)가 있는데, 이는 알라(신)가 가르친 올바름과 사악함의 구별을 쉽게 가감(加減)해도 좋다는 의미가 아니다. 올바른 도리는 신이 보여주었다. 이것을 따를 것인가, 따르지 않을 것인가는 사람마다 다르다는 의미이다. 다만, 『쿠란』은 어디까지나 신의 사도 무함마드에게 내려진 계시이기 때문에 신앙을 강제하지 말라고 하는 것도 신이 무함마드라고 하는 특별한 존재에게 전했던 말이다. 신의 사도인 무함마드가 신앙을 강제하지 않았기 때문에 당연히 현세의 신도도 다른 신도에게 강요할 수는 없는 것이라고 할 수 있다.

그러나 여기에서 신이 인간에게 내린 계에 따르지 않

는다고 해서 어떠한 문책도 없는 것인가라고 묻는다면, 그렇지는 않다. 현세에서 처벌되지 않았기 때문에 최후의 심판을 할 때에 따르지 않았던 것은 현세에서 저지른 악행 중 하나로 계산되고, 낙원(천국)으로 갈 것인가 아니면 화옥(火獄, 지옥)으로 갈 것인지가 나뉠 수도 있다.

현실의 무슬림(여성도 포함)에게 있어서 여기에는 어려운 점이 있지만, 강제할 수는 없는 이상 '자신은 규범에 따라 가린다고 해도 다른 사람이 어떻게 할 것인지는 그 사람이 결정하는 것'이라는 점이 이슬람적으로는 정합성(整合性)을 가진 자세라고 말할 수 있을 것이다. 그러나 실제로는 자신이 올바른 것을 하고 있기 때문에 그렇게 하지 않는 사람은 틀렸다는 결론을 내려버리는 것도 인간의 자연적인 감각이다.

유럽 사회는 국가에 따라 차이가 있지만, 대체로 세속주의를 받아들이고 있다. 기독교 신앙에 충실한 사람도 있고, 무관심한 사람도 있으며 적대적인 사람도 있다. 살아가는 데에 있어서 종교가 필요하다고 생각하는 사람도 있고, 사악한 마귀라고 생각하는 사람도 있는 것이 현실이다. 종교라고 하는 것은 어쨌든 모종의 규범성을 가지고 있기 때문에 규범에 속박되기 싫다고 생각할 수 있다면, 지금 유럽 사회는 정말로 살기 좋은 곳이다. 그 살기 좋은 곳과 이슬람이 대립할 때에 어느 쪽을 선택할 것인가에 따라 덮개에 대한 태도가 변하게 된다.

'덮개'는 왜 증가했는가?

유럽의 이슬람 사회는 1980년대 이전에는 일반적으로 지나치게 종교적 실천에 마음을 쏟지는 않았고, 덮개에 있어서도 착용하는 여성은 1980년대까지는 비교적 적었다. 당시에 이미 유럽 각국에는 무슬림 이민이 다수 거주하고 있었다. 1973년의 석유 위기로 인해 가족이 이주할 수 없게 되는 것을 염려했기 때문에 그때까지는 남성 혼자 사는 노동자가 많았는데, 일제히 가족을 불러들이게 되면서 여성이 늘어났다. 실제로 모국에 남아 있던 부인과 자식들을 불러들여 가족이 다시 함께 살아가는 것은 유럽에서는 기본적 인권의 일부였기 때문에 석유 위기로 인해 가족이 뿔뿔이 떨어지게 되어버릴 것이라는 불안감은 기우에 지나지 않았다.

그 당시 이슬람권에서 온 사람들은 지금과 비교하면

스카프나 베일을 착용한 사람도 상당히 적었다.

중동, 이슬람 세계 측에서는 대략 제2차 세계대전 이후 독립을 계기로 서구적인 근대국가가 되지 않으면 안 된다고 하는 강박관념이 상당히 강했다. 이러한 의식은 국가를 이끄는 정치 지도자 사이에서도 강력했고, 서구를 모방하는 것으로 근대화를 추진한다는 사고방식은 정치적으로도, 사회적으로도 지배적이었다. 바꿔 말하면, 세속주의라고 하는 서구 근대에 탄생한 이데올로기가 이슬람 사회에서도 '위로부터의 힘'으로서 작용하고 있었던 것이다. 그래서 여성에게도 근대적인 복장이 장려되어 덮개를 쓰지 않는 사람이 늘어났다.

군대와 격차

그런데 서구화=근대화의 노선은 다양한 측면에서 잘 진행되지 못했다. 서구화했다고 해서 정치가 민주화되었던 것은 아니다. 그것뿐만 아니라 많은 국가들에서는 군대가 힘을 가진 독재 체제가 아니면 새롭게 형성된 국가를 유지하지 못했다. 이것이 여성의 덮개와 깊은 관련이 있다.

군대라고 하는 조직은 본질적으로 세속적이다. 일일이 신의 의사를 미루어 헤아려서는 상명하달의 지휘와 명령 계통을 유지할 수 없다. 군대가 주도권을 장악하려면 종교적인 권위도 군부 주도의 정치에 종속시키지 않으면 안 된다. 전쟁이나 분쟁에서의 군사적 행동에 일일이 이슬람법에 비추어 그 시비를 이슬람 지도자에게 물어보는 것도 어렵기 때문이다. 국가의 조직 중에서 가장 세속적인 곳이 군대이다. 그 군인들이 국가를 지배해버리면, 사회의 사고방식에서부터 개인의 복장에 이르기까지 이슬람을 활성화시키는 방향으로는 나아가지 않는다. 정치적 엘리트나 지식인들도 유럽을 모범으로 삼아서 배우고 있었기 때문에 근대 서구의 여러 가치관을 무슬림 사회로 확산시키는 것을 주저하지 않았다.

이러한 점으로 인해 군대와 서구화된 엘리트는 사회 개혁도 이끄는 엘리트 집단으로서 자신들의 위치를 확립해 갔다. 물론, 이것과는 거리를 두고 이슬람을 배워서 이슬람을 주축으로 사회 개혁을 추진하려는 사람들도 있었지만 그들은 대부분의 국가에서 뒤처진 존재로 여겨졌고 국가의 근대화를 방해하는 세력이라는 이유로 배제되었다.

그러나 생활 방식과 복장을 서구화했다고 해서 국민 전체가 경제적으로 풍요로워지지는 않는다. 그리고 경제적 격차가 커진 결과, 상류층에서부터 중류층에서는 서구화=세속화가 진행되어 서구풍의 생활 방식이 당연한 것으로 여겨졌던 것에 반해 빈곤층은 예전 상태 그대로 남겨진 존재가 되었다.

자가용을 소유하고, 구미의 전산화 제품을 사용하는 중류층, 상류층에 비해 빈곤층의 생활은 예전 그대로였다. 이슬람은 부유층과 빈곤층이 존재한다는 것 자체를 문제로 여기지는 않는다. 그러나 부유층이 이슬람으로부터 멀어져 간다면, 빈곤층의 입장에서는 당연히 비판적인 시선으로 바라보게 된다.

이슬람 사회가 아니라면, 여기에서부터 계급투쟁의 사고방식이 생겨나면서 사회주의가 힘을 가지게 되겠지만 이슬람 사회는 좀처럼 그렇게 되지 않았다. 러시아혁명 이후 사회주의에서는 종교를 적대시하는 경향이 강했고, 무신론자가 많았다. 그러나 이슬람권에서는 무슬림의 행동이 세속적으로 변하는, 즉 신앙 실천에 열정적으로 마음을 쏟지 않게 되었다고 해도 적극적으로 신을 부정하는 무신론자는 늘어나지 않았다.

그런데 서구화했던, 즉 이슬람으로부터 멀어진 엘리트 계층과 이슬람 신앙을 믿는 곳에서 살아가는 서민이라고 하는 일종의 계급 대립이 발생했다. 이슬람 세계가 식민지로 전락해버리기 이전에는 지배 계층도 무슬림이었고, 이슬람의 학식이 넘쳐났던 지식 엘리트도 있었다. 그러나 19세기 이래 서구 열강에 의한 식민지 지배라고 하는 것이 그들을 쫓아내서 계몽시켰고, 결과적으로 서구화되는 것을 기본으로 삼았다. 그리고 식민지가 제2차 세계대전 이후에 독립한 이후에도 이러한 방향은 새로운 지배 계층에서도 계승되었던 것이다.

이슬람 사회에서는 서구나 일본과는 달리 빈곤층에 위치하게 된 사람들은 남성과 여성 모두 이슬람의 교리에 더욱 충실하게 살아가는 방향으로 기울어져 갔다. 기울어지게 된 것도 경제적으로 상승하는 것이 곤란해지게 되면서 생긴 체념 때문에 그렇게 되었다고 볼 수도 있다. 서구화된 엘리트는 물질적인 풍요로움을 얻었다. 빈곤층은 물질적 풍요와는 인연이 없었지만, 이슬람은 사람의 마음에 편안함을 가져다준다. 이슬람이라고 하는 것 그리고 덮개 논쟁도 포함하여 그 규범성 자체가 서구에서 주목을 받았는데 심리적, 사회적으로 보면 사람에게 평온함을 줄 수 있는 것이 교리의 근본에 존재한다.

이것이 자본주의, 시장경제하에서의 격차 확대에 관한 서구와 이슬람 세계의 결정적인 차이이다. 안심, 평안함을 얻으려고 하는 사람들은 오로지 항상 위정자가 이슬람으로부터 일탈하여 부와 권력을 모으는 현상을 긍정적으로 바라보지 않는다. 현실의 사회가 이슬람으로부터 너무 벗어나버렸기 때문에 불공정한 상태가 되었다고 파악하게 되는 것이다. 이러한 경향은 남녀를 따지지 않기 때문에 남성은 남성에게, 여성은 여성에게 각각 신으로부터 요구받은 것을 하려는 방향으로 기울어져 갔다.

이러한 생각이 중동, 이슬람 세계에서 서서히 고조되어가던 1980년대에는 많은 무슬림이 유럽 사회에 가족 단위로 정주하게 되었다. 그리고 지금도 여전히 사회의 일원으로서 계속 살아가고 있다.

이민자 출신으로 지금 덮개를 착용하고 있는 젊은 여성들은 대부분 그 이후 세대인데, 부모가 강요를 하지 않더라도 스스로가 덮개를 쓰게 되었다. 세속적인 유럽 사회에 몸을 맡기는 것으로 서구적, 세속적인 '자유'를 손에 넣으며 만족하는 사람도 나왔지만, 한편에서는 더욱 이슬람에 충실하게 살아가는 길을 선택한 사람들도 나타났던 것이다.

스스로의 의사로 덮개를 착용하는 여성들에게 여성 억압의 상징이므로 금지시키라는 논의는 당사자의 입장에서는 의미가 없는 주장이 되어버렸다. 그러나 유럽 사회는 그 점을 깨닫지 못한 채 오늘날에 이르고 있는 것이다.

유럽 사회는 덮개의 무엇을 거부하는 것인가?

이에 대해서 국가와는 상관없이 유럽 사회가 덮개를 부정적으로 취급하는 공통의 이유로는 주로 세 가지가 있다.

① 여성 억압의 상징, ② 이슬람을 정치적으로 이용하는 과격파의 상징, ③ '이슬람을 상징하는 여성의 덮개'는 공적인 공간을 종교로부터 분리하지 않으면 안 된다고 하는 세속주의에 어긋난다는 것.

이러한 주장들에 대해서 검토해보자. 덮개가 여성 억압의 상징이라고 하는 주장은 왜 여성이 두발과 목 등을 '가리게 하지 않으면 안 되는' 것인지, 여기에는 마치 여성이 남성의 소유물인 것과 같은 젠더의 불평등을 보여주는 상징이라는 인식에서부터 생겨난 것이다.

확실히 남성이 자신의 부인에게 성적인 부위를 다른 사람에게 보여주지 말라고 명령하는 것에는 질투, 소유욕과 연결되는 측면이 있다. 남성이 부친이나 오빠인 경우에는 결혼하지 않은 딸이나 남매의 '정절'은 가족의 명예라고 하는 감각이 있고, 성적인 의미에서의 '조신함'을 보여주기 위해서 덮개를 몸에 착용하는 것이 필요하다고 주장하는 사람이 있다.

그러나 이는 어디까지나 그렇게 말하는 무슬림 남성이 존재한다는 의미이고, 어디까지 강요할 것인지 혹은 강요할 수 있을 것인지는 가족 혹은 거주하는 사회에 따라 각각 다르다. 유럽에서는 어떤가에 대해 말해보면, 본 가족의 외부에서는 탱크톱에 숏팬츠를 입고 활보해도 아무런 문제가 되지 않는다. 그래서 여성의 자유의지에 맡기는 사람도 있고, 거꾸로 모국의 사회에 있는 사람들보다도 더욱 강력하게 규제하려는 사람도 있다.

그런데 앞서 서술했듯이 현재 유럽에 거주하는 무슬림에 한정되지 않고, 중동과 이슬람권의 무슬림 중에서도 스스로의 의사로 가리고자 하는 여성이 다수를 차지하고 있다. 그렇게 된 것은 거시적으로 보면, 1980년대 무럽부터 서구의 여러 국가들과 무슬림 여러 국가들에서도 모두 세속주의 이데올로기가 아주 강하게 침투하고 있어서 무슬림으로서 살아가기 어렵다고 하는 의식이 널리 공유되었기 때문이다.

두 번째로 과격파에 의한 이슬람의 정치적 이용의 상징이라는 비판에 대해서 검토해보자. 덮개가 '이슬람 원리주의'나 '과격파'를 상징하는지에 대해서는 서구 세계의 이슬람에 대한 편견이 잘 드러나고 있다. 결론부터 말하면, 착용하는 사람의 압도적 다수는 아예 과격성이나 폭력성이 없는 여성들이다. 한편, 덮개가 과격파를 상징하는 것인가라는 점에 대해서는 과격한 사람이 입고 있는 것은 사실이지만 입고 있는 사람들이 과격파인 것은 아니다.

이러한 두 가지 사항들과 비교하면, 보다 그럴듯하게 들리는 것이 세 번째인 공적 공간을 비종교적인 곳으로 삼아야 한다는 세속주의의 원칙에 어긋난다고 하는 주장이다. 이에 대해서는 다음 절에서 살펴보고자 한다.

2. 정교분리와 덮개

일본에서의 정교분리

먼저 일본을 예로 생각해보자. 일본의 공립학교에서는 종교교육을 할 수 없다. 이는 헌법 제20조와 제89조에 공적인 영역은 특정한 종교로부터 중립이지 않으면 안 된다고 하는 원칙이 있음을 따르고 있는 것이다.

제20조: 종교를 믿는 것의 자유는 누구에 대해서도 이를 보장한다. 어떠한 종교 단체도 국가로부터 특권을 받거나 또는 정치상의 권력을 행사해서는 안 된다.

어떤 사람도 종교상의 행위, 축전, 의식 또는 행사에 참가하는 것을 강요받지 않는다.

국가와 그 기관은 종교교육 그 이외 어떠한 종교적 활동도 해서는 안 된다.

제89조: 공금(公金) 이외의 공적 재산은 종교상의 조직 혹은 단체의 사용, 편익 또는 유지를 위해서 또는 공적인 지배에 속하지 않는 자선, 교육 혹은 박애의 사업에

대해 이를 지출하거나 또는 그 이용에 제공해서는 안 된다.

대개 이 두 가지는 정교분리의 조항으로 이해되는데, 이 조문을 잘 읽어보면 개인이 공적 공간(국가와 그 기관)에서 종교를 <u>표시하는</u> 행동을 취해서는 안 된다고 규정하지는 않는다.

라이시테란 무엇인가?

프랑스에서 '라이시테'(laïcité)라고 하는 것은 국가가 특정한 교회에 특권을 주어서는 안 된다는 것, 즉 국가와 교회를 분리하는 것에 근본이 있다. 그 결과 입법, 사법, 행정, 공교육 등 행정의 모든 영역은 종교로부터 중립을 지키는 것, 바꿔 말하면 비종교적이어야 한다는 것이 요구된다. 그리고 개인들도 특정한 종교, 교회, 교단 조직 등에 속하고 있음을 드러내는 '상징'을 공적인 공간에 가지고 들어오는 것이 제약된다. 개인이 가지고 들어오는 것의 옳고 그름에 대해서는 공교육 공간에서의 논의가 전형적인데 그 '상징을 몸에 착용하고 있지 않은' 시민이 정신적으로 압박을 받아서는 안 된다는 점이 고려된다. 오히려 이 원칙을 지키는 것 자체가 개인은 내면의 자유 중 하나로서 종교를 믿는 것의 자유를 보장받는다고 생각하는 것이다.

그러나 여기에서 프랑스는 이슬람의 특질을 오인해버렸다. 이슬람은 내면의 신앙뿐만이 아니라 광대한 법적 체계를 수반하여 개인으로부터 사회적 측면까지 규범을 제시한다. 그래서 신자 개인의 행동이라는 외형적 측면이 끊임없이 규범의 문제로 표출되는 것이다. 이슬람에는 인간 사회를 공적인 영역과 사적인 영역으로 구분해서 신앙 실천으로서의 행동은 사적 영역 내에서만 이루어지는 것으로 그친다고 하는 발상이 없다. 그렇기 때문에 라이시테와 충돌하는 것이다.

프랑스의 라이시테는 현재 어떤 의미에서는 반(反)이슬람의 근거이고, 원동력이 되기도 한다. 극우 세력이 라이시테를 전면에 내세워 이슬람을 비판하는 것도 헌법 원칙에 따르는 것이기 때문에 누구도 차별이라고 인식하지 않는다. 라이시테가 이렇게 강력한 규제적 성격을 지닌 것은 본래 가톨릭교회와의 사이에서 이루어진 오랜 투쟁의 역사가 있었기 때문이다.

프랑스와 비교하면, 일본의 경우는 국가가 종교를 이용해서는 안 된다는 점에 역점이 두어져 왔다. 개인이 종교와의 관계에서 공적인 장소에서 어떤 행동을 취하는가는 문제로 삼지 않는다. 오히려 이는 공적인 질서나 이익을 해치지 않는 한도에서 존중되어 왔다.

유럽 전체의 흐름으로

2020년 현재, 무슬림 여성의 덮개에 대한 적대감은 프랑스는 물론이고 유럽 전체로 확대되고 있다. 이슬람에 대한 혐오 감정은 유럽 중에서도 무슬림 이민의 인구가 많은 서유럽에서 최초로 확대되었다. 그리고 2001년 9월 11일 알카에다에 의한 미국 동시다발 테러 사건으로 인해 단숨에 불이 붙었다.

프랑스에서의 이슬람에 대한 반감은 세속주의로부터 나온 것임에 비해 독일에서는 무슬림이 많은 것을 기독교 사회의 시점에서부터 비판을 하고 있다. 즉, 여기는 기독교도의 국가이기 때문에 너희들이 거주할 장소가 아니라는 것이다.

　이때에 공격의 목표가 되었던 것은 가장 눈에 띄는 무슬림 여성의 덮개였다. 그 결과, 무슬림 여성은 이중의 문제에 직면하게 되었다. 최초의 문제는 그렇지 않아도 가부장적인 성격이 강한 무슬림 사회에서 밖에 나가는 것, 즉 교육을 받고 직장에 나가는 것은 어려운 일이다. 그리고 이슬람의 원칙에 따라 복장을 착용해서 부모님과 남편을 그럭저럭 납득을 시켜서 밖에 나가면 이번에는 외부 세계로부터의 적대감에 노출되는 것이다.

　적대감이 주로 여성에게 향하는 것은 남성의 복장에는 이와 같이 무슬림을 드러내는 특징이 없기 때문이다. 턱수염을 길게 기르는 사람이 있지만, 유럽의 남성에게도 그런 사람이 있어서 특별히 이슬람의 상징으로 간주되지는 않는다.

　그리고 유럽에서는 예외 없이 무슬림 여성의 덮개를 '이슬람의 스카프', '이슬람의 베일'이라고 표현하고, 이러한 표현을 사용하면서 여성의 덮개가 마치 이슬람의 상징인 것처럼 취급하게 되었다. 그러나 이슬람에서는 눈에 보이는 '물건'이 상징성을 지녔다고 하는 관념은 없다. 반복해서 서술하는 것이지만, 여성의 덮개는 단순히 성적 부위를 가린다는 규범을 위한 천 조각에 불과하다. 이슬람이 탄생했을 때부터 예언자 무함마드 본인의 전승 속에서도 두발, 목, 목구멍 등을 그러한 부위라고 인식했다는 것이 기록되어 있는 이상, 이후의 시대에 이 규범을 바꿀 수는 없는 것이다.

이는 이슬람이라고 하는 종교가 가진 하나의 근본적 특징이라고 할 수 있고, 『쿠란』과 예언자 무함마드의 언행(이를 순나라고 하고, 순나를 집성한 것이 『하디스』이다)에 전거가 있는 규범은 시대의 변화에 맞추어 변경시킬 수 없는 것이다. 물론, 1,400년 이전의 규정은 지금 시대에 적합하지 않기 때문에 변경해야 한다는 의견이 무슬림 사이에서도 나오고 있다. 근대 서구 문명의 힘이 거대해서 그 영향을 받았던 무슬림 지식인들로부터 그러한 목소리가 나오는 것이다. 그러나 그때마다 원래의 상태로 되돌려야 한다는 원점 회귀운동도 일어나면서 결국 지금까지 초창기에 생겼던 규범을 시대에 적합하게 바꾸어야 한다는 의견이 주류를 차지하지는 못하고 있다.

본래는 종교적인 규범이었다고 해도 오랫동안 신체를 가렸던 사람들에게 있어서 이를 드러내는 일은 수치심과 연계된다. 수치심을 느끼지 않으면 문제가 없지만, 강한

카타르 도하 하마드 공항의 화장실(필자 촬영).

수치심을 느끼는 사람들에게 덮개를 제거하라고 명령한다면 이것은 성희롱이다. 공권력을 행사하여 덮개를 빼라고 명령한다면, 이는 국가를 이용하여 공공연하게 성희롱을 행하는 것과 똑같다.

이슬람권을 여행하면 곧바로 알 수 있는 것인데, 남성용 화장실에는 소변용이라고 하더라도 옆 사람의 시선을 완전히 차단하는 칸막이가 붙어 있는 경우가 많다. 혹은 혼자 쓸 수 있는 공간만 있는 경우도 있다. 착각하여 여성용으로 들어갔다가 흠칫 놀랐던 경험이 필자에게도 있다. 그래서 일본처럼 그렇게까지는 칸막이를 설치하지 않는 국가에서는 무슬림은 소변을 보러 화장실을 이용할 때에도 개인 공간에 들어갈 정도이다.

실은 유럽 사람들도 이를 깨닫지 못하고 있다. 남성이 성적 부위를 다른 사람의 눈에 드러내는 것을 견디기 어렵다는 생각을 가지고 있기 때문에 여성이 성적 부위라고 인식하고 있는 두발, 목을 노출시키는 것에 상당한 수치심을 느낀다는 것도 전혀 이상한 일은 아니다. 그러나 가슴과 하반신은 신앙 실천에 열정적인 사람이든 아니든 가리지만, 머리 부분에 대해서는 성적 부위라고 하는 합의가 문명을 초월하여 존재하지는 않기 때문에 가리는가 아니면 가리지 않는가의 여부는 그 사람의 신앙에 대한 태도에 의해 차이가 생겨나게 되는 것이다.

3. 유럽 각국에서의 상황

다음으로는 유럽의 몇 개 국가에 대해서 영국 BBC(The Islamic Veil across Europe, 2018년 5월 31일)와 영국의 신문 『가디언』(2018년 5월 31일)의 특집 기사 등을 근거로 덮개에 대한 규제 상황을 살펴보고자 한다.

〈그림 1-2〉는 유럽에서 덮개에 대한 인식을 조사한 것이다.

그림 1-2 유럽 각국의 무슬림 여성의 덮개에 대한 의식

국가	어떠한 종교적인 의상이라도 착용은 자유.	약간의 규제가 필요. 왼쪽의 색깔이 엷은 쪽은 얼굴을 전면적으로 가리지 않는다면 허용된다. 오른쪽의 색깔이 짙은 쪽은 종교적인 의상은 일절 허용될 수 없다.		
네덜란드	18%	66%	15%	81%
스위스	20	56	23	79
벨기에	19	50	18	78
이탈리아	21	47	31	78
오스트리아	21	53	24	77
독일	24	51	24	75
프랑스	23	51	23	74
노르웨이	25	52	20	72
영국	27	53	19	72
아일랜드	31	44	23	67
스페인	30	38	24	62
덴마크	37	39	22	61
핀란드	44	39	14	53
스웨덴	49	32	17	49
포르투갈	52	32	12	44
평균	25	50	23	25

출처 : Pew Research Center, 2017.

영국

영국의 경우는 우선 다문화주의의 전통이 있기 때문에 복장에 대한 규제는 없다. 영국 스스로도 그러한데, 스코틀랜드의 킬트와 같은 독자적인 복장이 있어서 문화적 표상으로서의 복장을 존중하는 것이다. 이러한 방침을 취하지 않는다면, 절대로 연합왕국(United Kingdom of Great Britain and Northern Island, 영국의 정식 명칭)이 될 수 없다. 실제로 우리들이 보통 영국이라고 부르는 이 국가는 잉글랜드, 스코틀랜드, 웨일스, 그리고 북아일랜드로 구성되어 있고 각각 문화의 전통을 가지고 있다.

그리고 오랜 식민지 지배의 역사가 있기 때문에 시크교도의 터번이나 무슬림의 덮개 등 그들의 규범과 연계되는 복장을 필두로 하는 문화를 부정하는 것이 얼마나 위험한지를 잘 알고 있다. 그래서 여성의 덮개 논쟁에서부터는 거리를 두었다.

그러나 이러한 영국에서도 무슬림 여성의 덮개에 대한 규제 가능성이 높아지는 중이다(4장 3절). 특히 영국독립당(UKIP)이 세력을 키우자 당 대표를 맡았던 나이젤 패라지(Nigel Farage)와 같이 덮개는 영국 사회를 분단시키는 것으로 치안에 있어서 위협이 된다고 주장하는 정치가가 등장했다.

독일

2009년 7월, 독일의 드레스덴에서 마르와 셰르비니(Marwa Sherbini)라고 하는 이집트인 여성이 살해되었다. 이 사건은 유럽과 이슬람의 관계를 해석하는 데에 있어서 매우 중요하다. 그녀는 막스플랑크연구소(Max Planck Institute)에서 근무하는 남편과 함께 독일에 체재하고 있었다. 어느 날, 공원에서 그녀가 히잡을 착용하고 있는 것을 이유로 집요하게 모욕을 가한 남성이 있었다. 그녀는 이 남자의 언동을 경찰에 신고했고, 남자는 기소되었다. 1심은 피고 알렉스 W에게 유죄를 선고하고, 벌금형을 언도했다. 이에 불복한 피고는 항소했다. 사건은 이 항소심의 법정에서 일어났다. 피고는 몰래 가지고 있었던 칼로 18회에 걸쳐 원고 마르와 셰르비니를 찔러서 살해했다. 흉악한 행동을 막기 위해 들어온 남편은 경비인 경찰관의 오인으로 인해 공격을 받아 부상을 입었다.

알렉스 W는 그녀의 복장을 이유로 모욕을 가했기 때문에 증오 범죄라는 판결이 내려졌다. 유럽인이 이슬람을 살해한 일이 하필이면 법정이라는 공간에서 발생했던 것이다. 사건 그 자체는 독일에서도 대대적으로 보도되었지만, 여기에서는 중대한 것을 보지 못했고 혹은 은폐한 것이 있었다.

독일에서의 보도는 피고가 왜 칼을 법정에 가지고 들어올 수 있었는지에 관해서 집중했다. 물론, 사건의 단서가 덮개를 착용한 무슬림 여성을 향한 모욕이라는 증오 범죄였다는 점도 보도되었다.

그러나 이 사건이 예전 유대인의 신변에서 일어났던 최악의 범죄와 뿌리가 같은 것이 아닌가라고 하는 성찰은 결정적으로 빠져 있었다. 유대인에 대한 속죄와 비(非)나치화에 대해서 필자는 독일이 취해 왔던 많은 시책들에 의심을 가지고 있지는 않다. 하지만 그럼에도 불구하고 여전히 이슬람의 신도라는 '이질적 존재'를 앞에 두고 속죄도, 비나치화도 소용이 없는 것은 아닌지 그러한 의혹을 떨쳐낼 수가 없다.

이전 1990년대에 독일의 네오나치는 외국인이나 튀르키예인을 향해 독일에서 나가라고 외치면서 독일은 독일인의 것이라는 주장을 반복했다. 이 시대에는 차별과 협박의 대상이 튀르키예인이라고 하는 '민족'이었기 때문에 곧바로 소추(訴追)의 대상이 되었다. 인종이나 민족에 대해 차별적인 언동을 반복하는 조직은 연방헌법 옹호청에 의해 감시를 받았고, 종종 폐쇄되고 있다.

그렇다면, 이슬람이라고 하는 종교와 이를 신앙하는 무슬림에 대한 차별적 표현은 곧바로 기소의 대상이 되는 것일까? 이것이 비나치화의 문맥 속에서 그 위치가 부여되고 있는 것일까? 필자는 어딘가 그렇지 않은 것 같다고 생각한다. 물론, 셰르비니 사건에서 피고가 유죄판결을 받았던 것으로도 알 수 있듯이 혐오 발언은 범죄로 판결된다. 그러나 이것은 덮개를 착용한 무슬림 여성에게 욕설을 가하고 공포감을 품게 만들었기 때문에 범죄로 여겨진 것이었고, '이슬람이라고 하는 종교'에 대한 차별적 표현을 금지한 것은 아니며 더구나 '이슬람을 비판하는 것, 무슬림의 어떠한 행위를 비판하는 것'을 금지한 것이 아니다.

실제로 스카프나 히잡과 같은 무슬림 여성의 덮개에 대해서 학교의 현장에서 교직원이 착용하는 것을 금지하는 주(란트)도 있고, 그 논의에서는 일체의 비판이 가능하다. 그러면 똑같은 것을 유대교도에 대해서도 할 수 있는가라고 묻는다면, 현실적으로 그것은 불가능하다. 가톨릭의 수녀에게 히잡처럼 똑같이 비난하는 것이 가능한가라고 묻는다면, 그것도 불가능하다.

스카프나 히잡 비판의 내용에 대해서 논의하는 것은 자유이다. 그러나 스카프나 히잡을 착용하고 있는 사람에게 욕설을 가하는 것이 '표현의 자유' 혹은 '언론의 자유'의 일부라고 한다면, 그것은 잘못된 것이다. 독일에는 프랑스와 같이 공공장소에서 종교적인 상징을 내세우는 것을 금지하는 법적 근거가 없다. 그래서 본래 신앙 때문에 어떤 복장을 한다는 것을 이유로 욕설을 가하고 폭력을 휘두르고자 하는 것이 용인되는 일도 아니다. 그러나 무슬림에 대해서는 종종 억제가 작용하지 않는다.

이렇게 되면, 셰르비니 사건이 증오 범죄인지 그렇지 않으면 독일이 기독교 색깔이 강한 국가이기 때문에 이슬람에 대해서 적대적인 것인지 판단할 수 없게 된다.

사건이 일어났을 때 필자와 대학 세미나 학생들은 여러 차례 베를린의 거리에서 시민에게 인터뷰를 했다. 그중에서 '독일은 기독교 국가이기 때문에 모스크는 필요하지 않다', '독일은 기독교 국가이기 때문에 무슬림이 이슬람의 주장을 하는 것은 허용할 수 없다'와 같은 목소리가 대체적으로 흘러나왔던 것에 필자는 충격을 받았는데, 그로부터 10년이 지난 지금은 이러한 무슬림 배제의 주장이 유럽 대부분의 국가와 사회에서 일상적으로 들리게 되고 말았다. 시민의 목소리에는 독일이 기독교 사회이기 때문에 다른 종교가 두드러지는 것에 대한 혐오감이 있는데, 현재 '독일을 위한 선택지'(AfD)와 같은 배외주의, 반이슬람 정당은 명확하게 이를 주장한다. 그러나 덮개 착용의 자유를 요구하는 무슬림이 제기했던 재판에서는 공공장소가 종교로부터 중립이어야 한다는 의견과 무슬림 여성의 덮개가 여성 차별의 상징이라는 의견이 혼재해 있다.

그러나 공공장소의 비종교성은 독일에서 원칙이라고는 말하기 어렵다. 남부의 바이에른주와 같이 기독교 가톨릭이 강력한 지역에서는 공립학교의 교실에 십자가를 걸어두는 것도 용인되고, 가장 중요하게는 정당의 이름에 기독교민주동맹(CDU), 기독교사회동맹(CSU. 바이에른주에만 있고 연방의 수준에서는 CDU와 같은 정당)이라는 것이 있듯이 정교분리가 이루어진 프랑스나 일본과 비교해도 엄격하지는 않은 것이다.

프랑스와 벨기에

프랑스의 덮개 금지는 앞서 서술했듯이 현재 시점의 유럽에서 가장 엄격한 것으로, 개인적인 공간과 예배할 때 혹은 차에서 이동할 때 차 안을 제외하고 거의 전면적으로 금지한 최초의 케이스이기도 하다. 그리고 2016년에는 무슬림을 위해 디자인된 수영복에 대한 금지가 화제가 되었다. 지중해 해안에 있는 몇 군데 도시의 시장이 전신을 가리는 형태의 수영복(부르키니라고 통칭, 부르카와 비키니를 합성해서 만든 말이다)을 해안가에서 착용하는 것을 금지했던 것에 대해 당시 발스 총리가 지지를 표명했던 것이다. 그러나 무슬림 측의 고소를 받은 행정재판소는 법의 적용으로부터 일탈했다는 이유로 부르키니 금지를 중단시켰기 때문에 이후에 금지는 해제되었다.

그러나 프랑스에는 세속주의 원칙을 지지하는 무슬림도 많아서 얼굴을 가리는 덮개에 대한 금지를 많은 무슬림은 문제라고 생각하지 않는다. 실제로 이러한 종류의 덮개를 착용하고 있는 여성은 얼마 되지 않는다.

2011년 7월에 벨기에에서는 본인이 누구인지를 알 수 없게 만들도록 얼굴 전체를 가리는 형태의 덮개(헬멧도 포함)를 공공장소에서 착용하는 것을 금지했다.

벨기에에 거주하는 무슬림이 소송을 제기했지만, 헌법재판소는 무슬림의 인권을 부정하는 것이 아니라고 하면서 소송을 기각했다. 이 안건에 대해서는 유럽인권재판소도 같은 소송을 기각했다.

덴마크

2018년 5월에 자유당을 여당으로 한 덴마크 의회는 안면을 가리는 덮개를 금지하고 벌금형을 부과하는 법안을 가결하여 8월에 시행했다. 게다가 재범의 경우에는 벌금을 10배로 부과하는 엄격한 조치를 취하기로 결정했다. 이 금지법은 오토바이로 주행할 때 얼굴 전체를 가리는 헬멧이나 방한용 덮개 등 생활에서 필요한 것으로 여겨지는 것에는 적용되지 않는다. 그리고 유대교도 남성의 모자에도 적용하지 않는 것으로 되어 있다.

한편, 이 법안이 '부르카 금지법'이라고 불리고 있는 것으로부터 알 수 있듯이 이것도 무슬림을 타깃으로 삼는 것이었다. 그리고 시민권을 얻으려면 이성 간의 '악수'를 싫어하지 않아야 한다는 것을 법제화하는 움직임도 있다.

2019년 6월의 총선거는 덴마크의 정치에 큰 변화가 일어나고 있음을 명확하게 보여주었다.

총선거가 시행된 6월 5일 날짜의 『아사히신문』은 '덴마크, 좌파가 우경화. 오늘 총선거, 이민 규제 소송의 지지 확대'라는 제목을 내걸었다. 좌파인 사회민주당이 난민, 이민에 대한 규제를 강화하는 여당에 동조했던 것이다. 얼굴을 가리는 덮개 금지, 비서구계 이주자가 집중한 지역을 '특정 거주 구역'으로 삼아 비서구계 주민 비율을 높이지 않는 조치를 취하는 것, 2015년의 난민 위기 이후에 난민이 소지하는 금품을 차압하는 등의 정책을 지지했다. 본래 이러한 정책들은 배외주의, 반이슬람을 명확히 주장했던 극우 덴마크인민(국민)당의 주장이었는데 여당인 자유당뿐만 아니라 사회민주당도 이 정당에 동조했던 것이다. 그 결과, 이 총선거에서 사회민주당이 제1당의 자리를 확보했고 인민당은 많은 의석을 상실하게 되었다.

덴마크에서는 인민당보다도 더 과격한 반이슬람을 주장하는 '강경파'와 '신우익'이라는 정당도 등장했다. 강경파는 라스무스 팔루단(Rasmus Paludan)에 의해 2017년에 결성되었는데, 2019년 4월에는 『쿠란』을 멀리 던지는 이벤트를 행하다가 반대하는 시민과의 사이에서 충돌하기도 했다. 그전에도 이주민이 많은 지역에서 『쿠란』을 불에 태우는 이벤트를 행하면서 덴마크로부터 모든 무슬림을 추방해야 한다고 주장했다. 현재 이슬람을 향한 혐오를 가장 첨예화시키고 있는 조직이다.

무슬림 여성의 덮개에 대한 덴마크 전체의 규제는 현재 다른 유럽 여러 국가들과 큰 차이는 없지만, 문제는 덮개뿐만 아니라 무슬림의 존재 그 자체를 허용하지 않겠다는 강경한 정당이 등장했다는 점이다.

네덜란드

2016년에 네덜란드에서는 하원의원의 다수가 학교, 병원, 공공교통기관에서 얼굴을 가리는 덮개 착용을 금지하는 법안을 가결했다. 이 법안은 2018년 6월에 상원을 통과하면서 성립되었다. 뤼터(Rutte) 총리(자유민주국민당)는 얼굴 전체를 가리는 형태의 헬멧 등도 똑같이 금지하

기 때문에 위반자에게 벌금을 부과하는 것은 종교적으로
는 중립이므로 지지한다고 했지만, 현실에서는 무슬림을
대상으로 삼는다는 것이 분명했다.

2001년의 9.11 동시다발 테러 사건 이후, 네덜란드의
종교적 관용은 이슬람에 대해서는 기능하지 않게 되었
다. 그 이후에 이러한 경향은 강해져 왔는데, 2015년의
난민 위기와 유럽 각지에서의 테러로 인해 네덜란드 사
회에서 이슬람 혐오는 이미 억제가 이루어질 수 없는 수
준에 도달하고 있다(그림 1-2 참조).

덮개 금지는 급속하게 힘을 팽창한 헤이르트 빌더르스
(Geert Wilders)가 이끄는 배외주의의 자유당 세력을 약화
시키기 위해서 2017년의 총선거(하원의원 선거) 이전에 여
당인 자유민주국민당이 내세웠다고 되어 있다. 그럼에
도 3월에 실시되었던 선거의 결과 뤼터 총리의 자유민주
국민당은 간신히 제1당의 자리를 지켰다. 그러나 자유당
은 제2당이 되었고, 종래 주요 정당의 위치에 있었던 기
독교 민주 세력과 노동당은 많은 의석을 상실했다.

네덜란드의 반이슬람 경향은 영화감독인 테오 반 고흐
(Theo van Gogh) 암살 사건(2004년) 등, 국내에서 무슬림에
의한 폭력 사건이 발생한 이래 인근 유럽의 여러 국가들

에서 일련의 테러 등의 영향을 받으면서 강해지고 있었다. 그리고 자유주의 정당인 자유민주국민당 스스로도 이슬람이 네덜란드 사회에 적합하지 않다고 하는 인식을 강화했다. 하지만 다른 종교 커뮤니티의 병립을 인정해 왔던 네덜란드형 다문화주의와의 모순을 피하지 않으면 안 되었다. 그래서 이슬람은 네덜란드가 지켜 왔던 관용과도, 자유와도, 여성의 인권과도 양립되지 않는 종교이기 때문에 배제할 만하다는 주장이 채택되기에 이르렀던 것이다.

오스트리아

2017년 1월, 보수인 국민당과 사회민주당에 의한 연립 정권은 학교 및 재판소에서 니캅과 부르카의 착용 금지를 결정했다. 이해 10월에 예정되어 있었던 총선거에서 지지를 확대하고 있었던 극우인 자유당의 기세를 꺾으려는 목적이었다. 오스트리아의 자유당은 네덜란드에 있는 같은 이름의 정당과는 달리(5장 1절 참조) 본래 민족주의적인 주장을 내세웠고, 1999년의 총선거에서는 당의 대표인 외르크 하이더(Jörg Haider) 휘하에서 약진했다.

그는 당시에 이미 반이민, 반이슬람을 내세웠고 그 배외주의적인 주장 때문에 EU의 주요 국가들로부터 엄준한 비판을 받고 있었다. 당시의 EU는 아직 극우, 배외주의에 대항하는 주축을 유지하고 있었던 것이다. 2017년 10월의 총선거에서 자유당은 제3당이 되었지만, 국민당과의 연립을 조직하여 부총리가 된 하인츠크리스티안 슈트라헤(Heinz-Christian Strache)는 오스트리아와 유럽의 '이슬람화'를 막지 않으면 안 된다고 역설했다(2019년 5월에 슈트라헤는 부정 혐의로 인해 사임했다).

오스트리아에서 덮개 금지는 결국 무슬림 여성의 니캅과 부르카만을 대상으로 삼게 되면 종교 차별에 해당하게 되므로 공공장소에서 얼굴 전체를 가리는 덮개 모두를 대상으로 삼았다. 이는 네덜란드에서의 조치와 똑같은 것이었는데, 오스트리아의 경우도 니캅과 부르카를 착용한 사람은 거의 없었다. 그래서 경찰이 오로지 단속했던 것은 동물 가면이나 헬멧, 그리고 겨울 스포츠에서 사용하는 방한용 페이스마스크였다.

덮개 금지의 정치적인 의도는 무슬림에 대한 비판이었지만, 현실에서는 무슬림 여성의 대부분은 얼굴을 드러

내는 히잡 이외에는 착용하지 않았기 때문에 규제된 것
은 없었다.

이탈리아와 스페인

스페인에서는 일부 지역에서 얼굴을 가리는 덮개에 대
한 규제가 도입되었던 것 같은데, 2019년의 시점에서는
국가 수준에서 이러한 조치를 취하지 않은 몇 안 되는 유
럽 국가였다.

이탈리아에서는 전국 수준에서의 입법 조치는 취해지
지 않았지만, 2016년에는 북부의 롬바르디아주에서 얼
굴을 가린 채 공공시설에 출입하는 것을 금지시켰다.
2017년에는 북부의 리구리아에서도 치안을 이유로 얼
굴 전체를 가리는 헬멧과 함께 부르카, 니캅을 금지했다.
종교의 자유를 보장하는 이탈리아 헌법 규정을 위반하
는 것이 아니고 안보상의 이용으로 금지시키게 되었다는
것인데, '동맹'(당시는 북부동맹)의 지도자인 마테오 살비니
(Matteo Salvini)는 여성의 자유를 위한 것이라고 하면서 이
금지를 지지했다. 반EU, 반이민을 내세운 포퓰리스트 정

당의 동맹은 부르카 형태의 덮개가 여성 차별의 상징이라고 하면서 비판을 강화하고 있다.

여기에서도 이슬람이라고 하는 특정 종교를 타깃으로 삼는 금지 조치는 없었고, 헬멧도 대상에 포함되었다. 치안상의 이유라고 하는 것은 얼굴 전체를 가린 헬멧으로 개인을 특정하지 못하게 만들어 강도 등의 범행으로 이어지는 케이스와 마찬가지로 니캅이나 부르카를 착용하는 것으로 성별이나 개인을 특정할 수 없게 되는 것이 범죄와 연결된다고 생각했던 것이다.

2018년 3월 총선거에서 지지를 모은 동맹은 반이민, 반난민 입장을 수용했고 반이슬람, 반EU 등을 내세우는 '극우' 포퓰리스트 정당으로서의 성격을 강화하고 있다. 동맹의 지도자인 살비니는 내무 장관 겸 부총리를 역임하고 있던 때에 북아프리카에서부터 지중해를 통해 이탈리아를 목적지로 삼은 난민, 이민을 이탈리아에서 받아들이는 것을 여러 차례 저지하려고 했던 인물이다.

스웨덴

덴마크에서의 동향은 북유럽 여러 국가들에 적지 않은 영향을 주고 있다. 스웨덴은 2018년 9월에 총선거를 실시했는데, 사회민주노동당이 제1당을 유지하기는 했지만 퇴조의 경향이 선명했고 좌익당, 녹색당, 사회민주노동당의 적록연합(좌파연합)도 그리고 보수, 자유주의인 우파중도연합동맹(온건당, 중앙당, 자유당, 기독교민주당)도 의회에서 과반수를 차지하지는 못했다. 결국 더욱 소규모 정당의 지지를 얻은 적록연합이 내각 조직의 목적을 이루었지만, 이렇게 혼란해지게 된 원인은 배외주의, 극우 정당으로 여겨지는 스웨덴민주당이 약진한 결과였다. 기존 정당에 의한 좌파연합도, 보수 및 자유주의연합도 극우를 받아들이는 것만은 막아야 한다는 강력한 의지가 있었기 때문에 오히려 정권 발족에 시간이 걸리고 말았던 것이다.

임미 오케손(Jimmie Åkesson)이 당 대표를 맡고 있는 스웨덴민주당은 이민 수용 반대, 난민 수용에 대한 규제 강화, 이민과 난민의 송환 강화, 반이슬람을 내세운다. 그는 이슬람이 제2차 세계대전 이후 스웨덴에게 있어서 최

대의 위협이고, 여성의 덮개와 모스크를 '이슬람 문화제
국주의'의 상징이라고 계속 비판해 왔다. 이 당의 이슬람
혐오는 2010년 이후가 되면 더 격렬해졌고, 무슬림 여성
의 덮개는 테러리스트나 범죄자가 개인을 특정할 수 없
게 만들기 위한 방패막이와 같다고 주장하게 되었다. 안
보를 이유로 금지를 정당화하는 논리이다.

선거 이전의 단계에서 극우 정당의 팽창을 억제할 필
요도 있었기 때문에 좌우 두 세력은 얼굴을 가리는 형태
의 덮개를 공적 공간에서 금지하는 법안을 준비하고 있
었다. 모두 실행으로 옮겨질 것으로 여겨졌는데, 스웨덴
민주당은 일률적인 덮개 금지보다도 부모가 자식에게 종
교적인 상징을 몸에 착용시키는 것 자체를 금지해야 한
다는 강력한 주장을 전개하고 있다.

노르웨이와 핀란드

노르웨이에서는 2018년 6월에 얼굴을 가리는 형태의
덮개에 대해 교육 현장에서의 착용이 금지되었다. 사회
주의좌익당은 교사의 착용만 금지하는 것에 찬성했지만,

학생의 착용 금지에는 반대했다. 그 이외의 좌파 정당은
이 법안에 반대하고 있다.

한편, 배외주의를 내세우는 노르웨이진보당은 2003년
이래 이 당이 주장해 왔던 무슬림 여성의 덮개 금지가 겨
우 실현되었다고 칭찬하면서 모든 덮개는 교육 현장뿐만
아니라 전면적으로 금지시켜야 한다고 주장하고 있다.
이 정당의 입장에서는 이제 와서 나머지 정당이 오월동
주의 심정으로 덮개의 금지로 향하고 있다면서 자신들의
선견지명을 어필했다.

핀란드의 2019년 4월 총선거에서는 중도좌파인 사회
민주당이 17.7%를 득표하여 제1당이 되었고, 핀인당(반
이민, 배외주의, 반이슬람)은 17.5%로 제2당이 되었다. 이때
까지 정권을 맡았던 중도보수인 중앙당은 13.8%로 많은
의석을 상실했다. 좌파로서 인권, 환경문제에 힘을 쏟은
녹색당은 표를 점점 많이 얻고 있다. 새로운 정권은 사회
민주당을 중심으로 핀인당을 제외한 다섯 당이 연립했
다.

이 핀인당도 '이슬람이 없는 핀란드' 등의 슬로건을 내
걸었기 때문에 증오 범죄로 문제가 되었던 정당이다.

오해로 인한 배제

반복해서 말하지만, 이슬람은 덮개라고 하는 물건에 의해 상징되는 것이 아니다. 그래서 여성들의 덮개를 마치 이슬람의 상징인 것처럼 주장하면서 종교적인 상징은 공적 공간에서부터 배제시키라고 주장해 버리면, 무슬림과의 공생은 파탄으로 가게 된다.

앞에서도 서술한 대로 이슬람에서 절대적인 법의 원천인 『쿠란』과 참된 것이라고 여겨지는 『하디스』는 얼굴 전체를 가리는 형태의 덮개로 얼굴을 덮으라는 것을 요구하지 않는다. 그래서 많은 무슬림 여성은 스카프나 히잡은 착용해도 니캅이나 부르카를 착용하지는 않는다. 유럽 사회는 일반적으로 그 점을 알지 못한다.

한편, 무슬림 측은 ① 덮개를 쓰지 않는다, ② 몸에 착용하기는 하지만 니캅은 입지 않는다, ③ 니캅으로 눈 이외는 전면적으로 가린다고 하는 세 가지 방법의 행동을 취한다. 부르카는 본래 유럽이든 중동이든 입는 사람이 적은데, 그녀들 자신의 판단으로는 ③의 연장선에 있다.

필자도 니캅이나 부르카 금지에 대해서는 어쩔 수가 없다고 생각한다. 상대방인 유럽 사회는 무엇보다도 개인이라고 하는 존재를 존중하는 사회이고, 종교의 자유와 표현의 자유에 대해서도 그것은 개인을 기준으로 삼는 이야기이다. 이야기를 할 때에도, 논의를 할 때에도 상대방의 눈을 보고 상대방의 표정을 읽어내면서 소통을 시도한다. 이때에 개인이 특정되지 않는 상황을 만들어버리면, 이는 유럽 사람들에게 있어서는 허용의 한계를 넘어버리는 것이다. 자신이 이야기를 나누고 있는 상대방이 누구인지, 제대로 판단하기가 어렵다는 점은 상당한 불안을 느끼게 만드는 것이다.

그러나 프랑스를 필두로 많은 국가들에서 얼굴 전체를 가리는 형태의 덮개를 '부르카'라고 부르고 있다는 것에는 위화감이 든다. 프랑스에서 '부르카'가 문제시되었던 계기는 금지법 제정 당시에 사르코지 대통령이 2009년에 상하 양원에서 발언한 의회 연설 중에 부르카는 종교적인 표시가 아니라 여성을 예속화하는 상징이므로 프랑스에서는 환영을 받지 못한다고 말했던 것에 있었다. 본래 부르카가 세계에 알려진 것은 9.11 이후에 미국 군대와 나토(북대서양조약기구) 군대가 아프가니스탄에 침공했던 것이 계기였다. 여기에는 전쟁을 긍정하기 위해서 '여성의 해방'을 이용한 측면이 있었던 것은 확실하다. 실제로, 아프가니스탄의 부르카(전신 전체를 뒤덮고 있다)를 착용한 여성은 유럽에서는 거의 존재하지 않는다. 오히려 눈만 드러내는 니캅을 착용한 사람 쪽이 아직 많지만, 그렇다고 해도 이슬람의 법에서는 이렇게까지 하는 것이 의무라고 할 수는 없다. 그래서 극소수의 착용자를 타깃으로 삼으면서 무슬림 여성의 덮개 전체를 배제의 대상으로 만들겠다는 정치적 의도가 근거에 있다는 점에 필자는 주목하는 것이다.

그리고 2014년부터 2018년에 걸쳐 이슬람 과격파가 저지른 것으로 여겨지는 테러 사건이 빈발했기 때문에 덮개가 공공장소에서의 질서를 어기는 것이고 치안상의 위협이라는 관점이 급속도로 강화되었다. 개인을 특정할 수 없기 때문에 만약 남성이 입었다면 어떻게 하는가? 덮개 때문에 감시 카메라를 피해버리면 어떻게 하는가? 이런 의문을 제기하는 것이다. 현실에서는 그와 같은 사건이 빈발하지 않지만 가능성으로는 여전히 부정할 수 없는 이상, 얼굴 전체를 가리는 형태의 덮개는 안보를 이유로 규제되어 갔다.

그럼에도 문제는 남아 있다. 유럽 각국의 사회는 니캅이나 부르카를 금지한 것으로 인해 히잡 혹은 단순한 스카프에 대해서는 관용적인 자세로 전환했는가? 실제로는 전혀 그렇지 않다. 변함없이 스카프나 히잡을 착용한 여성들도 여전히 차가운 시선과 욕설을 받고 있다. 법률상으로는 덮개 사이에서 구분선을 그었지만, 혐오의 감정에는 확연한 구분선을 긋지 못했다. 즉, 덮개는 유럽 사회에 있어서의 '쟁점'이 아니라 무슬림을 배제하려는 배외주의의 도구로서 이용되어 왔던 것이다.

표현의 자유를 둘러싼 논쟁

　유럽 사회와 무슬림과의 충돌이 일어난 원인이 되었던 또 하나의 쟁점은 표현의 자유였다. 오래전에는 1988년에 출판되었던 살만 루슈디(Salman Rushdie)의 『악마의 시』(원제는 The Satanic Verses)가 이슬람을 모독했다는 것으로 문제가 되었다. 무슬림 이민이 집중되어 있었던 영국의 브래드퍼드에서는 책을 불태우는 소동이 있었고, 이란의 최고지도자 호메이니는 작가에게 사형을 선고했으며 일본에서는 1991년에 『악마의 시』를 번역했던 쓰쿠바 대학의 조교수 이가라시 히토시(五十嵐一)가 살해되었다. 1993년에는 튀르키예에서도 번역자를 포함한 문예가들의 집회가 습격을 당해 다수의 사망자가 나오는 참사가 발생했다.

'표현의 자유'가 통하지 않는 사정

2005년 9월 말, 덴마크의 『월란스 포스텐』 신문이 이슬람을 창시한 예언자 무함마드의 풍자 그림을 게재하면서 커다란 파문을 불러왔다. 여기에서는 그 의미를 서술하는 것으로 한정한다. 이슬람, 특히 수니파에서는 알라(신)도 예언자도 그리지 않는다. 묘사한 것이 진실의 모습이라고 보증할 수 없는 이상, 단순히 거짓 우상을 숭배하면서 존경하는 대상으로 삼게 되어버린다. 우상을 그리는 것 자체가 금지된 것이라고는 할 수 없지만, 문제는 진실이 아닌 것을 숭배하는 것이 되어서는 안 된다는 점이다.

이교도인 덴마크인 화가가 무엇을 하든 본래 무슬림과는 관련이 없기 때문에 그것만으로 폭동이나 화가에 대한 살해 예고에 이르지는 않는다. 무슬림의 분노가 세계로 확산된 것은 덴마크 정부가 표현의 자유와 종교적 과격주의의 대립이라고 하는 입장을 취하면서 이를 정치 문제로 만들었던 것에 있었다. 문제는 서구의 여러 국가들에 의한 '표현의 자유에 대한 절대적 지지', 이슬람권 여러 국가들에 의한 '이슬람에 대한 모욕을 허용할 수 없다'라는 구도로 빠져들고 말았다.

대부분의 무슬림은 이 풍자 그림을 보지 않았다. 보는 것도 싫어했던 것이다. 그러나 덴마크를 필두로 서구 여러 국가들의 언론이 잇달아 '풍자 그림'을 전재(轉載)하면서 확산되었고, 각국의 정부가 이를 지지하는 태도를 보이면서 세계의 무슬림들이 격노했다. 이슬람권의 여러 국가들은 대응 방안을 여러 가지로 생각했다. 민중의 분노를 방치하면, 조만간 각국의 정권으로 분노의 창끝이 향할 것이 분명했다. 그래서 이슬람권 여러 국가들의 국제연합과 비슷한 공간인 이슬람회의기구(OIC, 현재는 이슬람협력기구)로 이 문제를 가지고 들어와서 비난을 결의하게 되었다.

그러나 결과적으로 덴마크의 재외공관이 폭도에게 습격을 당했고, 작자인 화가는 협박을 받았다. 그리고 무슬림이란 폭력적인 인간이고, 이슬람은 폭력적인 종교라고 하는 단순한 주장이 서구 세계를 뒤덮어 갔다.

『윌란스 포스텐』신문은 처음부터 무슬림을 도발하는 의도는 가지고 있지 않았다. 고도의 표현의 자유가 보장되어 있었던 덴마크에서 묘사하는 것을 자숙(自肅)하는 풍조에 한 개의 돌을 던지고자 했던 것이었다. 그러나 덴마크 정부와 이슬람권 여러 국가들 쌍방이 문제를 정치화시키면서 대립이 결정적인 것이 되었다. 덴마크는 2020년 현재, 자유주의에서부터 극우까지 이슬람 혐오를 드러내는 정당이 힘을 얻고 있다.

그리고 2015년 1월에는 프랑스의『샤를리 에브도』 (Charlie Hebdo)라고 하는, 풍자 그림을 게재한 신문사가 습격을 당하면서 12명이 희생되었다. 이 신문은 반복적으로 예언자 무함마드와 이슬람을 야유하는 내용의 풍자 그림을 게재해 왔다고 알려져 있었다.

『악마의 시』에서는 작품의 내용이 예언자 무함마드를 모욕했던 것이라고 여겨졌고, 일련의 풍자 그림 문제에서도 예언자에 대한 모독이 문제의 초점이 되었다. 유럽 사회(광범하게 서구 사회 일반이라고 바꿔 말할 수 있다) 측은 '표현의 자유를 존중하는 유럽' 대(對) '표현의 자유를 제약하는, 혹은 인정하지 않는 이슬람'이라고 하는 대립의 구도로 이를 인식했다. 한편, 무슬림 측은 예언자 무함마드에 대한 모욕은 있을 수 없다고 하면서 반발하는 것은 공통적이었지만 그렇다고 해서 테러와 같은 난폭한 행동을 긍정하는 사람은 거의 없었다.

유럽을 필두로 하는 비무슬림 사회 측이 이 문제에서 간과하고 있었던 것이 몇 가지 있다. 그중 하나는 무슬림에게 있어서 신의 사도 무함마드에 대한 경의가 엄청난 수준이라는 것을 알지 못했다는 점이다. 초월적 절대자로서의 신을 모독하는 것은 물론 허용되지 않지만, 그 이상으로 무함마드에 대한 모욕은 상상할 수도 없는 것이다.

무슬림이 아닌 입장에서는 이를 설명하기가 어려운데, 무슬림인 어느 한 사람의 인간에게 있어서 사도 무함마드가 있었기 때문에 그 또는 그녀가 인간이 될 수 있었다는 감각이 공유되어 있다. 무함마드를 모욕하는 것은 곧 그들의 인간으로서의 존재를 부정하는 것과 똑같다. 비유해서 말하자면, 신의 사도 무함마드는 모든 무슬림에게 있어서 '어머니'이다. 이러한 비유가 무슬림의 입장에서는 타당한 것이 아니지만, 비무슬림이 무슬림이라는 인간을 아는 것에 있어서는 그렇게 이해해도 좋다고 필자는 생각하고 있다.

『샤를리 에브도』가 게재했던 예언자 무함마드의 '풍자그림' 속에는 나체로 누워 있는 무함마드에게 외설적인 말을 붙여놓은 것이 있다. 자신의 모친이 이러한 형태로 모욕을 당했다고 해도 이는 표현의 자유이기 때문에 감내하라고 하는 것은 불가능하다. 무슬림에게 있어서는 증오를 표현하는 것 이외의 무엇도 아니라는 것을 유럽 사회는 경시했다.

그래서 표현의 자유를 둘러싼 일련의 충돌을 근대 이후 서구 세계에 정착했던 세속주의, 혹은 성속 분리의 문맥에서 해석하려고 해도 무슬림에게는 아예 통하지 않는다. 표현의 자유가 사도의 모독에 대해서도 인정된다고 하는 인식이 없기 때문이다.

무엇이 문제였는가?

서구 세계, 특히 프랑스는 1905년에 '국가와 교회의 분리법'을 제정하여 공공장소에서 종교가 개입하는 것을 허용하지 않는다는 원칙을 세웠다. 따라서 종교를 비판하는 것도, 신을 모독하는 것도 표현의 자유 중에 포함된다. 프랑스공화국이 그 원리를 부정하면서 제약을 부과하려는 것은 있을 수 없는 일이고, 그럴 필요도 없다.

마찬가지로 이슬람적 문맥에서 해석하려고 해도 왜 격렬하게 충돌했는지를 이해하기는 쉽지 않다. 이는 풍자 그림 문제에서 전형적으로 나타나는데, 무함마드를 그렸다는 점이 문제인 것은 아니다. 그렸기 때문에 우상숭배를 금지하는 이슬람의 교리에 어긋나는지의 여부는 문제가 아니었던 것이다. 수니파 무슬림은 '무함마드의 그림'이라고 듣기만 해도 얼굴을 돌려버리지만, 시아파 사람들은 무함마드의 사위인 알리를 숭배하고 있어서 그의 초상화나 족자를 판매하는 경우도 종종 있다. 종교적 세밀화 속에도 천사의 등에 탄 사도 무함마드를 그린 것들도 있다. 그러나 얼굴은 하얀색 천으로 가려서 묘사하고 있다. 왜 하얀색 천으로 가려서 묘사했는가라고 묻는다면, 그렇게 묘사를 하면서 진짜로 무함마드를 그린 것인지의 여부를 누구도 알 수 없기 때문이다. 즉, 가짜의 모습을 그리고 거기에 신앙심을 더하게 되면, 우상숭배가 되어버린다. 그래서 통상적으로는 그리지 않고, 묘사한 것으로부터 눈을 돌리는 것이다.

　그런데 풍자 그림 문제는 이와는 전혀 다르다. 그래서는 안 되는 것, 즉 우상을 그렸기 때문에 분노를 산 것이 아니다. 처음부터 신의 사도를 야유하고 조롱하는 목적으로 그림을 그렸고, 이를 상품으로 유통시켰던 것이 이슬람에 대한 모독이고 무슬림에 대한 도발(즉, 인종차별)로 받아들였던 것이다.

이 문제는 무슬림에게 있어서 표현의 자유와는 관계되는 일이 아니었고, 완전한 혐오 표현이었다. 혐오 표현이었음에도 불구하고, 이것이 폭력적인 반응을 일으킬 것을 예상하지 못했다고 한다면 서구 사회 측은 스스로 저지른 추악한 혐오 범죄를 가볍게 본 것이다. 물론, 이에 대해 테러나 폭동으로 반격했던 무슬림은 국가의 법에 의해 처단된다. 『샤를리 에브도』 사건의 경우도, 그 이외의 테러 사건도 용의자는 사살되는 일이 많다.

이후 유럽 사회에서는 알라(신)의 명령, 즉 샤리아에 의해 지배되고 있기 때문에 무슬림은 폭력을 사용한다는 주장이 힘을 얻게 되었다. 9.11 이후, 무슬림이 테러 등 폭력 행위를 저지를 때마다 '폭력=이슬람의 본질'이라는 주장이 강화되었는데 이것이 지금은 되돌릴 수도 없는 지경까지 와 있다. 많은 무슬림은 그때마다 폭력의 배경을 설명하고, 폭력에 호소하는 신도가 얼마 되지 않는다고 변명했다. 그러나 무슬림 측의 주장이 유럽 사회를 움직이지는 못했다.

이렇게 검토를 해보면, 표현의 자유를 둘러싼 논쟁도 여성의 덮개와 마찬가지로 무슬림을 배제하기 위한 도구로써 힘을 실어준 것이 아닌가라는 생각이 들게 만든다.

변해가는 유럽

유럽 사회는 이러한 사건들을 거치면서 두 가지 방향으로 나뉘었다. 엄격한 세속주의를 공유하지 않은 사람들, 바꿔 말하면 경건한 기독교도 사이에서는 다른 사람의 신앙을 모욕하면 안 된다고 생각하는 사람도 많았다. 여기에는 기독교도로서 기독교의 여러 가치와 윤리를 모욕하는 무신론자에 대한 반발도 있었다. 유대교도의 경우에는 더욱 심각해서 과거에 경험했던 유대인에 대한 박해를 상기시켰다.

한편 신을 모독하는 것, 신의 사도를 모독하는 것, 성전(聖典)을 모독하는 것도 포함하는 자유가 인정된다고 하는 극단적인 세속주의를 지지하는 사람들 사이에서는 무슬림의 분노에 대해 혐오심이 증폭되어 갔다.

그러나 무슬림을 향한 모욕을 억제해야 한다는 여론은 곧바로 약해졌다. 2015년 이후 유럽 사회의 기독교 보수층은 무슬림으로 타깃을 좁혀서 사도나 성전의 모독도 꺼리지 않는 방향으로 나아가고 있다. 유럽은 기독교권이기 때문에 무슬림이 거주할 장소가 아니라는 것이다.

게다가 종교 이데올로기를 포함해서 모든 이데올로기

의 압박이 커지는 것을 혐오해 왔던 완강한 자유주의파도 이슬람을 혐오하게 되었다.

그러한 그들도 예전에는 '타자로서의 무슬림', '이질적인 종교로서의 이슬람과 그 신도'의 존재에 관용적인 자세로 접근했다는 것을 잊어서는 안 된다. 그렇다면, 그들은 관용의 정신을 잃어버린 것일까? 그들 스스로는 자신들이 관용의 정신을 잃은 것이 아니라 상대방인 무슬림이 관용적이지 않기 때문에 배제하는 것이 당연하다고 주장한다. 특히 '표현의 자유'에 대해서 폭력으로 반격했던 것은 무슬림은 관용적이지 않다고 간주하는 충분한 근거가 되었다.

유럽의 전통적인 좌파도 무슬림에 대한 혐오를 드러낸다. 이슬람이 젠더의 차별을 용인하고 있다는 비판이 초점이 된다. 그리고 무슬림 이민의 모국이 민주화를 실현하지 못하고, 점점 권위주의 체제나 독재로 다가가고 있기 때문에 표현의 자유가 박탈되고 있다면서 엄준한 비난을 전개하고 있다.

그러나 『샤를리 에브도』 습격 사건 이후, 이슬람 세계 여러 국가들의 언론은 일제히 폭력에 항의하는 자세를 보였다. 그리고 동시에 신의 사도에 대한 모욕, 성전에 대한 모욕은 허용될 수 없다는 점도 강조했다. 서구 세계와는 달리 이슬람 세계에서는 무신론을 긍정하는 사람이 매우 적다. 무슬림 사회에서 행동이 이슬람의 규범에서부터 벗어난 사람들은 얼마든지 존재한다. 그러나 그러한 사람들에게 있어서도 적극적으로 신을 부정하는 무신론자가 아닌 이상, 스스로가 무슬림이 아니라고는 선언하지 않는다. 무슬림이 아니라고 하는 것은 인간이 아니라고 말하는 것과 같다는 감각이 있기 때문이다.

2장

시리아 전쟁과
난민

1. 난민 위기

이슬람과의 단절

2015년의 유럽 난민 위기 때에 도대체 어느 정도의 사람들이 EU로 쇄도했을까? 다양한 자료에 따르면, 대략 130만 명이라고 한다. 이 난민 위기는 유럽과 이슬람의 관계를 결정적으로 악화시켰다. 난민의 급증은 유럽 각국의 시민들 사이에서 강력한 불안감을 초래했던 것이다.

그 밑바닥에는 난민의 대부분이 무슬림이라는 점에서 기인한 '이슬람의 위협'이 있다. 이러한 불안은 2001년 미국에서 터진 9.11 동시다발 테러 사건으로 인해 급격하게 유럽 사회를 뒤덮었다. 2010년대에 접어들어서 아랍 여러 국가들에서 민주화 운동이 연이어 일어났지만, 기존 체제와의 격렬한 충돌이 일어나면서 현재의 내전으로 연결되었다. 시리아, 예멘, 리비아에서 국가가 붕괴했던 것은 많은 난민 유출의 원인이 되었다. 이외에도 겨우 정부가 기능하고는 있지만, 도저히 안정으로 다가가지 못하는 아프가니스탄을 필두로 에리트레아, 에티오피아,

남수단, 니제르, 말리 등 아프리카의 국가들로부터도 사람들의 유출이 계속되고 있다. 박해로부터 도피한 난민도 있고, 장래의 희망이 없는 모국을 버리고 유럽을 향해 온 사람들도 있다. 그들은 이민(移民)으로 분류되는 경우가 많지만, 상황을 보면 난민인지 이민인지를 구별하기가 어렵다. 그리고 그들의 대부분은 무슬림이었다.

이러한 흐름은 2020년에 들어와서도 변하지 않고 있다. 아시아에서부터 튀르키예를 통해서 에게해를 건너 그리스로 향하는 경로는 튀르키예가 2016년 3월 후반부터 EU의 요구로 감시를 강화해 왔지만, 규제를 빠져나와서 밀항하는 사람은 끊이지 않고 있다. 아프리카에서부터 지중해를 거쳐 이탈리아 등으로 넘어오는 난민과 이민의 이동도 그치지 않고 있다. 유럽의 초조함은 이사이에 완전히 완화되지 않아서 난민, 이민 그리고 그중에서도 다수를 차지하는 무슬림에 대한 적대감은 이미 억제가 이루어질 수 없는 수준에 도달해 있다.

이 상황을 결정적으로 악화시켰던 또 하나의 원인은 중동의 혼란에 편승하여 대두했던 '이슬람국가'라고 하는, 무서울 정도로 급진적이고 폭력적인 조직에 공감하는 무슬림이 유럽 각지에서 테러를 일으키면서 생긴 치안 악화의 공포이다. 실제로는 테러리스트가 여러 차례 그 현장에서 사살되었기 때문에 사건의 배경에 대해서는 해명이 진척되지 않는 경우가 많았다. '이슬람국가'는 사건 이후에 범행 성명(聲明)이나 범행을 저지른 '전사'를 칭송하는 성명을 발표하고 있지만, 테러에 이르기까지의 과정에는 불명확한 점이 많다.

국가 질서의 붕괴와 난민의 격류

당초에 난민은 배를 타고 지중해를 건넜는데, 북아프리카에서부터 출발하여 이탈리아로 향했다. 북아프리카라고 적었지만, 이는 출항했던 지역이 북아프리카의 리비아 등이었다는 것이고 난민의 출신지는 아프리카의 넓은 범위에 이른다.

2015년이 되면, 갑자기 다른 경로로 온 난민의 쇄도가 주목을 받게 되었다. 이미 300만 명 이상의, 주로 시리아 난민을 받아들였던 튀르키예로부터 마침내 주머니의 밑부분이 뚫려버린 것처럼 에게해를 건너 그리스로 향하는 난민의 격류가 발생했던 것이다.

미국이 주도하는 유지연합군(有志連合軍)이 테러 조직인 '이슬람국가'를 공중폭격하기 시작했던 것은 2014년 8월의 일이었다. 그리고 2015년 9월에는 러시아 군대가 시리아 내전에 참전하여 아사드 정권에 대한 군사적 지원을 강화했다. 그 결과, 시리아는 극도의 황폐함이라고 할 수 있는 상황으로까지 붕괴했다.

러시아 군대만 있었던 것이 아니다. 이란의 혁명방위대, 이란과 가까운 레바논의 시아파 군사 조직인 헤즈볼라도 아사드 정권 지원을 위해서 시리아에서 전투를 지속했다. 그리고 2016년 8월 말에는 튀르키예 군대가 시리아 북부의 쿠르드 무장 조직인 인민방위대(YPG)를 소탕하기 위해서 시리아 영토 내로 진격했다('유프라테스의 방패' 작전이다. 그림 2-4 참조). 시리아 내전은 이미 내전이 아니었고, 여러 외국이 개입한 전쟁이 되었다. 국제연합은 이 전쟁을 중지시킬 기능을 완전히 상실했다. 구미의 여러 국가들이 아사드 정권에 대한 제재 결의안을 제출해도 확실하게 러시아가 거부권을 행사하고 있기 때문이다.

2019년까지 난민은 대략 660만 명을 넘었고, 국내의 피난민을 합하면 1,320만 명 이상이 주거지를 잃고 쫓겨났다(UNHCR, 2020년 6월). 이 비극이 초래된 이유는 시리아의 아사드 정권이 반정부 세력과의 전투를 일관적으로 '테러와의 전쟁'이라고 주장했기 때문이다. 테러와의 전쟁이 되면, 테러리스트를 소탕해야 하고 시리아 정부군은 반정부 세력이 실효적으로 지배했던 지역 전체를 공중 및 육지에서부터 공격했다.

튀르키예로는 난민이 쇄도하면서 이미 받아들일 수 없는 상황이 되어 있었다. 2015년 초기부터 튀르키예의 서쪽 끝에 있는 이즈미르에 난민이 모였고, 이곳에서부터 연해 지역인 그리스 영토의 섬으로 밀항했던 것이다.

2015년만이 난민 위기의 해가 아니다

국제연합 난민고등판무관사무소(UNHCR)에 따르면, 2012년에는 23만 명이었던 시리아 난민이 1년 후에는 200만 명으로 늘어나 있었다. 당연한 일이지만, 그들은 우선 이웃 국가인 레바논(시리아의 서쪽), 요르단(시리아의 남쪽), 튀르키예(시리아의 북쪽)로 도망쳤다. 이 시점에서는 레바논으로 가는 사람이 많았다. 난민의 수를 파악하기는 어려운데, UNHCR은 2012년 11월의 보고에서는 이미 대략 51만 명의 난민이 있고 매일 3,200명이 난민이 되고 있다는 긴급 경고를 발표했다(이하는 개략적인 수치이다).

그 시점에서의 내역은 레바논에 15만 4천 명, 요르단에 14만 3천 명, 튀르키예에 13만 6천 명, 이라크에 6만 5천 명 등이라고 되어 있다. 그리고 2013년이 되면 1월부터 3월까지 40만 명, 합계 100만 명을 넘었다고 한다(이하에서는 특별하게 판단할 수 없는 경우에는 난민의 숫자는 UNHCR의 자료에 따른다). 이 시점까지의 난민은 주로 아사드 정권에 의한 공중폭격에 희생된 사람들이었다.

2014년 전반, 시리아 난민은 300만 명에 도달했고 레바논에 117만 명, 튀르키예에 83만 명, 요르단에 61만 3천 명, 이라크에 21만 5천 명이라고 되어 있다. 이 시점에서 이라크로 도망친 시리아인이 급증했던 것은 6월에 '이슬람국가'가 탄생했기 때문에 아사드 정권에 의한 공격에 더하여 '이슬람국가'가 지배했던 라카와 격렬한 전투가 계속된 알레포로부터 도망친 사람이 갑자기 늘어났기 때문이다.

2015년 7월 9일 날짜에 발행된 영국의 신문 『가디언』은 국제연합의 추산으로 시리아 난민이 401만 3천 명에 도달했고, 사망자가 228만 명에 달한다고 보도했다. 도

— 난민이 이동했던 길
··· 헝가리 정부가 펜스를 설치한 국경
출처 : UNHCR과 BBC가 작성했던 것에 필자가 내용을 추가.
그림 2-1 튀르키예에서부터 유럽으로 난민이 흘러들어가는 경로

망친 곳은 이번에는 튀르키예가 가장 많다. 튀르키예가 180만 5천 명, 레바논이 117만 3천 명, 요르단이 62만 9천 명, 이라크가 25만 명, 이집트가 13만 2천 명, 그 이외 중동의 여러 국가들이 2만 4천 명이었다. 유럽의 여러 국가들에서는 이미 27만 명이 보호를 요청하고 있었다.

난민이 유럽 여러 국가들에 쏟아져 들어와 유입했던 것은 2015년의 일이었다. 시리아의 북쪽에 이웃한 국가인 튀르키예에서부터 에게해를 건너 그리스의 섬에 표착

하고, 여기에서부터 그리스 본토를 거쳐 마케도니아(현재는 북마케도니아), 세르비아, 헝가리로 진출한 것이 최초의 흐름이었다. 헝가리의 수도 부다페스트의 동역(東驛)에 난민이 체류하는 참상이 드러났던 것도 이때의 일이었다. 유럽위원회는 2년 동안에 12만 명 정도의 난민을 보호해줄 예정이었지만, 몇 개월도 지나지 않아 이 숫자가 매우 적은 예측이었다는 것을 깨달았다. 그해에 EU로 쇄도했던 난민은 132만 명에 도달했던 것이다.

난민들이 국경을 점차 넘어오는 와중에 그리스 다음으로 EU에 가맹한 국가는 헝가리였다(그림 2-1). 마케도니아와 세르비아는 EU에 가맹하지 않았다. 그래서 당초 헝가리에 체류하는 난민이 급증했고, 오르반 빅토르(Orbán Viktor) 총리는 독일과 EU에 대해 분노를 표시했다. 그의 정권은 이후에 배외주의적이라는 혹독한 비판을 받았지만, 이 무렵의 상황을 생각한다면 난민 수용에 관해서 EU 가맹국 사이에 어떠한 공통된 인식을 가지고 있지 않았던 점이 문제였고, 헝가리만을 탓할 수는 없다. 9월에 접어들자 헝가리는 세르비아와의 국경을 폐쇄했고, 160km에 걸친 장벽을 세워버렸다.

그리스는 재정 재건을 이루는 중이었고, 난민들은 이곳

에 머무르려는 생각이 없었다. 국제이주기관(IOM)에 따르면, 2015년 전반에만 250만 명이 그리스에 도달했다. 그중에서 난민으로 등록한 사람은 불과 3,545명이었다.

헝가리가 규제를 강화하면서 난민들의 목적지는 독일, 스웨덴, 오스트리아 세 국가로 집중되어 갔다. 독일은 EU의 경제대국으로 알려져 있었다. 스웨덴은 쿠르드인 난민을 받아들였던 역사 때문에 시리아 북부와 이라크의 쿠르드인이 최종 목적지로 삼았다고 생각된다. 오스트리아는 이미 배외주의가 강력했는데, 왜 목적지로 인기가 있었는지는 알 수가 없다.

대조적인 곳은 아랍의 여러 국가들이었다. 이집트는 수만 명을 받아들이고 있었지만, 시시 정권 휘하에서도 경제는 계속 밑바닥을 맴돌았기 때문에 도저히 난민을 받아들일 여유가 없었다. 아라비아반도의 산유국도 2015년의 시점에서는 사우디아라비아, 쿠웨이트, 카타르, 바레인이 대부분 난민을 받아들이지 않았다. 아랍에미리트(UAE)만이 25만 명을 받아들이는 적극책을 취했지만, 이는 저렴한 노동력으로 활용하려는 것이었다. 이 국가들은 본래 1951년의 난민조약에 참가하지 않았기 때문에 난민 수용에 대해 매우 소극적이었다. 게다가 이들아라비아 산유국에서 외국인 노동자에 대한 처우가 열악했다는 것은 널리 알려져 있어서 난민의 격류는 서유럽으로 향하게 되었던 것이다.

2015년 9월, 에게 해안의 거리에서

2015년의 난민 위기는 세계의 주목을 받았다. 그러나 정확하게 말하면, 당사자인 시리아의 이웃 국가와 유럽 여러 국가들을 제외하면 최악의 인도적(人道的) 위기에 의한 난민의 격류에 대한 세계의 관심은 극도로 낮았다. 9월 2일, 튀르키예 남서쪽의 보드룸이라는 관광지의 바닷가에 익사한 어린 남자 아이의 시체가 표착했다. 보드룸에서부터 그리스 영토인 코스섬까지는 5km 정도의 거리이다(그림 2-2). 돈이 있는 난민이면 수상 바이크로 몇 분 안에 건너가는데, 1인당 20만 엔에서 30만 엔을 요구했다고 한다. 알란 쿠르디라는 이름의 아이 사진이 세계에 유포되자 그 순간에 세계는 난민 문제를 '발견'했다. 일본도 그러했다. 알란 쿠르디의 죽음을 보도했던 튀르키예의 신문은 표제에 '양심은 어디에 있는가?', '세계여, 부끄

러움을 알아라'라고 쓰면서 모두 세계의 관심이 낮다는 것을 비난했다.

그날, 필자는 체재 중이었던 튀르키예 서쪽의 체쉬메라는 도시에서 일본 방송국의 요청에 응하여 생중계로 상황을 해설했다.

필자가 서 있었던 곳의 바로 아래 해변에서부터는 거의 매일 밀항자가 맞은편에 있는 그리스 영토인 키오스섬으로 향하고 있었다(그림 2-2 참조). 직선거리로는 불과 12km 정도이고, 고속 선박으로 가면 20분 만에 도착하는 거리이지만 제대로 된 엔진도 탑재하지 않고 정원의 3배 이상을 밀어넣은 난민의 밀항선은 종종 엔진이 멈추면서 물이 차올라 침몰했다. 그해에 튀르키예의 서해안에서부터 그리스로 넘어가려다 사망한 사람들의 숫자는 튀르키예 내무부의 발표에서는 806명이었지만, 누구도 정확한 숫자는 알 수가 없다.

도중에 보트가 침몰하는 일만 있는 것이 아니다. 선장이 있는 선박은 높은 요금을 받았지만, 동이 트기 전에 난민을 상륙시키고 이곳이 그리스라고 거짓말을 하고 다시 튀르키예로 돌아오는 사기를 치는 경우가 있었고, 밤중에 해안에서 기다리라고 지시를 내려놓고는 정작 배가 오지 않는 사기를 치는 경우도 있었다. 많은 사람들이 이곳까지 와서 마지막 순간에 속임을 당해 소지한 돈을 잃어버리는 것이다. 2015년 8월에 소문을 들었을 때에는 고무보트에 부착이 가능한 엔진을 붙이고 1인당 10만 엔에서 15만 엔을 요구했다고 한다. 가족 전원을 데리

이즈미르의 버스터미널에서 만난 시리아 난민의 아버지와 아이(필자 촬영, 2015년 9월).

고 도망쳐 온 사람들의 입장에서는 이는 도박이었다. 속임을 당하거나 실패한다면, 다음 기회는 없는 사람들도 많았던 것이다.

그들은 튀르키예 서부의 최대 도시인 이즈미르에서 알선업자와 접촉한다. 알선업자는 난민을 몇 군데의 도시를 향해 미니버스나 택시로 운송해 보낸다. 그곳에서 언제, 어디에서 그리스로 향하는 보트에 탑승할지를 결정한다. 난민들은 해질 무렵이 되면 이즈미르 중심부에 있는 버스 회사 앞에 집결한다. 여기에서 버스나 택시를 타고 밀항업자가 알선한 보트가 출발하는 에게해의 해안

도시로 향했다. 짐에는 조악한 구명조끼나 튜브도 들어가 있었다.

사진은 난민의 부친과 아이이다. 이후 칠흑의 밤바다로 배를 타고 나아가야 하는 엄청난 어려움이 그들을 기다리고 있었다. 그리스의 섬에 겨우 도착한 사람, 도중에 보트가 침몰하여 목숨을 잃은 사람, 표류하여 튀르키예 쪽으로 도착한 사람. 희망의 여로는 종종 절망의 항해로 변했다.

이즈미르에서 만났던 난민들은 모두 기대에 부풀어 있었다. 외출용 드레스를 입은 여자 아이의 모습도 보였다. 모든 의료품은 NGO의 창고에 가면 무상으로 제공받을 수 있었다. 메이커 제조 회사와 의료품점은 모두 새로운 물건을 난민을 위해 제공했던 것이다.

도저히 한밤중에 칠흑의 바다를 건너는 모습이라고 할 수 없었지만, 하여간 이때까지는 가혹하고 비참했던 기억을 시리아와 튀르키예에 놓아두고 인권의 선진국인 유럽으로 가서 생활을 하고 일을 할 것이라는 기대로 가득했다.

수영에 익숙한 시리아인은 거의 없다. 어린아이들을 데리고 있는 어머니는 이제부터 몇 시간에 걸쳐 '죽음의

항해'가 주는 공포를 맛보게 될 것이었다. 구명조끼는 이즈미르 도시에서 상당한 정도로 팔고 있었다. 오렌지색의 구명조끼에는 일본 유명 기업의 로고가 인쇄되어 있었는데, 모두 가짜였고 안쪽은 스티로폼이었다. 시에서는 판매를 금지시켰지만, 업자는 검은색 비닐 주머니에 넣어서 안쪽을 보이지 않게 하여 마구 판매하고 있었다. 그중에는 조악한 튜브를 가지고 있는 사람도 많았다. 그래서 보트를 꽉 잡고 그리스로 건너간다고 한다. 그러나 에게해의 수온이 낮아서 연안에서도 25도 안팎이다. 몇 시간 동안 물에 빠져 있게 된다면, 저체온증으로 인해 목숨이 위험에 노출된다.

필자가 머무르고 있었던 체쉬메는 이즈미르로부터 100km 정도 떨어진 에게해 해안에 있다. 일찍 현지의 버스터미널로 가면, 많은 시리아 난민들이 있었다. 모두 밀항업자에게 속아서 그리스로 건너가지 못한 사람들이었는데, 또 한 차례 이즈미르로 가서 업자들의 대표를 찾아내서 돈을 돌려받든지 아니면 다시 결제하기 위한 교섭을 진행한다고 한다. 악질업자가 도망치지 않기를 바라는 분위기였다.

겨울에는 에게해의 밀항 경로는 위험성이 높아서 난민

의 도항도 감소했다. 에게해에서는 겨울에는 남풍인 로도스, 여름에는 북풍인 포이라즈가 분다. 풍향은 일정하지만, 떠내려가기가 쉽다. 게다가 겨울은 강풍과 악천후 때문에 바다가 사나워진다. 3월을 지나 여름이 가까워지면서 밀항자가 급증했는데, 2016년 3월 18일에 EU와 튀르키예는 난민 유출의 억제에 대해 합의했고 규제를 강화했기 때문에 바다를 건너는 밀항자의 수가 격감했다.

독일로

난민의 격류는 2015년 9월이 되면, 독일 정부가 그들을 받아들이겠다는 의향을 명확히 하면서 더욱 거대한 흐름이 되었다. 그러나 이전부터 튀르키예—그리스—유럽 각국이라는 흐름은 존재하고 있었기 때문에(그림 2-1) 반드시 메르켈 총리의 '난민 수용(受容) 발언'(9월 4일)만이 위기를 초래했던 것은 아니다. 위기는 시리아의 내전, 이라크와 시리아에서 '이슬람국가'가 대두한 것, 탈레반의 맹공으로 인해 위기가 심각해졌던 아프가니스탄 등 중동에서부터 서남아시아에 걸친 지역의 질서 붕괴가 원인이

표 2-1 2015년에 유럽 여러 국가들에 보호를 신청했던
난민의 출신 국가별 통계

	총 인원수	보호 신청자에서 차지하는 비율(%)
시리아	378,000	29
아프가니스탄	193,000	15
이라크	127,000	10
코소보	68,000	5
알바니아	67,000	5
파키스탄	47,000	4
에리트레아	46,000	3
나이지리아	31,000	2
이란	27,000	2
소말리아	21,000	2
우크라이나	21,000	2
세르비아	19,000	1
러시아	19,000	1
방글라데시	18,000	1
감비아	13,000	1
기타	230,000	17
합계	1,325,000	100

출처: Pew Research Center

었고 메르켈 총리에게 유럽 난민 위기의 책임을 떠넘길
수는 없다. 당시 난민의 내역은 〈표 2-1〉에 보이는 것
처럼, 시리아에서 온 난민이 가장 많았고 아프가니스탄,
이라크가 그다음으로 많았다.

4위 이하는 코소보, 알바니아와 같은 동유럽 국가가 이

어지고 그다음에는 파키스탄이 있으며 그 이하 아프리카의 에리트레아, 나이지리아, 중동의 이란, 아프리카의 소말리아 등은 유입된 사람의 구성이 아주 복잡해서 과연 그들을 모두 난민으로 간주할 수 있을지의 여부에 의문이 남아 있다. 그런데 2015년 난민 위기만을 놓고 보더라도 그들의 태반이 무슬림이라는 점은 명확하다.

독일 사회는 어떻게 인식하고 있었는가?

2015년에 유럽으로 130만 명의 난민이 몰려들었던 것은 세계를 뒤흔들었다. 말할 것도 없이 난민의 발생을 억제하지 않으면 위기는 끝나지 않는다. 그러나 난민 발생의 최대 원인인 시리아 전쟁(내전)은 10년 가까이 지났어도 종결되지를 않고 있다. 여기에서는 무엇이 최악의 인도적 위기를 야기했는지를 살펴보고자 한다.

그전에 필자가 2017년 3월에 베를린을 방문했을 때에 느꼈던 바를 언급해두려 한다.

베를린 시의회에서 극우로 여겨지는 '독일을 위한 선택지'(AfD)의 의원과 토론을 했다. 그들은 독일에 쇄도했던 난민은 불법 이민이라고 주장했다. 그리스로부터 유럽의 여러 국가들(EU 가맹국은 그리스, 헝가리, 크로아티아, 슬로베니아, 오스트리아)을 거쳐 독일에 왔는데, EU 가맹국 시민도 아닌데 멋대로 국경을 넘어 침입한 불법 이민이라고 했던 것이다.

필자가 그들에게 물었다. "유럽의 여러 국가들에 도달했기 때문이라는 것이 가령 당신들이 말한 그대로라고 하더라도 그전에 그들은 어디에 있었습니까?" 그들도 '불법 이민'이 그리스에 도달하기 전에 튀르키예에 있었다는 것은 알고 있었다.

필자는 다시 물었다. "그렇다면, 본래 '불법 이민'의 다수는 왜 튀르키예에 있었습니까? 시리아에서의 내전에서 빠져나온 것이 아니었습니까?" AfD의 의원도 이를 인정했다.

"이를 인정한다면, 튀르키예에 있을 때에 그들은 난민이 아닙니까?" 여기에서 그들은 침묵했다.

같은 인간이 전쟁의 참화 속에 있는 시리아에서 도망쳐서 튀르키예에 거주하고 있는 동안은 '난민'이고, 유럽의 영역에 들어오게 되면 '불법 이민'이 된다고 하니 우스운 이야기이다. 난민 배척의 레토릭에는 유럽의 영역 내부와 영역 외부를 차별하는 의식이 잠재해 있는 것이다.

'안'과 '밖'을 분리해서 인식하는 경향은 현재 유럽에서 강해지고 있다. 한 국가를 단위로 하여 '안'이 되는 국민의 이익을 강조하는 민족주의자는 물론 옛날부터 존재했고, 도가 지나치면 그들은 '극우'라고 불렸다. 그러나 AfD의 논리는 이것과는 약간 다른 측면도 가지고 있다. 한 국가의 민족주의도 강조하고 있지만, 동시에 EU의 '안'과 '밖'의 경계를 강조한다. 유럽 공통의 문화와 가치를 강조하는 것이다. 그것이 어디까지 본래의 뜻인지는 알 수 없지만, 적어도 이민이나 난민, 특히 무슬림은 문화와 가치관이 다르기 때문에 유럽에 존재해서는 안 되는 인간이라고 단정하는 것이다. 필자의 입장은 EU의 바깥을 성 밖의 참호, 한 국가의 국경을 성안의 참호로 이중으로 분단을 강화하려고 생각하면 안 된다는 것이다.

이 점은 현재 유럽에 광범하게 출현하고 있는 포퓰리스트의 정치 운동에서 공통적으로 보이고 있다. 국경을 넘는 사람들이 난민조약에 의한 정의에 해당되는지의 여부가 아니라 그들이 '불법 이민'이라고 단정하면서 배제하자는 주장을 거듭하고 있는 것이다.

다음으로, 이번에는 독일연방의회 사회민주당(SPD)의

하원의원과 대화를 나누었다. 2015년 9월에 메르켈 총리가 '독일은 시리아 난민을 받아들일 책임이 있다'라고 결정을 내렸던 것에 대해서 정권과 연립한 SPD에게 사전에 상담이 있었는지를 물었다. 메르켈의 정당은 기독교민주동맹(CDU)으로, SPD와 연립을 조직하고 있다.

그런데 대답은 의외였다. SPD에게 난민 수용이 무엇을 초래할지에 대해 아무런 설명이 없었고, 메르켈 총리 자신이 결정을 내려버렸다고 한 것이다.

그럼에도 커다란 정치 문제가 되지 않았던 것은 독일 경제가 호황을 누리고 있었기 때문이었다고 한다. 유럽으로의 난민 쇄도는 '유럽 난민 위기'라고 불리고 있었지만, 독일 사회도 포함하여 그것이 왜 일어났는지, 특히 중동 여러 국가들의 내전과 어떻게 관련되어 있는지에 대해서는 잘 알려지지 않았다.

더블린 규약의 일시적 정지

2015년 8월 25일에 독일연방이민난민청(BAMF)은 '더블린 규약'(Dublin Regulation)을 일시적으로 정지했다. EU의 여러 국가들과 스위스, 아이슬란드, 리히텐슈타인, 노르웨이가 참가한 이 규약은 난민 보호를 위해 가맹국 간의 제휴를 도모하는 취지로 만들어졌고, 1997년에 최초의 규약이 발효했다.

'셍겐 협정'이 가맹국 사이의 국경 검문을 폐지하고 EU 가맹국 시민의 이동의 자유를 보장했던 것에 비해 더블린 규약은 EU 지역의 외부로부터 온 난민에 대해 그 신원을 조사하고 관리하여 인신매매나 가맹국 사이에서의 '책임 회피'와 같은 인권침해를 막으려는 것이 그 취지였다. 그에 따르면, 난민이 처음으로 상륙했던 가맹국에서 난민 신청(보호 신청)을 하게 되면, 그 국가가 난민 신청을 수리하는 것으로 되어 있었다. 요점은 신청을 받아들인 국가로부터 다른 국가로 멋대로 이동한 경우에는 최초로 난민 신청을 한 국가로 송환하는 것도 가능하다는 것이었다.

더블린 규약의 일시적 정지는 헝가리에서의 난민에 대한 처우를 둘러싼 긴장을 완화시키기 위한 것이었다. 셍겐 협정의 권역 내의 국가인 헝가리에서는 세르비아를 경유하여 많은 난민이 흘러들어왔다. 헝가리의 입장에서 보면, 더블린 규약에 따라 그들을 처음 상륙한 지점으로 송환한다고 하면 EU에 가입하지 않은 세르비아도, 마케도니아(현재는 북마케도니아)도 아닌 그리스로 돌려보내지 않으면 안 된다. 그러나 혹독한 재정 재건을 강화하고 있었던 그리스로의 송환은 현실적이지 않았다.

뮌헨 시내의 공원에 모인 난민들. 중동에서는 여름의 해질녘에 사람들이 공원 등에 모여든다. 그 관습대로 뮌헨의 공원에도 난민의 가족 일행들이 모여 있었다(필자 촬영, 2016년 9월).

헝가리의 오르반 정권은 난민의 무질서한 유입에 강력하게 반발하고 있었다. 그래서 독일 정부는 헝가리에서 난민에 대한 폭력적인 조치가 강구되는 것을 염려했다. 9월 초, 오스트리아로 향하는 철도가 출발하는 부다페스트의 동역(東驛)에 난민들이 쇄도했고 긴장이 고조되었다. '헝가리에 등록되어 있지 않은 난민은 독일에 입국할 수 있다'라고 한 트위터가 BAMF로부터 흘러나왔던 것이 난민들 사이에 순식간에 전해졌고, 헝가리에서부터 오스트리아로 탈출하려는 사람들이 속출했던 것이다.

독일이 더블린 규약의 일시적 중단을 선언했다는 것은 독일에 입국하기 이전에 난민 신청을 했는지의 여부에 상관없이 독일은 다른 나라로 송환하지 않겠다는 것을 의미했다. 바꿔 말하면, 난민은 모두 독일에서 난민 신청을 해도 좋다는 것이 되기 때문에 최종 목적지를 독일로 정한 난민이 쇄도했던 것이다.

9월에 헝가리가 통과를 거부하면서 이번에는 서쪽으로 우회하여 크로아티아로 들어가서 북상해 슬로베니아, 오스트리아를 경유하여 독일에 이르렀다. 이에 대해 국경을 무단으로 넘어간다는 이유로 각국으로부터 강력한 불만의 목소리가 나왔다.

슬로베니아를 통과하여

난민이 통과했던 국가의 하나로 슬로베니아가 있다. 헝가리를 통과할 수 없게 된 사람들이 서쪽의 크로아티아로 우회했지만, 독일로 향하려면 북쪽의 슬로베니아를 통과해서 오스트리아로 빠져나간 다음 여기에서부터 독일 남부의 바이에른주의 중심지 뮌헨에 도달하는 것이 주요 경로였다(그림 2-1).

슬로베니아는 인구가 200만 명밖에 되지 않는 작은 국가이다. 예전에 유고슬라비아의 일부였는데, 이미 독립하여 EU에도 2004년에 가맹을 달성했다. 크로아티아와의 국경에서부터 엄청난 숫자의 난민이 밭을 넘어서 들어왔을 때에 인근 마을 사람들은 경악했다고 한다. 정부도 곤란한 입장에 놓였고, 전국의 경찰관을 국경에 모이게 하여 그들을 빨리 오스트리아로 이송하기 위한 계획을 준비했다.

작은 국가이기 때문에 경찰관도 5천 명밖에 되지 않았고, 전국에서 동원해도 부족했기 때문에 크로아티아, 이탈리아의 경찰관도 지원을 왔다고 한다. 밭 사이를 나아가는 난민들의 모습을 목격했을 때, 현지 사람들의 동요와 불안감은 충분히 이해할 수 있다. 전혀 본 적도 없던 사람들이 갑자기 몰려들어 왔던 것이다.

실제로 난민은 대부분 슬로베니아를 통과했을 뿐이고, 그 이후 EU에 의한 할당을 통해서 받아들여졌던 난민도 거의 없었다. 그러나 2018년의 총선거에서는 난민을 받아들이는 것에 비판적인 정당이 제1당이 되었다. 이웃 국가인 헝가리를 필두로 체코, 슬로바키아, 폴란드 등 동유럽의 EU 가맹국에서 나란히 배외주의가 대두해 왔던 것의 영향을 받기 시작했던 것이다.

밀항 경로에서 사망한 사람들

독일의 결정이 튀르키예에 체류하고 있던 난민을 대대적으로 끌어왔다는 것에는 의심의 여지가 없다. 앞에서도 서술했듯이 2015년 9월에 튀르키예 서해안의 이즈미르 근교에 집결했던 그들은 제각각 '메르켈 총리가 환영한다고 말했다. 그래서 독일로 간다'라고 이야기하고 있었다.

시리아인뿐만 아니라 이라크, 아프가니스탄 등의 출신자도 튀르키예 서부로 쇄도하고 있었다. 그래서 밀항업자가 급증했고, 튀르키예 서남쪽의 보드룸에서부터는 그리스의 코스섬으로, 체쉬메에서부터는 키오스섬으로, 아이발리크에서부터는 레스보스섬으로 향하는 몇 가지 밀항 경로가 형성되어 있었다.

▨는 난민이 목적지로 삼은 그리스의 섬

그림 2-2 튀르키예의 눈앞에 있는 그리스 영토의 섬들

〈그림 2-2〉를 참조하시기 바란다.

튀르키예와 그리스 사이의 에게해에서의 경계에는 한 가지 특징이 있다. 튀르키예와 가까운 바다라고 해도 겨우 10km 근처 연안의 섬까지 대체로 그리스의 영토가 되어 있다는 점이다. 즉, 바다의 국경선은 튀르키예의 육지에 훨씬 가깝다.

이는 튀르키예의 전신인 오스만제국이 제1차 세계대전에서 패배하고 태반의 영토를 상실한 이후에 지금의 튀르키예공화국의 독립이 달성되었기 때문이다. 연안의 섬 대부분은 그때까지 그리스계 주민과 튀르키예계 주민이 몇 세기에 걸쳐 공존하고 있었다. 그러나 그리스의 영토가 되면서 튀르키예계 주민은 본토로 이동했고, 거꾸로 튀르키예 본토 측에서도 많이 거주하고 있던 그리스계 주민이 에게해의 섬과 그리스 본토로 이주하는 주민교환이 이루어졌다.

튀르키예 본토 바로 앞은 그리스의 영토가 되었고, EU의 영역이 되었다. 단순한 고무보트를 타고 속속 유럽으로 건너오는 것이 가능했던 것은 바로 이러한 점 때문이었다.

2. 난민 문제의 원점(原點)

이웃 국가를 향한 난민의 쇄도

난민 위기의 원점은 시리아를 필두로 중동 지역의 질서가 붕괴한 것에 있다. 이제 터무니없는 숫자의 난민과 국내 피난민을 발생시킨 시리아 내전에 대해서 서술해두지 않으면 안 된다.

시리아에서의 전쟁은 '내전'이라고 불려왔다. 그러나 러시아와 이란은 직접적으로 아사드 정권을 향한 군사적 지원을 행하고 있고, 튀르키예는 반정부 세력을, 미국은 '이슬람국가'와 싸우는 쿠르드 무장 조직인 인민방위대(YPG)와 그 정치 부문인 민주통일당(PYD)을 지원하고 있다. 외국 정부와 그 군대가 직접적으로 개입하고 있기 때문에 다국 간의 전쟁이 시리아라고 하는 국가에서 벌어지고 있는 것이다. 이것이 최악의 인도적 위기를 초래했다.

누가 시리아로부터 엄청난 숫자의 난민을 발생시킨 것일까?

가장 큰 책임은 바샤르 아사드 대통령 정권에 있다는 것에는 의심의 여지가 없다. 그러나 여기에도 다양한 국가들이 개입하고 있기 때문에 어느 입장에서 바라보는지에 따라서 난민 발생의 책임자가 달라지는 것처럼 언급되어 왔다.

2020년 6월 11일에 UNHCR이 발표했던 시리아 난민의 총수는 유럽 등에서 받아들여진 사람을 제외하면, 554만 4천 명이었다(그림 2-3 참조).

체재하고 있는 주요 국가별로 살펴본 인원은 대략 다

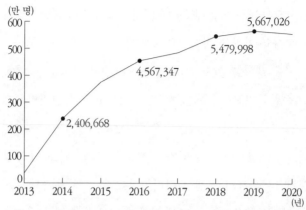

출처 : UNHCR, 튀르키예 내무부의 데이터에 따라 필자가 작성.

그림 2-3 시리아 난민 인원수의 매년 변화(매년 1월)

음과 같다.

튀르키예 — 358만 5천 명, 레바논 — 89만 2천 명, 요르단 — 65만 7천 명, 이라크 — 24만 7천 명, 이집트 — 13만 명(UNHCR, 튀르키예 정부 측의 통계에 따른 것이다).

아사드 정권과 '아랍의 봄'

아사드 정권의 시리아는 중동에서 러시아가 영향 아래에 두고 있는 유일한 국가이다. 그리고 2011년에는 시리아에도 튀니지, 이집트에서의 민주화 운동인 '아랍의 봄'이 파급되었다. 그 이후 2020년에 이르기까지 바샤르 아사드 대통령의 정권은 저항하는 반정부 세력을 모두 '테러 조직'으로 규정하고 단호하게 괴멸시킨다는 자세가 무너지지 않고 있다. 이를 지원하는 러시아와 이란도 완전히 똑같은 태도를 취하면서 구미의 여러 국가들과의 타협을 거절하고 있다. 그래서 미증유의 인도적 위기와 최악의 난민 및 국내 피난민이 배출되는데도 세계는 시리아에서의 '전쟁'을 방치하게 되었던 것이다.

2011년 3월에 시리아 남부의 다라에서 시작되었던, 정권에 대한 민주화와 자유의 요구는 점차 확산되었고 이에 대한 정권 측의 탄압도 매우 가혹해지고 있었다. SNS를 통해 세계의 정세가 순식간에 공유되고 있는 시대에 쓰는 언어가 공통의 아랍어인 사람들은 튀니지에서 무엇이 일어났는지, 이집트에서 무엇이 일어났는지를 즉시 이해했다. 시리아의 젊은 세대에게 있어서 '아랍의 봄'은 둘도 없는 해방의 기회라고 비쳐졌을지도 모르겠다. 그러나 공포 통치의 노하우와 이를 실천하는 조직은 부친 하페즈 아사드 대통령 시대부터 끊이지 않고 계승되고 있었다.

세계 최악의 인도적 위기에 빠진 시리아

2012년부터 2013년에 걸쳐서 중동의 정세는 단숨에 악화되었다. '아랍의 봄'이라는 기대를 가지고 있었던 분위기는 소멸되었다. 시리아에서의 반정부 운동이 내전의 양상을 보이고 있음을 국제연합의 간부가 인정했던 것은 2012년 6월의 일이었다. 시리아 국내의 반정부 세력 중 하나는 자유시리아군이었다. 이는 시리아 정부군으로부터 이탈한 군인이나 병사가 중심이 된 조직이고, 이슬람의 색깔은 없었다. 내전이 격화되면서 여기에 현지, 외국으로부터의 지하드 조직이 추가되어 갔다.

아사드 정권을 민중 억압의 적이라고 하기보다 '이슬람의 적'으로 규정하고 이를 타도하려는 조직이 몇 개 등장하면서 내전은 수렁의 상태로 빠져들었다. 시리아 북부의 알레포, 북서부의 이들리브, 그리고 수도인 다마스쿠스 근교까지 반정부 측이 지배하는 사태가 전개되면서 아사드 정권은 서서히 열세에 놓이게 되었다. 그래서 반격을 위해 활발히 사용했던 것은 드럼통에 폭약이나 총알을 넣은 '통폭탄'이었다. 가격이 저렴하고 기술도 필요하지 않은 이 악랄한 무기가 시민의 머리 위에서부터 투하되었고, 큰 소리와 함께 폭발하여 일순간에 주택 단지들을 파괴했다. 시리아의 주택은 기본적으로 벽이 벽돌을 쌓아 만든 것이어서 쉽게 붕괴했다. 벽돌 조각 아래에 묻혀버린 가족을 꺼내려고 하는 사람들의 모습은 이 내전으로 인한 엄청난 희생자에 대해서 누가 책임을 져야 하는지를 명확하게 보여주었다. 그것은 바로 아사드 대통령 본인이었다.

2013년 8월에는 또 하나의 처참한 사건이 시리아에서 발생했다. 아사드 정권 군대가 화학무기를 사용하여 수도 주변의 반정부 측 지배 지역을 공격했던 것이다. 오바마 미국 대통령은 시리아에 대한 군사개입을 검토했지만, 의회에서는 이라크 전쟁에 대한 반성 때문에 군사개입을 망설이는 분위기가 강했고 결국 개입은 보류되었다. 영국도 이라크 전쟁의 전철을 밟으려고 하지 않았기 때문에 오바마의 공격 요청에 동의하지 않았다. 프랑스만은 군사개입도 불사하겠다는 자세를 보였지만, 미국의 개입 보류로 인해 프랑스의 개입도 이루어지지 않았다. 결과적으로 러시아의 중개로 아사드 정권은 화학무기의 전량 폐기를 약속하고 화학무기 금지기관(OPCW)의 사찰을 받아들였다. 그리고 구미의 여러 국가들은 시리아 내전에 개입하지 않는 자세를 분명하게 드러냈다.

이렇게 되면서 시리아로부터 북쪽의 이웃 국가인 튀르키예, 서쪽의 이웃 국가인 레바논, 남쪽의 이웃 국가인 요르단으로 난민이 유입되기 시작했던 것이다.

2014년 3월, 필자는 도시샤 대학(同志社大學)의 프로그램을 통해 튀르키예와 시리아의 국경에 가까운 튀르키예의 킬리스라고 하는 도시를 방문했다. 난민들과 이야기를 나누면, 모두 '통폭탄'의 공포를 언급했다. 여성들은 몸이 경직되면서 아무것도 말을 할 수 없게 될 정도였다. 필자는 왜 도망쳤는지를 물어보았던 내 자신이 크게 부끄러웠다. 아이들은 부모 혹은 형제를 잃고, 튀르키예 측이 준비한 가설 학교에서 공부를 했지만 표정이라는 것이 없었다.

이 시점에서 아직 '이슬람국가'는 킬리스 부근의 시리아 영역을 제압하지 못했다. '이슬람국가'가 주민에게 냉혹한 조치를 취하기 시작한 것은 그 이후의 일이기 때문에 2014년 3월의 시점에서는 튀르키예 쪽으로 유입되고 있었던 70만 명 이상의 난민은 아사드 정권의 공중폭격에 의한 희생자들이었다.

킬리스에서는 공장의 한 귀퉁이 혹은 저렴한 주택에

어깨를 서로 맞대고 난민들이 거주하고 있었다. 난민용 캠프도 교외에 설치되어 있었다. 국경의 반대쪽은 반정부 측 자유시리아군이 지배하는 지역이었다. 튀르키예는 자유시리아군을 지원했기 때문에 국경의 통과는 자유로웠다. 튀르키예 측의 여론도 이웃 국가의 주민이 정권 군대에 공격을 받아 집과 가족을 잃은 상황에 동정적이었다. 곤경에 처한 사람에게 집 앞을 빌려주고, 부랴부랴 음식을 먹게 하려고 했던 것은 이슬람적 도덕의 근본이다.

이러한 모습은 난민 위기 때에 배외주의 세력이 급격하게 대두했던 유럽에 비하면 커다란 차이였다. 곤란에 처한 사람에게 채찍질을 가하는 행위는 이슬람에게 있어서는 죄악이다. 일반적 튀르키예 시민들의 감각으로는 곤란한 상황에 있기 때문에 어쩔 수가 없는 것이었다. 튀르키예에서도, 요르단에서도, 레바논에서도 조직적인 난민 배척 운동은 일어나지 않았다.

한편, 난민들은 일을 하지 않으면 안 된다. 저렴한 임금을 받고 고용되고, 아이들도 일을 하면서 그럭저럭 생활을 지속하는 사람들이 많다. 조금씩 사업을 시작하는 사람들도 있다. 시리아인은 중동에서도 상업의 민족이라고 알려져 있다.

튀르키예에서 난민이 가장 많은 곳은 이스탄불이다. 그중에도 아크 사라이 지역에는 이미 튀르키예 요리점보다 시리아 요리점이 더 많을지도 모르겠다. 원래 비슷한 요리이기 때문에 그다지 위화감도 없고, 곧바로 시작된 장사가 요리점이었던 것이다.

아크 사라이의 시리아 요리점에서 흥미로운 경험을 했던 적이 있다. 대학 동료인 팔레스타인 사람과 함께 저녁 식사를 먹고 있었는데, 예쁘장하게 치장한 한 소녀가 가까이 다가왔다. 동료는 다른 손님의 딸이라고 생각했는지 전혀 경계를 하지 않았다. 꽃다발이라도 들고 있었다면, 물건을 팔러 온 것이라고 즉각 알았을 텐데 그것도 아니었다. 단지 다정스럽게 다가왔던 것이다. 소녀는 실은 아무렇지도 않은 듯이 동료의 휴대전화로 손을 뻗고 있었다. 필자는 즉시 동료에게 주의를 주었기 때문에 도둑을 맞지는 않았는데, 실패했다는 것을 알았는지 소녀는 아무런 일도 없었던 것처럼 다른 테이블로 이동했다. 동료는 어이없어 했지만, 야단을 치지도 않았고 투덜대지도 않았으며 그저 침묵하고 있었다.

난민의 아이들은 튀르키예에 왔던 당초에는 '작업'을

할 때에 더러운 복장으로 가난하다는 것을 어필하면서 동정심을 유발하는 모습으로 시민이나 관광객에게 붙어 다니면서 돈을 요청했다. 그러나 이로부터 몇 년이 지나자 이것으로는 돈벌이가 되지 않는다는 것을 알게 되었다. 가게에서부터 쫓겨나지 않기 위해서 가족과 식사를 즐기러 온 것처럼 치장하고 등장해서 비싼 스마트폰 등을 날렵하게 가져가는 방법을 쓰기 시작했다. 아직 10살도 되지 않은 아이들이다. 당당한 모습으로 있으면, 누구도 의심을 품지 않는 움직임을 가지고 있었다. 그러한 '사업'의 재주와 어린아이이면서도 완벽한 자립심을 가지고 있다는 것에 기특하기까지 했다.

EU 28개국(브렉시트로 영국이 이탈하기 이전)이 뭉친다고 해도 130만 명의 난민에 대한 조치를 취하지 못하고, 유럽에서 무슬림은 쓸모가 없는 존재이니 그들은 난민이 아니라 불법 이민이라고 불평을 늘어놓는 사이에 이웃 국가는 묵묵히 곤란에 빠진 그들을 받아들였다. 2020년 1월에는 튀르키예에 있는 시리아 난민이 이스탄불에서만 48만 명을 넘었다고 튀르키에 내무부가 발표했다.

아사드 정권이란?

난민의 대부분은 집이 파괴되고, 전투에 휘말려 들어가면서 거주지를 떠났던 것이지만 본래 내전의 주체가 된 세력 중에서 공군력을 보유한 쪽은 시리아 정부군뿐이었다. 영국의 신문인『인디펜던트』는 인권감시단체의 보고를 활용하여 2016년 1년 동안에 1만 3천 발의 '통폭탄'이 투하되었다고 보도하고 있다. 그 이전인 2015년 가을부터는 러시아 공군도 가담하여 미사일, 폭탄을 사용하여 격렬한 공격을 반복했다.

아사드 정권 측은 대통령 스스로가 이 악랄한 폭탄을 투하하지 않는다는 주장을 반복했지만 자유시리아군이든, 모든 지하드 조직이든, 또는 '이슬람국가'도 공군력을 보유하지 않았기 때문에 다른 어떤 세력도 '통폭탄'을 투하할 수는 없었다. 그래서 아사드 대통령의 주장은 성립되지 않는다. 아사드 정권 측과 이를 지원하는 러시아, 이란은 '이슬람국가'의 잔학한 통치나 다른 지하드 조직에 의한 '테러 행위'가 난민 발생의 원인이라고 주장해 왔다. 그러나 '이슬람국가'가 맹위를 떨친 것은 2014년 6월 이후의 일이다.

근원이 된 조직은 2006년에 활동을 시작했지만, 당초에는 알카에다 계통이었다. 2013년이 되자 이라크와 시리아 양쪽에서 독립된 조직으로서 공격을 강화했고, '이라크와 시리아의 이슬람국가'(ISIS)라는 이름을 사용했다. 2014년 6월에는 이라크의 모술을 함락시키고 튀르키예 총영사관의 직원들을 대거 인질로 삼았다. 그리고 6월 29일에 아부 바크르 알바그다디를 칼리프에 옹립하면서 '이슬람국가'(IS)의 건국을 선언했다. 그러므로 그 이전부터 다수의 난민이 발생했던 사실과는 부합하지 않는다.

자유시리아군과 기타 지하드 조직이 주민을 전투에 휘말리게 하여 결과적으로 정부군의 공격을 초래했던 것은 사실이다. 그러나 2013년에 이어 2017년에도 아사드 정권 측이 화학무기를 사용하여 다수의 국민을 살상했던 것으로부터도 알 수 있듯이 아사드 정권은 반정부 세력을 타도하기 위해서는 수단을 가리지 않는다.

아사드 정권에게 있어서 '이슬람국가'가 시리아에서 세력을 확대하는 것은 좋은 기회였다. 아사드 정권에는 이슬람의 색깔이 없다. 본래 지배 정당인 바트당은 사회주의아랍부흥당이라는 의미이고, 이슬람을 따르는 정당이 아니었다. 아랍의 통일, 식민지 지배로부터의 해방, 사회주의를 기본으로 하는 정당으로 성립했고, 결과적으로 아버지 아사드 시대에 권력을 집중했다. 독재 정권이기는 해도 근대적으로 서구적인 골격을 가진 체제이다. 아사드는 그 점을 최대한 어필하여 시리아가 서구의 여러 국가들과 동일한 가치를 공유한 국가이고, 테러 조직인 '이슬람국가'와 싸우는 지도자로서의 모습을 강조했던 것이다.

국제사회는 아사드 정권과 '이슬람국가' 중 어느 쪽이 위험한지에 대한 질문을 받으면, 세계 각지에서 테러를 반복했던 '이슬람국가' 쪽이 위험하다는 이해를 공유하고 있었다. 국제연합의 안전보장이사회(안보리)는 아사드 정권을 지원하는 상임이사국인 러시아가 거부권을 행사했기 때문에 한 번도 시리아에 대한 제재 조치를 취할 수가 없었다. 이것이 인도적 위기를 최악의 상황으로까지 악화시켰다.

엄청난 수의 난민과 국내 피난민을 발생시켰던 아사드 정권은 어떤 성격을 가지고 있는지를 간단하게 서술하고자 한다. 현재 대통령인 바샤르의 부친 하페즈 아사드가 쿠데타로 권력을 장악했던 것은 1970년의 일이다.

아사드 가문은 알라위파라고 하는 소수 종파에 속해

있다. 수니파로부터는 이단 혹은 이슬람도 아닌 것으로 간주되어 차별의 대상이 되어 왔던 알라위파는 시리아 북서부의 라타키아 주변에서부터 북쪽의 튀르키예에 걸쳐서 분포하고 있다. 시아파와 유사한 점이 있기 때문에 아사드 정권은 이란, 레바논의 시아파 세력 헤즈볼라의 지원을 받고 있다. 종교적 소수파가 정권을 장악했다는 것 그리고 아사드 정권이 바트당을 통솔하여 독자적인 아랍민족주의를 이끌고자 했던 것 때문에 수니파 이슬람주의 세력과의 대립이 점차 더욱 격렬해졌다. 세속적인 민족주의와 사회주의를 접목한 것처럼 보이는 바트주의는 정치에 이슬람을 가지고 들어오려 하는 수니파의 이슬람주의와는 근본적으로 대립하기 쉬운 구조를 가지고 있었다.

1970년대 후반부터 1980년대 초에 걸쳐서 이미 수니파 이슬람 조직인 무슬림동포단에 의한 반정부 운동이 존재했다. 1981년부터 1982년까지는 무슬림동포단에 의한 테러가 수도 다마스쿠스에서도 잇달아 발생했다. 총리실, 국군징병사무소, 공군청 등이 테러리스트에 의해 습격을 받아 폭파되었다. 그러나 정부는 상세한 사항은 밝히지 않았다.

정권 측은 보수적인 무슬림이 거주하는 지역에서 반정부 세력을 소탕하는 작전을 실시했지만, 거주 구역 안에 섞여 있는 그들을 발견하는 것은 쉽지 않았고 점차 도시 전체를 무차별적으로 공격하게 되었다. 그중에서도 1982년 2월에 수니파 보수 세력의 거점이었던 하마를 1개월 동안 포위하고 철저한 공격과 학살을 저질렀던 것은 그 이후 반정부 세력에 대한 타협 없는 공격의 시작이었다. 이때의 학살로 희생된 사람의 숫자는 명확하지 않지만, 인권 단체는 2만 명에서 4만 명 정도로 추정하고 있다. 반정부 세력 소탕작전에는 정규군은 물론이고, 아사드의 측근들이 이끄는 흉악한 사병 집단이 가담했다. 그리고 경찰과 첩보기관(무하바라트) 등을 종횡으로 잘 활용한 감시와 공포의 통치는 이번 시리아 내전에서도 그 역할을 충분히 발휘하고 있다.

카다피 정권의 말로에서부터 얻는 교훈

'아랍의 봄'이라 불렸던, 아랍 여러 국가들에서 일어난 일련의 민주화 운동이 시리아로 파급되어 가는 와중에

리비아의 카다피 정권의 말로가 아사드 정권에 강한 영향을 끼쳤다는 점도 간과해서는 안 된다. 2011년에 리비아에도 파급된 민주화 운동은 카다피 국가원수의 독재에 종지부를 찍는 것에 성공했지만, 폭력적 보복을 초래하면서 리비아는 내전에 빠지게 되었다. 혼란의 상황에서 러시아, 중국이 거부권을 행사하지 않았기 때문에 무력행사를 포함한 리비아 제재 결의가 안보리에서 채택되었고 미국, 영국, 프랑스는 반체제파 지원을 위해 군사개입을 실시했다. 그리고 구속되었던 카다피는 혼란 속에서 처참하게 살해되고 말았던 것이다. 이 과정은 아사드 정권은 물론이고, 러시아에게 있어서도 중대한 교훈이 되었다. 구미의 여러 국가들에 타협하면 순식간에 정권이 괴멸되는 것을 보았기 때문이다.

시리아의 아사드 정권은 카다피 정권과 우호 관계였다는 것만으로 구미의 여러 국가들을 신용하면서 타협하면 비참한 최후를 맞이한다는 것을 확신했다. 그래서 국민의 희생을 마다하지 않고 반정부 세력은 모두 '테러 조직'이고, 시리아 정부는 '테러와의 전쟁'에 매진하고 있기 때문에 국제사회는 아사드 정권을 지원하지 않으면 안 된다는 강변(强辯)이 나오게 되었다.

러시아와 미국의 대리전쟁이 아니다

러시아가 이제까지 시리아를 계속 지원하는 이유는 무엇일까? 양국의 군사적, 경제적 협력관계는 1970년대의 아버지 아사드 시대로 거슬러 올라간다. 소련에게 있어서 시리아는 중동, 지중해 지역에서 군사적 영향력을 유지하기 위한 유일한 거점이었다.

이 점은 냉전이 종료된 이후 러시아가 탄생하고 나서도 변하지 않았다. 시리아의 지중해 연안 도시인 타르투스에는 러시아 해군의 기지가 있고, 라타키아에서는 시리아의 공군기지를 러시아 공군도 사용하고 있다. 러시아 군대의 주둔은 시리아의 방위에 있어서도 불가피하다. 냉전 시대에 소련의 미사일은 시리아 각지에 배치되었는데, 겉보기에는 이스라엘에 대해 강경한 자세를 계속 취했던 아사드 정권의 입장에서 이스라엘로부터의 공격이라고 하는 예측 불가한 사태를 피하기 위해서 필요했기 때문이다.

시리아의 아사드 정권은 팔레스타인을 점령한 이스라엘과 이를 지원하는 미국을 항상 '적'으로 규정해 왔다. 그러나 실제로는 1973년의 제4차 중동전쟁에서 이스라엘과 전투를 치른 이후에는 1982년의 이스라엘에 의한 남부 레바논 침공 때에 주둔하던 시리아군이 응전했던 이래로는 직접 교전했던 적은 없다.

1990년에 이라크의 사담 후세인 대통령에 의한 쿠웨이트 침공으로 시작된 '걸프 위기'가 발생했고, 이듬해에는 다국적군이 이라크를 공격한 '걸프 전쟁'이 시작되면서 시리아는 미국이 주도하는 다국적군에 참가했다. 시리아는 후방에 위치하고 있던 소련이 약체화되는 것을 보자마자 미국과의 협조 노선으로 전환했던 것이다. 아사드 정권이 냉전 시대부터 철저하게 실리주의를 취해 왔음을 보여주는 재빠른 변신이었다.

결국 러시아가 체제를 다시 확립한 이후, 아사드 정권은 러시아와의 관계를 유지했다. 시리아가 내전 상태에 빠진 것은 2011년의 일인데, 러시아의 직접적인 군사개입이 현저해진 것은 2015년 이후의 일이다. 시리아 정부로부터의 집단적 자위권 행사 요청에 근거하여 러시아는 반정부 측의 지하드 조직에 대한 공격을 개시했다. 러시아 군대는 '이슬람국가'에 대한 공격에도 참가했지만, '이슬람국가'에 대한 군사작전은 공중에서는 미국이 주도하는 유지연합군, 지상에서는 쿠르드 무장 조직이 중심의 역할을 했다.

러시아 군대의 직접 개입은 시리아 제2의 도시인 알레포에서부터 다수의 난민을 발생하게 했다. 2016년 12월, 동부 알레포를 반정부 세력으로부터 탈환할 때에 러시아 군대는 시리아 군대와 함께 격렬하게 공중폭격을 가하면서 인도적 위기에 박차를 가했다.

한편, 미국은 시리아 내전에 대한 직접 개입을 미루어왔다. 시리아 내전에 대해서 종종 러시아와 미국의 대리 전쟁이라는 주장이 제기되었지만, 이는 기본적으로 오류이다. 이미 서술했듯이 시리아는 40년 이상 소련과 러시아의 영향 아래에 있었고, 미국은 개입하지 않았다.

미국은 '이라크와 시리아의 이슬람국가'(ISIS)가 '이슬람국가'(IS)로 이름을 바꾸고, 이라크에서부터 시리아로 세력을 확대한 이후 2014년 8월에 시리아에 적극 개입하는 자세를 보이기 시작했다. 그때까지도 반정부 세력을 간접적으로 지원했지만, 이는 미국 정부의 입장에서는 위험을 수반하고 있었다. 자유시리아군을 제외하면 반정부 세력의 태반은 알카에다를 이어받은 누스라 전선(이후에 몇몇 조직이 모이면서 현재는 샴 해방기구가 되었다)을 필두로 하는 수니파 지하드 조직이었고, 미국 정부에게 있어서 이들은 '테러 조직'이었기 때문이다.

복잡해진 행위자

　러시아가 직접 개입의 자세를 보이면서 미국은 러시아와의 충돌을 피하기 위해 반정부 세력에 대한 지원에 소극적이었다. 2016년에 최악의 위기가 알레포에서 진행되고 있을 때에 정전(停戰)을 실현시킨 것은 튀르키예와 러시아였다. 북부 시리아, 특히 알레포의 동쪽과 서쪽을 지배했던 지하드 조직에 직접적인 영향력을 끼친 국가는 튀르키예이다(그림 2-4). 튀르키예가 수니파 이슬람 조직을 지원했던 이유는 우선 튀르키예 사회 자체가 수니파 사회이고, 현재 에르도안 정권도 수니파 이슬람주의를 저류(底流)로 삼고 있기 때문이었다.

　정전 합의에 근거하여 알레포의 주민은 정부 측이 지배하는 서부 알레포, 혹은 반정부 측이 지배 영역을 유지하고 있는 이들리브, 또는 여기에서부터 튀르키예의 영역 내로 탈출하여 난민 혹은 국내 피난민이 되었다.

　'이슬람국가'가 2014년에 지배했던 지역은 주로 시리

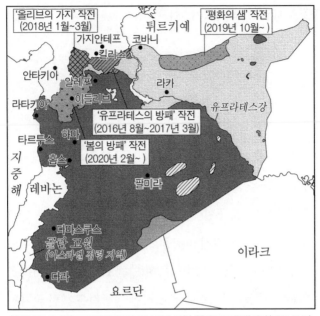

출처 : Stratejik ortak 등을 토대로 필자가 작성.
주석 : 각 작전에 대해서는 3장의 2절을 참조.

그림 2-4 2020년 3월의 시리아에 각 세력의 지배 지역

아 동부에서부터 북부에 걸쳐 있었다. 북부에는 쿠르드인이 다수를 점하는 지역이 있어서 '이슬람국가'와 격렬한 전투를 벌였다. 쿠르드 무장 조직인 인민방위대(YPG)와 그 정치 조직인 민주통일당(PYD)이 주역이 되었고, 미국과 유럽 여러 국가들이 이를 지원했다. 그런데 이 쿠르

드 조직이 튀르키예 국내에서 무장투쟁을 지속하는 쿠르
디스탄노동자당(PKK)과 밀접한 관계에 있었기 때문에 튀
르키예는 격렬하게 반발했고, 결국 군사를 전개하여 개
입을 하게 되었다.

이스라엘의 관여

2017년 4월 7일, 사태는 더욱 복잡해졌다. 미국 군대가
시리아 정부군의 기지에 미사일 공격을 실시했던 것이
다. 이보다 앞서 4일에 아사드 정권이 시리아 북서부의
이들리브에 대해 화학무기에 의한 공격을 시행하면서 트
럼프 대통령이 공격을 명령했던 것이었고, 미국이 아사
드 정권 측에 무력행사를 한 것은 이번이 처음이었다. 아
사드 정권 측은 화학무기의 사용을 부인했지만, 미국 정
부는 결정적인 증거가 있다면서 타협하지 않았다. 아사
드 정권은 화학무기 전량 폐기를 약속했는데, OPCW의
사찰을 받으면서도 화학무기를 숨기고 있었던 것이다.
트럼프 정권은 오바마 정권이 2013년에 공격을 주저했
던 것을 비판하고, 갑자기 공격을 결단한 것인데 여기에

는 이스라엘의 위기감이 존재했다. 화학무기에 의한 공격 직후에 이스라엘 정부와 각 언론은 아사드 정권이 행한 것이라며 단정적으로 보도했다.

이스라엘과 시리아 사이에는 적대관계와 신뢰관계가 존재한다. 이스라엘에게 있어 시리아 내에서 적이면서도 가장 신뢰할 수 있는 세력은 '세속적인' 아사드 정권이고, 이는 내전 발생 이후에도 변함이 없었다. 오히려 '이슬람국가'나 알카에다와 관계를 가지고 있는 지하드 조직 쪽이 훨씬 중대한 위협이었다. 조금이라도 위협이 현실로 다가오게 되면, 이스라엘은 철저한 공격을 가하는 것에 주저하지 않는다. 그래서 4월의 화학무기 사용에 지하드 조직의 관여가 의심을 받게 되었다면, 미국도 이스라엘도 반정부 세력 측을 공격했을 것이다.

이스라엘의 입장에서 아사드 정권이 화학무기를 폐기하지 않고 이를 사용했다는 것은 장래의 심각한 위협이 된다. 이스라엘의 존재조차 인정하지 않는 이란의 혁명방위대, 이란이 지원하는 레바논의 시아파 군사 조직 헤즈볼라가 아사드 정권의 군대를 지원하는 것은 이스라엘에게는 중대한 위협이다. 시리아에 대한 이란의 군사개입을 지휘했던 인물은 2020년 1월에 미국의 공격으로 살해되었던 가셈 솔레이마니 장군이었다. 이렇게 이스라엘과 극도로 긴밀한 관계를 가진 트럼프 정권의 미국도 시리아 전쟁에 직접 개입한 대국이 되었다.

러시아와 튀르키예, 대립에서 협조로

2015년 9월 30일에 러시아가 시리아의 아사드 정권을 지원하기 위해 본격적인 군사개입을 시작했고, 격렬한 공중폭격으로 반정부 세력의 지배 지역과 '이슬람국가'의 지배 지역을 공격했다. 이로 인해 더욱 많은 난민이 튀르키예 쪽으로 흘러들어갔다. 특히 시리아 북서부에서 아사드 정권에 계속 저항하고 있었던 튀르크계 튀르크멘인 무장 세력이 러시아 군대의 공격으로 괴멸되면서부터 튀르키예는 러시아에 대한 적대감을 증폭시켰다. 그리고 11월에는 러시아 공군기를 튀르키예 공군기가 격추시키는 전대미문의 충돌로 발전하면서 양국 관계의 긴장은 극도로 높아졌다.

시리아의 북부에서는 내전이 또 다른 양상을 드러내고 있었다. 내전 중에 자치권의 확립으로 움직이고 있었던 북부의 쿠르드 세력은 2012년 무렵부터 로자바라 불리는 자치 조직을 구축하고 있었다. 아사드 정권에게 있어서는 그들도 국토의 일체성을 위협하는 존재였지만, 정권은 수니파의 지하드 조직과 자유시리아군과의 전투에 집중하고 있었다. 그리고 2014년에 '이슬람국가'가 세력을 확대하면서 쿠르드 무장 조직인 YPG는 미국과 유럽 여러 국가의 공중폭격을 통한 지원을 얻었고, 격렬한 전투 끝에 튀르키예 국경 근처인 코바니(아랍어로는 라스르 아인)를 '이슬람국가'로부터 지켜냈다. 이 격전은 미국과 유럽 여러 국가로부터 칭찬을 받았고, '이슬람국가'라는 테러 조직과 용감하게 싸운 YPG는 일약 영웅시되었다.

그 이후에도 미국은 YPG를 계속 지원했다. 튀르키예 정부는 YPG로부터 손을 떼라고 여러 번에 걸쳐 미국 정부에 제안했다. YPG와 그 정치 조직인 PYD는 튀르키예를 필두로 미국, EU도 테러 조직이라고 지정한 PKK의 지도자 압둘라 오잘란이 리더로 되어 있고 간부가 교류하고 있기 때문에 튀르키예는 PKK와 마찬가지로 테러 조직이라고 주장하고 있다. 이 조직이 시리아 영토 내에서 자치권을 가지게 되어버리는 것은 튀르키예에게 있어서는 악몽이다. 테러 조직이 이웃 국가에서부터 국경을 넘어 튀르키예에서 무장투쟁을 지속하면, 대처하지 않을 수가 없기 때문이다.

그러나 미국은 PKK를 테러 조직으로 인정하면서도 YPG를 테러 조직으로 인정하는 것을 주저했다. 튀르키예는 미국 스스로가 '테러와의 전쟁'에서 이중 기준을 사용한다고 격렬하게 항의했지만, 미국은 받아들이지 않았다.

그럼에도 미국이 쿠르드 무장 세력을 지원하는 자세에 변함이 없었기 때문에 2016년 8월에는 에르도안 대통령이 상트페테르부르크를 방문하여 푸틴 대통령과 수뇌회담을 열고 화해했다. 둑이 터진 것처럼 관계 강화가 진행되면서 미사일 방위 시스템의 도입, 가스파이프라인 부설(튀르키예 스트림), 튀르키예 최초의 아쿠유 원자력발전소의 개발에 합의했다. 군사 분야에서 러시아와의 협력은 당연히 미국의 격렬한 반발을 초래했다.

그러나 튀르키예는 러시아를 동맹국으로 간주하지는 않는다. 국민의 태반은 우호국이라고도 생각하지 않는다. 오래 지속되었던 오스만제국 시대에 여러 차례 러시아와의 사이에 전쟁이 일어났다. 제2차 세계대전 이후에 튀르키예는 NATO에 가입했고, 한 번도 러시아의 군사

동맹에 가담했던 적이 없다. 단순히 미국이 튀르키예에 대한 위협을 계속 증폭시켰기 때문에 러시아와의 접근을 시도했던 것에 불과하다.

2020년 2월 말, 새로운 충돌이 반정부 측 최후의 거점이 된 이들리브에서 발생했다.

시리아 북서부의 이들리브현(縣)은 2016년에 격전 끝에 아사드 정권 측이 탈환했던 알레포의 서쪽에 위치하고 있다. 이곳은 러시아, 이란, 튀르키예의 합의로 전투의 격화를 회피하는 지역이 되었고 튀르키예 군대가 감시소를 설치하기로 합의되어 있었다. 그 튀르키예 군대를 향해서 이들리브 탈환으로 '내전'을 종결시키고자 한 아사드 정권 측이 공격을 가했고, 튀르키예 군사 50명 남짓이 희생되었다. 그 이전부터 이들리브의 주민은 시리아 정부군과 러시아군의 맹공격이 심해지면서 100만 명의 시민이 튀르키예 국경으로 쇄도했고, 국제연합을 필두로 미국도 EU도 우려를 표명하고 있었다. 튀르키예 군대는 자국의 병사가 희생되자 즉시 반격에 나섰다. '봄의 방패'라고 불린 작전(그림 2-4)에서는 꽤 대규모의 군대를 투입하여 최초로 시리아 정부군에 대한 본격적인 공격을 가했다. 2020년 3월 5일에 행해진 러시아와 튀르키예의 수뇌회담 결과, 양국은 이들리브현의 일부를 러시아군과 튀르키예군이 공동으로 감시하는 체제 아래에 두기로 합의했고 협소한 지역이 반정부 세력의 지배 지역으로 남게 되었다.

3. 국제사회와 난민

시리아 전쟁의 종결을 향하여

2017년 1월부터 12월에 걸쳐 카자흐스탄의 아스타나에서 시리아 전쟁의 종결을 위한 회의가 단속적으로 개최되었다. 주요 구성원은 러시아, 이란, 튀르키예였다. 아사드 정권을 지원한 러시아와 이란 및 수니파 지하드 조직과, 자유시리아군을 지원한 튀르키예가 전투를 치렀던 여러 세력에게 전투를 중지하게 하고 내전 이후 시리아의 모습을 협의하는 것이 회의의 목적이었다. 그러나 미국이 어떠한 역할을 맡을지가 명확하지 않았다. 이 회의는 국제연합의 주도로 시리아의 평화를 실현하기 위해 개최되었던 제네바 회의를 보완하는 것이라고 공개적으로 언급되었지만, 실제로는 이 '아스타나 프로세스'가 평화를 향한 현실적인 협의의 무대가 되었다. 러시아, 이란, 튀르키예 삼국은 직접 시리아의 '보장국'을 칭했다. 어떤 의미에서는 시리아의 아사드 정권에게도, 반정부 세력에게도 현장에서는 분쟁 해결의 당사자로서의 능력을 인정하지 않았음을 보여주는 것이다. 물론, 국제연합이 이 삼국에게 평화 프로세스에 대한 전권을 위임했던 것도 아니었고, 전쟁에 개입했던 여러 국가에 의한 회담이었다.

2017년 2월 19일, 러시아의 세르게이 라브로프 외무장관은 미국군이 시리아에서 '불장난'(쿠르드 무장 세력을 지원하면서 개입했던 것)을 하면서 시리아에 머무르려고 한다는 것을 엄준하게 비난했다. 튀르키예가 지원하는 수니파 지하드 조직과 자유시리아군은 튀르키예에 의해 통제되고 있었고 러시아, 이란, 튀르키예가 전쟁 이후 질서의 모습에 대해 협의하려고 할 때에 미국이 비집고 들어올 수 있다는 것에 러시아는 초조해했다. 미국의 입장에서 보면, 쿠르드 세력을 계속 지원할 이유는 없었지만 아스타나 프로세스의 당사자에 이란이 있다는 점을 매우 염려했다.

오바마 정권 시대와는 달리 트럼프 정권은 탄생과 동시에 이스라엘과의 긴밀한 관계를 호소했다. 이스라엘에게 있어서 위협이 되는 존재는 수니파 지하드 조직과 시아파 이란이다. 미국이 본래 그다지 관심을 두지 않았던 시리아에 최후의 국면에서 관여를 강화한 것은 트럼프 정권의 친이스라엘 정책을 반영한 것이다.

시리아로부터의 난민 유출을 막기 위해서는 난민 발생의 최대 요인인 아사드 정권의 자국민에 대한 공격을 금지하는 것이 필요하다. 당연히 난민으로 국외로 나간 사람들이 아사드 정권 지배 아래로 돌아온다는 것은 생각할 수가 없다. 반정부 세력에 대해서도 시리아를 지하드의 주요 전장으로 삼아 다양한 국가로부터 유입된 전투원을 어떻게 배제시킬 것인가? 그들을 다른 국가로 쫓아내도 또 별개의 파탄 국가에서 무장투쟁과 테러를 시작하게 된다면, 난민 발생의 원인을 확산시키는 것밖에 되지 않는다. 현재 시리아와 이라크에서 거점을 상실한 '이슬람국가'는 서남아시아의 아프가니스탄과 나이지리아, 니제르, 말리 등 서아프리카에서 활동을 전개하고 있다.

시리아의 반정부 세력에 의한 지배 지역을 남기는 경

우에는 그들의 무장해제를 실현한 상황에서 정부군 측의 비행금지가 보증되지 않으면, 난민은 귀환할 수 없다. 그리고 '이슬람국가'와의 격렬한 전투를 통해 자치구를 지켜왔던 쿠르드는 시리아의 일부에 자치령을 요구하면서 앞으로는 독립을 요구할 것이다. 그러나 이것도 시리아의 국토를 사실상 분할한다는 것을 의미한다.

쿠르드는 이라크, 시리아, 이란, 튀르키예에 분산해 있다. 이미 자치 정부를 가지고 있는 이라크에 이어서 시리아에서도 자치권을 확립한다면, 그 운동이 이란과 튀르키예로 파급될 것은 확실하다. 그러나 두 국가 모두 영토의 분할에는 결코 응하지 않을 것이기 때문에 분리독립 운동이 가속화되면 충돌이 격화될 것이고, 여기에서도 난민 발생의 위험이 높아진다.

난민인가, 이민인가?

시리아에서부터 튀르키예로, 그리고 에게해를 건너 그리스로 들어가 그리스에서부터 유럽 각 국가로 향하는 거센 흐름은 2016년 이후 일단 가라앉았다. 그러나 완전히 억제되었던 것도, 문제가 해결되었던 것도 아니다. 단순히 튀르키예가 연안 경비를 엄중하게 하면서 밀항을 알선하는 업자에 대한 단속을 강화했기 때문에 감소했던 것이다. 그럼에도 불구하고, 2020년에 이르기까지 거의 매주 튀르키예 연안에서부터 그리스로의 밀항은 지속되고 있다.

2015년의 난민 위기 이전부터 난민이 있었고, 게다가 에게해 루트가 봉쇄되었을 때부터도 유럽으로 향하는 대규모 유출이 지속되었던 곳은 아프리카 대륙에서 지중해로 들어가는 경로였다. 이 흐름은 2000년대 전반부터 존재해서 많은 사람들이 리비아와 이탈리아 사이 지중해에 떠 있는 람페두사섬으로 향했다. 통일국가가 붕괴한 채로 존재했던 리비아 이외에도 알제리, 튀니지, 모로코 등 북아프리카 연안의 여러 국가에서부터 지중해를 건너 이탈리아나 스페인으로 향하는 사람의 흐름은 전혀 멈추지 않았다. 그리고 수단, 남수단, 말리, 니제르, 콩고민주공화국과 최근 수년 동안 '이슬람국가' 계열 무장 세력과의 충돌이 잇달았던 니제르, 말리, 부르키나파소 등 많은 아프리카 국가들에서는 분쟁에 의한 극도의 경제적 피폐와 이슬람 과격파 세력의 침공으로 인해 주민이 쫓겨나는 경우가 많이 발생했다. 이로 인해 끝도 없는 난민에 가까운 이민이 유럽으로 향하고 있다.

EU의 여러 국가는 2015년에 시리아인과 이라크인 등이 대거 몰려들었을 때에 그들이 전란에 휩싸인 중동을 탈출한 난민이 될 것이라는 점을 인지하고 있었다. 그러나 지중해 루트를 통해 이탈리아로 향했던 사람들은 반드시 난민이라고 인지되지는 않았다. 문제는 2015년 이후 각 국가의 선거가 치러지고 나자 EU 가맹국들이 잇달아 난민들에 대해 문호를 닫는 방향을 선명하게 드러냈다는 점이다.

UNHCR조차 미국에서 EU로 밀항하는 사람의 다수는 난민으로 간주할 수 없을 것이라고 예측했다. 경제적인 상승과 장래의 희망을 실현하기 위해 모국보다 좋은 환경을 갖춘 유럽으로 향한 '이민'이 상당한 수에 도달한다고 보는 것이다. 그러나 이면에서는 국경을 넘어 이동하는 과정에서 인도주의적으로 허락될 수 없는 '인신매매'(영어로는 human trafficking)가 이루어지고 있다는 점은 중대한 인권침해이다.

유럽 여러 국가는 이제 난민이어도 난민이라고 부르지 않는다. 배외주의 정당뿐만 아니라 중도파이든 좌파이든 모두가 '이민 문제'라고 포괄해버리게 된 것이다. 게다가 그들의 대부분이 무슬림이기 때문에 이슬람의 침략을 허락해서는 안 된다고 주장한다.

　2011년 10월에 NATO 군대의 지원을 받은 반정부 세력에 의해 살해되었던, 리비아의 독재자 카다피 대령은 NATO가 리비아를 공중폭격하면 아프리카로부터 유럽으로의 이민을 막는 최후의 벽을 파괴하는 것이라고 경고했었다(BBC, 2018년 7월 7일). 아이러니하게도 이 독재자의 예언이 적중했다.

3장

튀르키예라는
존재

1. 난민을 받아들였던 국가, 튀르키예

유럽과 이슬람의 관계를 생각할 때에 유럽의 이웃인 튀르키예와의 관계에 초점을 맞추는 것은 중요한 의미를 가진다(그림 3-1 참조).

튀르키예는 무슬림이 대다수를 차지하고 있으면서 과거 반세기 이상에 걸쳐 EU로의 정식 가맹을 희망했기 때문이다. 튀르키예의 가맹 교섭은 어려움의 연속이었다. 한번은 가맹 교섭이 정식으로 시작되었지만, 불과 1년 만에 좌절을 겪었다. 그 이후에도 그럭저럭 교섭을 지속했지만, 이제는 풍전등화라고 해도 좋을 정도로 가맹의 가능성이 낮아졌다.

냉전 이후 동유럽의 옛 사회주의국가들의 가맹은 순조롭게 진행되어 EU의 동방 확대는 거의 완성되었지만, 동유럽 국가들보다도 훨씬 이전부터 유럽의 일원이 되려고 했던 튀르키예의 가맹은 실현되지 않았다. 지금은 교섭에 있어서 개개의 문제보다도 여전히 유럽은 이슬람을 받아들이는 것을 거부하는 것으로 보인다.

앞장에서도 서술했듯이 튀르키예는 시리아 내전(전쟁)을 피한 난민을 가장 많이 받아들였다. 여기에서는 우선

그림 3-1 튀르키예와 인근의 국가들

난민을 받아들이는 것에 대해 튀르키예가 무엇을 실행했
는지를 서술하고자 한다.

〈그림 3-2〉는 시리아 내전이 시작되었던 2011년 이후
튀르키예에서 일시적으로 비호의 대상이 되었던 시리아
인의 숫자 변화를 보여주고 있다. 튀르키예에 최초의 시
리아 난민이 입국했던 것은 2011년 4월 29일이었다(튀르
키예 내무부). 여기에서 '일시적 비호' 대상자라는 용어를 사
용했던 것에는 난민이 튀르키예를 최종 목적지로 선택한
것이 아니라는 점과 튀르키예의 법 제도에서는 오랫동안
시리아인은 사실상 영구히 거주하는 것에 가까운 난민
지위를 얻을 수 없다는 두 가지의 의미가 담겨 있다.

국제적으로는 1951년의 난민조약으로 난민의 정의가
결정되었다.

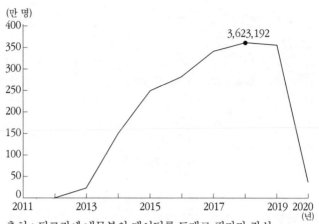

출처 : 튀르키예 내무부의 데이터를 토대로 필자가 작성.
그림 3-2　2011년 이후, 일시적으로 보호를 받았던 시리아인의
숫자

['난민'의 정의]

A 이 조약의 적용상 '난민'이란, 다음 사람을 일컫는
다. (중략)

(2) 1951년 1월 1일 이전에 발생한 사건의 결과로, 그리
고 인종, 종교, 국적 혹은 특정한 사회적 집단의 구성원
이라는 점 또는 정치적 의견을 이유로 박해를 받을 염려
가 있다고 하는 충분한 이유가 존재하는 공포를 가지고
있기 때문에 국적 국가 외부에 있는 자로서 그 국적 국가
의 보호를 받을 수 없는 자 또는 그러한 공포를 가지고
있기 때문에 그 국적 국가의 보호를 받은 것을 바라지 않

는 자. 그리고 이러한 사건들의 결과로서 항상 거주하는 공간을 가지고 있었던 국가의 외부에 있는 무국적자로서 항상 거주했던 해당 공간이 있었던 국가로 돌아갈 수 없는 자 또는 그러한 공포를 가지고 있기 때문에 해당 공간이 있었던 국가로 돌아가는 것을 바라지 않는 자. (중략)

B (1) 이 조약의 적용상 A의 '1951년 1월 1일 이전에 발생한 사건'이란, 다음 사건 모두를 일컫는다.

(a) 1951년 1월 1일 이전에 유럽에서 발생한 사건

(b) 1951년 1월 1일 이전에 유럽 또는 다른 지역에서 발생한 사건

각 조약 체결국은 서명, 비준 또는 가입할 때에 이 조약에 근거한 자국의 의무를 이행하는 데에 있어서 (a) 또는 (b) 어느 쪽의 규정을 적용할지를 선택하는 선언을 행한다.

(조약문의 번역은 UNHCR 일본에서 인용)

'유럽'이라고 하는 지리적 규정이 있는 것은 당초 이 조약이 제2차 세계대전 이후 유럽에서 생겨났던 많은 난민을 대상으로 삼았기 때문이다. 튀르키예는 앞서 제시한 규정 B 중에서 지리적 규정에 대해서 (a)를 적용 범위로

삼았기 때문에 유럽에서 발생했던 난민 이외에는 난민의 지위를 주지 않는 것이 오랫동안 기본적인 방침이었다.

난민을 받아들인 법 제도

제2차 세계대전 이후 한 차례도 안정되지 않았던 중동이었기 때문에 지리적 규정을 제외하면, 난민을 받아들이는 한계를 넘어서게 될 것이라는 우려가 있었다. 난민 조약 자체는 1967년에 새롭게 '난민의 지위에 관한 의정서'에 의해 사실상 대체되었고, 1951년의 조약에 있었던 지리적 제약과 1951년 이전에 원인이 있어서 모국을 탈출한 사람이라는 정의는 제외했다.

튀르키예는 이 의정서에도 가입했지만, 국내법의 정비가 늦어졌다. 실제로, 걸프 위기(1990년)와 걸프 전쟁(1991년)에서는 이라크 북부에서부터 후세인 정권의 박해를 피해 도망친 쿠르드인이 국경으로 쇄도했고, 최종적으로는 튀르키예도 일시적으로 받아들일 것을 결정했다. 이란으로부터도 이슬람 혁명에 의해 박해를 받았던 사람들의 유입이 지속되었고, 아프가니스탄에서부터는 탈레반

정권 아래에서 박해를 받아 도망친 사람들과 2001년의 미국에 의한 아프가니스탄 침공, 그 이후 치안의 악화를 피해 도망친 사람들의 유입이 계속되었다.

그리고 시리아 내전이 시작되었다. 시리아에서부터 아사드 정권과 반정부 세력의 충돌을 피해 도망친 사람들이 잇달아 유입되었고, '이슬람국가' 탄생 이후에는 이라크에서부터 그리고 시리아 북부의 쿠르드인들도 피난하여 튀르키예로 들어왔다. 그래서 튀르키예는 국내법을 정비하여 2013년에 법 6458 '외국인과 국제간에서의 비호에 관한 법률'(YUKK)을 제정했다. 기본적으로 1951년의 난민조약, 1967년의 난민의 지위에 관한 의정서와 모순되지 않는 내용이었고 '박해의 염려가 있는 국가로 송환하지 않는다'라는 난민조약 제33조의 농르풀망원칙도 YUKK 제55조에서 보장되고 있다.

튀르키예의 이 법률은 정식으로 튀르키예에 난민 신청을 한 사람과 일시적으로 튀르키예에 비호를 요청하여 다른 국가에서 받아들일 사람 두 종류를 정하고 있다. 후자가 일시 비호자로, <그림 3-2>에 나온 것은 시리아에서 왔던 사람 중에 일시 비호자가 되어 튀르키예에 체재하고 있는 사람의 숫자이다. YUKK 제91조에 의해 일시적 비호란 '모국으로부터 떠나는 것이 강제되어 모국으로 돌아가지 못하고, 긴급하게 일시적인 비호를 요청하여 집단으로 (튀르키예) 국경에 도달하거나 혹은 국경을 넘어 입국한 외국인에 대한 비호'라고 규정되어 있다.

실제로는 튀르키예를 최종 목적지로 삼은 사람은 얼마 되지 않기 때문에 여기에서는 일시 비호자도 포함하여 난민이라고 적고자 한다.

〈그림 3-2〉를 보아도 알 수 있는 것처럼, 시리아 난민은 2014년 이후에 급증했다. 2014년에 급증한 것은 아사드 정권의 공격이 더욱 격렬해져서 '통폭탄'의 투하에 의해 집이 파괴당한 사람들이 급증했던 것, '이슬람국가'가 시리아에서 세력을 확대했던 것에 원인이 있다. 그리고 2015년 이후가 되면, 러시아 군대가 본격적으로 참전하여 공중폭격을 시작했던 것과 미국을 중심으로 한 유지연합군이 '이슬람국가' 초토화 작전을 위해 공중폭격을 행했던 것이 겹쳐지고 있다.

시리아 난민에 대해서 또 한 가지 적어두지 않으면 안 되는 것이 있다. 그것은 30세 미만의 젊은 난민이 전체의 73%를 점한다는 사실이다. 18세 미만의 사람들은 대략 50%를 점하고 있는데, 원래대로라면 학교에서 공부를 하고 있을 젊은이들이 너무나도 많고 튀르키예에서 일시 비호를 받으면서 머무르고 있는 것이다. 유럽 측에서 보면, '난민 위기'로 여겨졌던 2015년에 운이 좋아 유럽으로 건너갈 수 있어서 난민으로 인정된 사람은 겨우 정착하여 일을 하면서 미래를 개척할 수도 있게 되었다.

그러나 그 이후에도 튀르키예에서 일시 비호자로서 머무르는 사람의 숫자는 계속 늘어났고, 2020년의 시점에는 대략 360만 명에 도달했다. 튀르키예에서는 일시 비호자라고 해도 학교에 갈 수 있다. 아이들 중에서는 튀르키예 사람과 다르지 않은 수준에서 튀르키예어를 말하는 사람도 늘어나고 있다. 그러나 그들이 튀르키예에서 체류하는 자격은 일시 비호라는 제한이 있어서 튀르키예가 영원히 거주할 지역은 아니다.

한편, 국경 검문을 통과하지 않고 위법으로 입국했거나 혹은 정규적으로 입국했어도 하등의 신고를 하지 않아서 '불법입국자'로 체포된 사람의 수는 〈그림 3-3〉에 제시되어 있다. 튀르키예는 난민조약의 규정에 근거하여 난민을 받아들이고 있지만, 그렇다고 해서 멋대로 입국하여 머무르는 것까지 용인하는 것은 아니다. 체포자의 수는 2019년에는 45만 명을 넘어섰다.

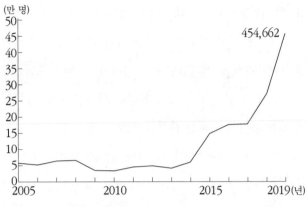

출처 : 튀르키예 내무부의 데이터를 토대로 필자가 작성.
그림 3-3 '불법입국자'로 체포된 사람의 숫자

이는 시리아뿐만 아니라 아프가니스탄, 이라크, 이란
에서부터 아프리카 여러 국가에 이르기까지 실제로 세계
에서 난민 혹은 일을 하기 위해 유럽으로 건너가려는 사
람들의 중계 지역이 튀르키예가 되고 있음을 보여주는
것이다. 2020년 2월에 튀르키예 내무부가 발표했던 것에
따르면, 불법으로 입국해서 머무르는 용의자로 체포된
사람들의 국적은 시리아, 이라크, 이란, 레바논, 팔레스
타인, 아프가니스탄, 방글라데시, 예멘, 이집트, 모로코,
말리, 가봉, 세네갈, 앙골라, 리비아, 남아프리카, 카메룬
등 다양한 지역에 걸쳐 있다.

그러나 그들을 모국으로 송환할 수 있는지의 문제는 간단한 것이 아니다. 난민조약의 농르풀망원칙은 튀르키예의 YUKK 법에서도 정해져 있는 것이기 때문에 불법체재자라고 하더라도 스스로가 모국에서 박해를 받는다고 호소한 경우에는 송환이 간단하게 이루어질 수 없다. 한 가지 예를 들면, 여권도 없고 소지한 돈도 없는데 체포되었던 중국의 신강위구르자치구 출신의 위구르인에 대해서 중국 국내에서 박해가 이루어질 개연성이 있으므로 강제 퇴거의 집행을 행정재판소가 정지시킨 판결을 언도했던 사례도 있다(이스탄불 제1행정재판소, 2016년 12월 21일).

튀르키예 사람들은 난민을 어떻게 생각하고 있는가?

튀르키예의 여론은 난민들을 어떻게 생각하고 있을까? 물론, 난민이 지나치게 많아서 한계에 이르렀다고 느낀다는 점은 분명하다. 그러나 반면에 그들을 모국인 시리아로 송환시켜야 한다는 시민의 목소리는 크지 않다. 그리고 배외주의를 내세우는 포퓰리스트 정당도 없다.

2015년의 난민 위기로 인해 단숨에 배외주의가 높아졌던 EU 여러 국가들과는 큰 차이가 있다. EU의 여러 국가는 튀르키예를 인권 후진국으로서 강권적인 국가라고 간주한다. 그러나 적어도 난민 문제에 관해서는 이 지적은 실태를 반영한 것이 아니다.

이 배경에 대해서 몇 가지 언급해보자. 하나는 난민이 지나치게 많다고 느끼면서도 저렴한 노동력으로 활용할 수 있다는 경제적 장점을 느끼는 사업자의 존재이다. 또 하나는 이슬람적인 윤리관으로 인해 곤경에 처한 사람을 돕는 것은 무슬림으로서 당연하다고 느끼는 시민의 존재이다.

정당 중에서 야당인 공화인민당(CHP)은 세속주의를 지지하는 국가주의적이면서도 친서구형의 정당이다. 일본의 시선에서 보면, 기묘한 성격의 정당인데 엘리트 계층의 지지를 받고 있기 때문에 어쨌든 난민과 같은 약자를 바라보는 시선에서 엄준한 부분이 있다. 이 정당은 시리아 내전에 개입하는 것에 부정적이기 때문에 시리아 분쟁 등은 튀르키예와 관계가 없다고 하면서 에르도안 대통령을 비판하고 있다.

그러나 에르도안 대통령은 이를 부도덕하다면서 일축

했다. 그가 연설에서 자주 강조했던 것은 국민의 이슬람적 도덕심에 호소하면서 곤란에 처한 사람을 돕는 것은 무슬림의 의무라는 점이었고, 난민들을 이렇게 비참한 상황에 빠뜨린 바샤르 아사드 대통령 정권을 냉엄하게 비판했다. 튀르키예 국민의 다수는 이 주장을 지지하고 있는 것으로 보인다. 당사자가 이슬람주의자인지 아니면 이슬람주의를 혐오하여 세속주의를 지지하는 사람인지를 불문하고 곤란에 처한 사람을 돕지 않으면서 나가라고 주장하는 것은 상당히 부도덕한 것이라는 감각이 다수의 튀르키예인들에 의해 공유되어 있다.

2. 튀르키예의 EU 가맹 교섭은 왜 중단되었는가?

난민 위기를 둘러싼 튀르키예와의 긴장

2015년 유럽의 난민 위기는 EU와 튀르키예의 관계를 급속하게 긴장시켰다. 유럽으로 쇄도했던 난민의 대부분이 튀르키예에서부터 왔기 때문이다. 물론, 튀르키예가 난민 발생의 근원지인 것은 아니다. 시리아 내전의 참화 때문에 튀르키예로 도망친 사람들의 일부, 그리고 뭐니뭐니 해도 튀르키예에서부터 에게해 경로를 통해서만 85만 7천 명이 유럽으로 향했으니 전체로는 182만 2천 명이 2015년의 1년 동안에 부정기적인 형태로 EU의 영역에 들어왔다는 것이다(EU 전체의 국경을 관리하는 Frontex에 따른 것이다. 이 수치에 관해서는 정확하게 파악할 수 없기 때문에 자료에 따라서 상당한 격차가 있다). 난민의 유입으로 EU의 국내 정치는 큰 혼란에 빠졌지만, 시리아 내전을 중단시키기 위해서 필요한 정치적 프로세스에는 행동에 나서지 않았다. 반면에 난민이 유럽으로 건너오기 전에 머무르는 국가인 튀르키예에 대한 비판을 강화했다.

2장에서도 서술했듯이 EU는 튀르키예와의 사이에서 2016년 3월에 튀르키예 국내의 난민을 유럽 측(그리스)으로 유출시키지 않는다는 것을 합의했다. 동시에 EU는 난민 인정을 거부했던 사람들을 튀르키예로 송환했고, 튀르키예는 명백히 시리아 난민인 사람들을 EU로 인도했다.

튀르키예는 이에 대한 대가로 합계 60억 유로의 지원과 셴겐 권역 내에서 비자 없이 도항을 할 수 있게 되었다. 그러나 경제적 지원은 지체되고 있고, 비자 없는 도항은 2020년 봄까지 달성되지 않았다. 그 이후 EU의 배외주의가 높아진 것을 보면, 이 약속이 이루어질 가능성은 매우 낮다.

셍겐 권역 내의 비자 없는 도항이 실현된다면, 튀르키예는 EU 가맹을 사실상 달성한 것과 같다. 경제적 관계에 대해서는 1996년부터 이미 EU와의 관세동맹에 가담하고 있다.

EU는 동방 확대의 과정에서 가맹국이 되더라도 곧바로 영역 내에서의 자유로운 이동을 인정하지 않는 방향을 내세웠다. 정식 가맹과는 거리가 먼 튀르키예가 가맹국도 아닌데 영역 내에서 이동의 자유를 얻는다면 큰 승리를 거두는 것이다. 이는 난민의 쇄도로 반(反)EU를 내세운 포퓰리스트 정당이 급속하게 힘을 팽창하고, EU의 통합이 위기에 빠지는 것을 염려했기 때문에 어떻게 해서라도 난민 유출을 막으려 했던 EU 측의 대책이었다. 게다가 비자 없는 도항이 인정되면, 튀르키예는 EU 정식 가맹을 단념하려는 의도도 드러내고 있었다. 그러나 결과적으로 튀르키예에게는 아무것도 주지 않고 난민만은 내보내지 말라고 명령한 셈이 되었던 것이다.

EU의 요구

EU는 비자 면제의 조건으로 난민과는 관계가 없는 테러 조직 지정의 기준을 EU와 맞출 것을 요구했지만, 이점은 애초부터 타협의 대상이 아니었다. 튀르키예가 현재 테러 조직으로 보고 있는 것은 주로 무장투쟁을 지속하는 쿠르디스탄 노동자당(PKK)과 시리아의 쿠르드계 무장 조직인 인민방위대(YPG)와 그 정치 부문인 민주통일당(PYD), 극좌의 혁명인민해방당/전선(DHKP/C), FETÖ(페툴라 귈렌을 개인숭배하는 집단. 이 장의 3절 참조), 그리고 '이슬람국가'이다.

이러한 조직들의 구성원에 대한 엄격한 단속이 EU의 기준과 맞지 않는 것이었고, 튀르키예는 내정간섭이라며 반발했다. '이슬람국가'에 대한 단속은 거꾸로 지나치게 관대하다는 비판을 받았다. 그리고 쿠르드 무장 세력인 PKK와 FETÖ에 대한 단속은 종종 언론과 저널리즘의 탄압이라는 비판을 초래했다. 이러한 조직들의 프로파간다를 전개하는 언론은 상당한 힘을 가지고 있었기 때문에 튀르키예 정부의 엄격한 적발 대상이 되었기 때문이다.

튀르키예의 입장에서 보면, EU의 비판은 이중적 기준

이었다. EU 여러 국가에서 연이어 발생한 테러 사건의 용의자는 사법적 수속을 거치지 않고 현장에서 치안부대에 의해 살해되었고, 프랑스는 2015년 11월 파리에서의 대규모 테러 이후에 비상사태를 선언하여 단속 강화를 내세우고 있었기 때문이다.

EU 가맹 교섭을 더 어렵게 만든 시리아 내전

튀르키예에게 있어서 PKK 소탕은 1980년대부터 지속된 어려운 문제이다. 2012년부터 튀르키예 정부는 PKK와의 화해에 착수했다. 무장투쟁을 포기하는 대신에 정당 활동을 인정하겠다는 것이 그 골자였다. 그 결과, 쿠르드계 여러 인민의 민주당(HDP)은 2015년 총선거에서 제3당으로 약진했다. 쿠르드 정당은 그때까지 몇 개 정도 존재했지만, 모두 PKK와의 관계를 단절하지 않았기 때문에 테러 조직과 내통하고 있다는 이유로 위헌 판결을 받았고, 헌법재판소로부터 당 해체 명령을 받았다. 현재의 HDP는 쿠르드 민족주의뿐만 아니라 모든 소수민족의 권리를 옹호하는 것을 주장하면서 광범한 지지를 얻었다. 그러나 그 공동 당 지도자를 필두로 저널리스트들이 PKK와의 관계를 유지한다는 이유로 소추되었기 때문에 EU 여러 국가는 단번에 비판을 강화했다.

한 차례는 화해를 시도했음에도 불구하고, 그것이 파탄에 이른 것은 시리아 내전에 의한 영향이 컸다. 미국과 유럽 여러 국가는 2014년에 이라크에서부터 시리아로 세력을 확대했던 '이슬람국가'의 위협을 심각하게 받아들이고 있었다. 하여간 '이슬람국가'를 괴멸시키기 위해서 군사적 수단도 꺼리지 않았던 것이다. 앞장에서 서술했던 것처럼, 미국은 YPG와 PYD를 이용하여 '이슬람국가'와 싸우게 했고 그들에게 대량의 무기와 자금을 제공했다. 그뿐만 아니라 쿠르드의 전투원을 교육하기 위해서 미국 군대도 파견했다. 그러나 양자는 튀르키예 국내에서 테러 조직으로 여겨지고 있는 PKK와 같은 뿌리를 가진 조직이다.

YPG가 '이슬람국가' 초토화 작전에서 우세를 점하게 되면서 형제 조직인 PKK에 의한 튀르키예 군대, 정부를 향한 공격이 격화되었다. 미국을 필두로 하는 서양 국가의 지원을 얻은 그들이 무기와 자금을 PKK에도 제공했기 때문이다. 이로 인해 태도가 굳어졌던 튀르키예 정부는 PKK와의 화해 교섭을 받아들였던 쿠르드계 정당인 HDP의 간부를 체포했고, PKK에 대한 군사작전을 강화했다.

그리고 시리아 영토에 들어가서 2016년 8월부터 2017년 3월까지 '유프라테스의 방패' 작전을 실시했다(그림 2-4 참조). 이 군사작전은 '이슬람국가'의 토벌을 내세웠지만, 동시에 쿠르드 세력 YPG의 제거를 노리고 있었다. 이때는 '이슬람국가'의 거점을 파괴하고 있었기 때문에 국제사회로부터의 비판이 그다지 강하지는 않았다.

그 이후 2018년 1월부터 3월까지 이번에는 북부 시리아에서 지배 영역을 확대하고 있었던 YPG를 제거하기 위해서 유프라테스강 서쪽에서 '올리브의 가지' 작전을 실시하여 쿠르드 지역의 일부에 비무장지대를 설정하고, '이슬람국가'와 쿠르드 무장 조직 쌍방을 제거했다.

쿠르드 세력은 국제사회에 튀르키예의 '박해'를 호소했다. 시리아의 아사드 정권은 튀르키예에 의한 침략이라고 비난했다. 시리아 국내에 있는 쿠르드 조직의 배후인 미국과의 관계에서도 긴장이 높아졌다. 튀르키예는 미국이 '테러와의 전쟁'에서 이중 기준을 사용하고 있다고 격렬하게 비난했다. '이슬람국가'라는 테러 조직을 괴멸시키기 위해서 다른 테러 조직인 PKK를 지원하고 있었기 때문이다. 그 결과, 튀르키예는 시리아 북부에 비무장 지대를 설치하는 데에 있어서 시리아 아사드 정권의 후원자가 된 러시아와 교섭하지 않으면 안 되었다.

작전이 시작되다

최초의 '유프라테스의 방패' 작전을 개시했던 것이 2016년 8월이었다는 점에는 실로 중요한 의미가 있다. 그 이전까지 러시아 군용기 격추 사건이 있었고, 튀르키예와 러시아는 적대하고 있었다. 그러나 작전 직전에 에르도안 대통령은 러시아와 화해했다.

종래에 튀르키예는 NATO의 일원으로서 미국의 패트리어트 미사일을 갖추었고, 전투기 등 주요한 무기를 미국에서부터 조달했다. 그랬던 튀르키예가 러시아로부터 방어 장비를 도입할 것을 결정한 것은 NATO의 결속에 쐐기를 박는 일이었다. 당연히 미국은 튀르키예에 격렬한 압력을 가했고, 어떻게든 단념시키려고 했지만 미국 정권이 오바마에서 트럼프로 바뀌면서 혼란은 이제 수습이 불가능한 지경으로 빠졌다.

트럼프 정권은 YPG에 대한 지원을 그만두지 않았고, FETÖ(2016년에 쿠데타 미수 사건을 일으켰던 조직)의 지도자로 미국의 펜실베이니아에 있던 페튤라 귈렌의 송환에도 응하지 않았다.

튀르키예는 반발을 강화했고, 2019년 10월에 다시 시리아로 진격하여 쿠르드 무장 세력이 지배 아래에 두고 있었던 지역에서 남북으로 폭 30km, 동서로 120km에 걸쳐 '안전지대'를 설치하는 '평화의 샘' 작전을 개시했다 (그림 2-4). 미국 의회는 튀르키예에게 격렬하게 반발했고, 미국 군대를 철수시키지 말라고 트럼프 대통령에게 요구했다. 그러나 트럼프 대통령은 기본적으로 이라크, 아프가니스탄, 시리아에 미국 군대를 보냈는데도 어떠한 성과도 없었다고 하면서 미국 군대의 철수를 주장했다. 미국은 물론이고, 유럽의 언론도 트럼프 대통령이 쿠르드를 배신했다고 비난했고, 쿠르드인에 대한 박해가 일어날 것이라고 적었다. 그러나 '박해'는 황당무계한 트집이었다. 튀르키예 국내에도 쿠르드인이 많이 거주하는 지역이 있는데, 그곳에서 국군과 시민의 충돌 등은 일어나지 않았다. 자국에서 박해가 없는데, 일부러 이웃 국가에 군대를 내보내서 쿠르드인을 박해할 이유가 없는 것이다. 적은 무장 조직인 YPG뿐이었다.

결과적으로 튀르키예는 여기에서도 러시아라는 카드를 사용했다. 튀르키예 군대가 제압하는 지역을 한정하고, 다른 지역은 러시아 군대와 튀르키예 군대가 공동으로 보호하게 하면서 튀르키예에게 있어서 위협이 되는 쿠르드 무장 조직을 이 지역에서부터 철수시키게 했던 것이다. 튀르키예와 시리아의 국경은 1천 km 가까이 되는데, 그 국경을 모두 감시한다는 것은 불가능에 가깝다. 그 정도의 전력을 국경에 펼쳐놓는 것도 비현실적인 일이었기 때문에 튀르키예는 미국과 러시아 사이에서 교섭을 지속하면서 가능한 일을 할 수밖에 없었다.

튀르키예로부터의 분리독립을 지향하면서 무장투쟁을 지속한 PKK는 튀르키예는 물론이고, 실은 미국에서도 EU에서도 테러 조직으로 규정되어 활동이 금지되었다. EU 가맹국 중에서도 스웨덴, 덴마크, 독일에는 쿠르드계 이민과 난민이 많다. 그들은 1960년대부터 노동자로서 유럽으로 건너왔는데, 튀르키예 국내에서 쿠르드와의 충돌이 격렬해졌던 1980년대 이후는 유럽 국가들에 비호를 신청하여 난민으로서 인정받는 사례가 늘어났다.

1990년대까지 서유럽 여러 국가는 지금처럼 이민과 난민에 대해서 배외적이지 않았다. 냉전이 종말을 맞이하면서 서유럽의 자유와 민주주의의 승리를 맛보았기 때문에 민주화에 '뒤처진' 국가로부터의 정치 망명자를 받아들이는 것에 대해 오히려 적극적이었다. 난민으로 받아들여진 그들은 일정한 조건으로 국적의 취득도 가능했다. 스웨덴이나 독일에서 그들은 좌파 정당에 소속되었고, 쿠르드인을 대표하는 것처럼 행동하면서 튀르키예에서 PKK와 전투를 치르는 것을 소수민족의 인권억압이라면서 격렬하게 비난했다. 냉전 시대에 유럽의 좌파 정당은 민족해방운동에 공감하고 있었기 때문에 쿠르드 민족해방을 내세운 급진좌파인 PKK가 서유럽이나 북유럽 여러 국가에서 동조자를 얻는 일은 간단했다. 그 결과, 튀르키예에 의한 일련의 시리아 진격은 EU 여러 국가로부터도 격렬한 비난을 받게 되었다.

EU의 여러 국가는 아직도 1990년대까지의 튀르크 민족주의나 군국주의라는 이미지를 바꾸지 않고 있다. 그러나 실제로는 2000년대에 들어와서 성립했던 공정·발전당(AKP) 정권은 이슬람주의를 기반으로 삼았기 때문에 이전보다도 민족주의를 약화했다. 그리고 쿠르드인의 다수도 무장투쟁에 전념하는 PKK로부터 거리를 두게 되었다.

EU의 파트너이지만

이렇게 2016년 이후 난민이 EU 여러 국가로 쇄도하는 것을 억제하고 있는 튀르키예는 EU의 중요한 파트너이다. 그럼에도 불구하고, 2015년 유럽의 난민 위기 이래로 한쪽에서는 튀르키예에게 난민 유출을 막게 하고, 다른 쪽에서는 튀르키예 현 정권을 격렬하게 비난하는 상황이 지속되고 있다. 튀르키예는 유럽의 외부에 위치한 무슬림의 대국인데, 그럼에도 불구하고 유럽과의 대등한 관계를 모색하는 튀르키예와의 관계에서는 현재 유럽과 이슬람의 아이덴티티를 둘러싼 대립 구조를 간파할 수 있다.

난민을 둘러싼 튀르키예와 EU 사이의 위태로운 합의는 2020년 2월 말에 결국 파탄을 맞이했다. 앞에서 서술했듯이 시리아에서 반정부 측 최후의 거점이었던 이들리브에서 시리아 정부군과 러시아군이 맹공격을 가했고,

100만 명이 넘는 주민이 튀르키예와의 국경으로 쇄도했다. 그러나 한계점까지 난민을 받아들인 튀르키예는 국경을 열지 않았다. 시리아 정부군이 튀르키예 군대의 감시소를 공격하면서 튀르키예 병사 중에서 희생자가 나오자 튀르키예는 '봄의 방패' 작전(그림 2-4)을 개시했고 이번에는 시리아 군대와 정면으로 충돌했다.

한편으로, 튀르키예는 일시적 비호의 대상자가 유럽으로 출국하는 것을 막지 않겠다는 결정을 내렸다. 시리아 군대와의 전투에 들어감과 동시에 이 결정을 내렸던 것인데, 이미 10만 명에 가까운 사람들이 그리스와의 육로 국경으로 갔고 해로를 통해 건너가려는 사람들은 에게해 해안으로 쇄도했다. 물론, 그리스 측은 국경을 열지 않았고 월경하려는 사람들을 위협하자 상황은 교착상태에 빠졌다.

튀르키예로서는 2016년의 합의 이래 EU의 난민 정책을 불성실한 것이라고 비판함과 동시에 시리아 전쟁의 최후에 또 100만 명에 달하는 피난민이 나왔다는 것으로 세계의 주목을 집중시키려는 의도가 있었다. EU 측은 난민을 소재로 협박을 하지 말라고 튀르키예를 격렬하게 비난했지만, 튀르키예에게는 이미 타협의 여지가 없었다.

그런데 이것이 신형 코로나바이러스 펜데믹과 겹쳐졌다. 난민들은 튀르키예 측의 국경 검문을 통과했지만, 그리스 측으로 들어갈 수는 없었다. 보트를 타고 에게해를 건너고자 했던 사람들도 그리스의 연안경비대에 의해 발견되면 튀르키예 측으로 돌려보내지는 사태가 계속되었다. 감염이 급격하게 확대되고 있었기 때문에 EU는 이 문제에 대처할 수 없게 되었다.

튀르키예가 EU에 가맹하고자 했던 이유

튀르키예는 1959년에는 당시 유럽경제공동체(EEC)와의 사이에서 가맹 교섭을 시작했다. 1963년에는 '준가맹국' 협정에 조인했다. 1996년에는 EU의 관세동맹에 참가했기 때문에 실질적으로는 EU의 준가맹국과 같은 지위에 있었다. 국민의 태반을 무슬림이 차지하고 있는 이 국가가 그때까지 유럽에 집착했던 것에는 개략적으로 살펴보면 두 가지 이유가 있다.

그중 하나는 오스만제국 이래의 역사적 경위이다. 제국의 전성기인 16세기 초에는 발칸반도는 물론이고, 오스트리아 부근까지 원정했다. 1529년, 그리고 1683년에도 빈을 포위했던 오스만제국의 영역은 발칸 지역을 포함하여 동남부 유럽에 이르렀다.

그래서 오스만제국의 입장에서는 스스로를 아시아의 제국이라고 규정할 이유가 없었다. 제1차 세계대전에서 패전한 오스만제국을 해체와 멸망으로 몰아넣었던 것은 유럽 열강이었다. 해체 과정에서는 '유럽의 중환자'라고 불렸고, 누구도 '아시아의 중환자'라고 부르지 않았다.

제1차 세계대전에서의 패배로 오스만제국은 멸망했고 현재 튀르키예공화국이 성립했지만, 국가의 성립에서부터 살펴보면 다양한 민족과 종교를 포섭한 제국이 아니라 튀르크인의 국가라는 민족국가를 선언했다. 그 결과, 오스만제국의 코스모폴리탄적 성격이 사라졌다. 수도도 아나톨리아 반도 내부의 앙카라에 설치되었기 때문에 유럽이라고 하기보다는 아시아의 서쪽 끝에 위치한다고 보는 편이 자연스러운데, 그럼에도 최대의 도시 이스탄불은 도시 구역이 아시아 측과 유럽 측에 걸쳐 있고 에디르네를 필두로 유럽 대륙 쪽에도 영토를 보유하고 있다. 그래서 자국을 유럽의 일원으로 여기는 의식은 이 국가의 엘리트 사이에서 계승되었다.

두 번째 이유는 이슬람과의 상극(相剋)이다. 건국 이후 얼마 지나지 않은 시기부터 근대국가가 되었던 튀르키예 공화국은 항상 오스만제국의 재현을 바라는 이슬람 세력의 저항으로 골머리를 앓았다. 건국의 아버지인 무스타파 케말(훗날에 증여받은 이름으로 아버지 튀르크인을 의미하는 아타튀르크라는 이름이 유명하다)에게 있어서 이슬람 세력이라는 것은 말하자면 후진성을 상징하는 힘이었기 때문에 근대국가의 수립을 도모하기 위해서는 자국을 유럽에 위치시켜야 할 필요가 있었다.

EU의 동방 확대와 튀르키예의 소외

튀르키예는 1999년에 헬싱키에서 열린 EU 수뇌회담에서 정식 가맹 교섭의 후보국이 되어 인권 상황의 개선 등이 실현되면 정식 가맹 교섭이 시작되는 것으로 정해져 있었다. 2002년의 EU 수뇌회담에서 민주주의, 법의 지배, 소수민족의 인권 보장, 시장경제로의 대응 등 이른바 코펜하겐 기준에 적합하다고 인식되면 정식 가맹 교섭에 들어가는 것으로 합의가 이루어졌다. 그리고 2004년에 기준이 대체로 달성되었다고 평가되면서 2005년부터 정식 가맹 교섭이 시작되었다. 이를 들었을 때 필자는 EU에도 커다란 변화가 찾아올 것이라고 기대했다.

2004년 5월 1일, EU의 동방 확대가 실현되었다. 발트3국인 에스토니아, 라트비아, 리투아니아 그리고 동유럽과 중유럽의 폴란드, 체코, 슬로바키아, 슬로베니아, 헝가리 그리고 지중해의 키프로스와 몰타 10개국이 새롭게 가맹한 대규모 확대였다. EU의 확대 역사는 표 3-1에서 정리했다.

2004년의 동방 확대는 냉전 이후에 새로운 유럽을 구축하기 위한 성과였다. EU의 확대와 유럽의 통합은 20세기에 두 차례의 세계대전을 경험했던 유럽이 변화했음을 의미했고, 이는 냉전 시대에 서유럽 여러 국가가 그렸던 꿈이기도 했다. 동유럽의 사회주의권에 있었던 국가들의 EU 가맹은 그것을 상징하고 있다. 반면에 신규 가맹국이 과연 서유럽 자유주의권의 연합이었던 EU의 '이념'을 어디까지 공유할지에 대해서는 깊은 탐구가 진행되지 않았다.

두 차례의 세계대전이 독일을 소외시켰기 때문에 일어났다는 것에 근거하여 1952년에 유럽석탄철강공동체

표 3-1 EU 확대의 역사

원가맹국	프랑스, 이탈리아, 독일, 네덜란드, 벨기에, 룩셈부르크
1973년	영국, 아일랜드, 덴마크
1981년	그리스
1986년	포르투갈, 스페인
1995년	오스트리아, 스웨덴, 핀란드
2004년	에스토니아, 라트비아, 리투아니아, 폴란드, 체코, 슬로바키아, 슬로베니아, 헝가리, 키프로스, 몰타
2007년	루마니아, 불가리아
2013년	크로아티아
2016년	영국, EU 탈퇴를 국민투표로 결정
2020년 현재	영국을 제외한 27개국

(ECSC: European Coal and Steel Community)를 창설했던 것을 시작으로 하는 EU의 역사는 소외가 아닌 수용을 통한 안정과 발전을 지향했다. 동유럽 국가들을 서방의 가치체계 속에 편입하여 소외하지 않는 자세를 명확하게 한 것이 2004년의 동방 확대였다.

그러나 지금 생각해보면 졸속적인 조치였다. 폴란드, 체코, 슬로바키아, 헝가리 4개국은 온도 차이가 있기는 하지만 EU로부터 제약을 받는 것을 싫어하기 시작하고 있다. 2008년 세계금융위기의 타격을 받았을 때에 몇몇 국가는 EU와 IMF(국제통화기금)의 지원을 바라게 되었다. 결과적으로 재정규율의 강화를 요구받게 되었던 것은

EU 가맹을 유지하기 위해서는 상응하는 고통이 동반된
다는 것을 알게 되는 계기였다.

　이야기를 튀르키예의 EU 가맹 교섭으로 되돌려보자.
지금 생각하면, 튀르키예가 2004년에 교섭 개시 조건을
달성했던 것이 승인되어 이듬해인 2005년부터 정식 가
맹 교섭이 시작되었던 것은 기적에 가까웠다. 이에 따라
아뀌 꼬뮤노떼흐(acquis communautaire, EU가 축적해 왔던 법
체계)의 하나하나에 부합하기 위해서 35개 항목으로 구성
된 법 정비에 착수하게 되었다. 그러나 2006년이 되면서
상황이 바뀌었다. EU가 일방적으로 가맹 교섭을 중단했
던 것이다. 이후 현재에 이르기까지 가맹 교섭은 진전이
없다. 가맹후보국이 된 이래로 이렇게까지 가맹 교섭이
난항을 겪으면서 사실상 좌절을 맛본 국가는 튀르키예임
이 분명하다.

갑자기 키프로스 승인 문제를 들고 나왔던 EU

　튀르키예와의 가맹 교섭이 갑자기 중단된 계기는 키프
로스 공화국의 미승인 문제를 프랑스가 들고나온 것이었

다. 그러나 키프로스 공화국의 승인은 가맹 교섭 시작의 조건이 아니다.

키프로스는 1974년 이래 튀르키예 군대가 주둔하는 북키프로스(북키프로스-튀르키예공화국이라 칭하는 것을 승인한 국가는 튀르키예뿐이다)와 국제적으로 승인된 그리스계 키프로스 공화국으로 여전히 분단되어 있다. 국제적으로 북키프로스는 '튀르키예에 의해 위법으로 점령된' 지역이다. 그러나 현실에서는 1960년대부터 1970년대 전반에 격렬했던 튀르크계 주민과 그리스계 주민의 충돌을 배경으로 1973년에 북키프로스의 튀르크계 주민을 지키기 위해서 튀르키예 군대가 진주(進駐)하면서 사실상의 분단국가가 된 것이다.

키프로스가 EU에 정식으로 가맹할 때에 EU는 국제연합의 중개를 통해 남북 키프로스가 재통합하기를 요구했다. 그러나 재통합은 난항을 겪었고, 국제연합의 아난 사무총장의 제안에 의해 남북 키프로스 재통합 안건에 대한 주민투표가 실시되었던 것은 2004년 4월 24일의 일이었다. 그 결과, 북키프로스 측은 국제연합의 제안을 수락했고 튀르키예도 이를 납득했는데 남쪽의 그리스계 키프로스 공화국 측이 거부해버렸다. 이리하여 이야기는 출발점으로 되돌아왔다. 1주일 후인 5월 1일에 키프로스 공화국은 북키프로스를 제외하는 형태로 EU에 정식 가맹하게 되었다.

EU는 남북 쌍방이 국제연합의 제안을 받아들여 역사적인 재통합을 이룩하고 EU에 가맹하는 시나리오를 그렸지만, 이것이 실패했다. EU의 전망은 낙관적이었는데 오히려 이때 키프로스의 가맹을 정지했어야 했다. 튀르키예의 입장에서는 키프로스의 분단이 해결되지 않았는데 신규 가맹국이 된 '그리스계'만을 승인할 수는 없었다. 같은 튀르크계 민족의 북키프로스를 단념하는 것이기 때문이다.

튀르키예 측에서도 잘못 계산한 것이 있었다. 2005년의 단계에서 튀르키예는 EU의 가맹국 전체에 대해 관세동맹의 범위를 넓힌다는 추가 의정서에 조인했다. 튀르키예는 이미 EU의 관세동맹에 가입해 있었기 때문에 신규 가맹국이 늘어날 때에는 자동적으로 신규 가맹국과의 사이에서도 관세의 철폐, 항만과 공항의 개방 등을 약속하고 있었다.

2004년의 주민투표로 재통합이 이루어지지 않았기 때문에 튀르키예는 키프로스 공화국을 승인하지 않았고,

관세동맹으로서의 특권을 인정하지 않았다. 프랑스는 이 점을 찔렀고, 2005년의 시점에서 키프로스 공화국을 승인하지 않고 따라서 공항과 항만을 개방하지 않는 튀르키예와의 교섭 등은 할 수 없다고 드 빌팽 총리가 말을 꺼냈다. 키프로스 공화국의 승인이 튀르키예의 가맹 교섭에서 전제조건이었다면, 드 빌팽의 주장은 정당하다. 그러나 영국, 독일, 프랑스 삼국은 이를 알지 못하는 척하면서 튀르키예와의 가맹 교섭을 이끌었다. 가맹 교섭의 개시를 결정하고 1년이 지난 후에 교섭의 전제조건이 변해버렸던 것이다. 이는 다수의 가맹국에서 튀르키예의 가맹에 반대하는 여론이 강해졌다는 정치적 판단으로 인한 측면이 크다.

튀르키예는 이때 프랑스가 키프로스 미승인 문제를 들고 나올지는 예상도 하지 못했다. 1960년에 키프로스가 영국으로부터 독립하기 직전에 키프로스의 미래에 대한 발언권을 가진 세 개의 국가가 '보장국'(Guarantor Powers)이 되기로 한 결정이 영국, 그리스, 튀르키예 사이에 성립되어 있었다. 1959년에 맺어진 취리히-런던 협정이다. 옛 종주국인 영국, 북쪽의 튀르크계 주민을 지원하는 튀르키예, 남쪽의 그리스계 주민을 지원하는 그리스가 당사자로서 독립 이후 키프로스의 행방에도 간섭할 수 있게 된 것이다. 그래서 EU 중에서도 영국은 프랑스가 키프로스 문제를 들고나온 것에 강한 불쾌감을 표시했다.

한 가지 추가로 언급해두고 싶은 것은 이 '보장국'이라는 사고방식이 앞서 서술했던 시리아 전쟁의 최후 국면에서도 등장한다는 점이다. 시리아의 전쟁 이후를 협의한 '아스타나 프로세스' 중에 러시아, 이란, 튀르키예 삼국이 '보장국'으로서의 지위를 얻는다는 결정이 있다. 튀르키예 정부의 지휘부 중에는 앞으로 시리아가 튀르키예에게 있어서 안전보장 측면에서의 위협이 되지 않게 하기 위해서는 '보장국'으로서의 관여가 필요하다는 인식을 가진 사람이 있다. 그리고 이러한 인식은 키프로스 문제에서의 경험에 근거한 것이다.

당시 튀르키예의 EU 가맹에 대한 EU 전체에서의 지지는 28%였고, 반대는 59%였다. 이후에 가맹한 불가리아에 대한 가맹 지지는 46%, 반대는 40%였으며 루마니아는 지지 41%, 반대 46%였다. 미가맹국인 보스니아-헤르체고비나조차도 지지가 39%, 반대가 46%였다 (Eurobarometer 66, 조사는 2006년에 시행되었고 2007년 9월에 간행).

10년 후인 2017년 5월 19일 날짜로 간행된 독일 신문『빌트』는 독일에서는 86%, 네덜란드에서도 84%가 튀르키예의 EU 가맹에 반대한다고 보도했다. 그리고 현재 EU 가맹국 중에서 튀르키예의 가맹을 지지하는 국가는 하나도 없다.

물론, EU 여러 국가의 정치가들이 내놓은 발언과 연구자의 업적을 살펴봐도 튀르키예가 얼마나 민주화를 달성하지 않았는지, 쿠르드인의 인권 상황을 개선하지 않았는지, 보도의 자유가 인정되고 있지 않은지에 대한 지적은 많이 있다. 그러나 이러한 지적들은 왜 1년 만에 교섭을 중단했는지에 대한 설명이 되지는 못한다. 가맹 교섭이 불합리한 이유로 중단되지 않았다면, 튀르키예는 이러한 점들에 대해서 개선하지 않으면 안 되었기 때문이다.

튀르키예의 EU 가맹과 9.11

왜 2004년의 단계에서는 코펜하겐 기준을 달성했다고 하면서 교섭의 개시가 결정되었던 것일까? 여기에는 2001년의 9.11이라고 하는 미증유의 테러 사건이 깊이 관련되어 있다. 9.11 이후에 당시 EU 가맹국의 수뇌, 그

중에서도 영국의 블레어 총리, 프랑스의 시라크 대통령, 독일의 슈뢰더 총리는 이슬람권에서 유일하게 직접 EU의 기준을 채우려고 계속 노력했던 튀르키예를 배제해서는 안 된다는 점에서 지향점이 일치했다. 이슬람 과격파가 서유럽 세계에 있어서 새로운 위협이라는 점을 결정적으로 각인시킨 것이 9.11이었다. 그래서 튀르키예를 이슬람권과의 가교로서 이용하려는 의도가 있었다.

그러나 2005년에 독일은 사회민주당(SPD)의 슈뢰더 정권에서 기독교민주동맹(CDU)의 메르켈 정권으로 이행했다. 프랑스에서도 시라크 정권의 약체화가 진행되는 와중에 사르코지가 내무부 장관에 취임했고, 이민 문제에서 강경한 자세로 전환했으며 2007년에는 대통령에 취임했다.

이번에는 EU의 각 국가들에서 다른 문제가 떠올랐다. 이민의 급증, 그것도 무슬림 이민이 상당히 증가했던 것인데 그것만으로 테러의 위험성이 높아진다는 공포가 소용돌이치기 시작했던 것이다. 이미 2004년에는 스페인의 마드리드에서, 2005년에는 영국의 런던에서 대규모 테러가 일어났다(4장 3절 참조). 더 이상 무슬림 이민의 증가를 견딜 수 없다는 여론의 압력은 과거 반세기 이상에 걸쳐서 노동자 이민을 이슬람권에서부터 받아들였던 서유럽 여러 국가에게 있어서 내정의 불안정을 초래하는 주된 요인이었다. 튀르키예가 EU에 정식으로 가맹한다면, 모든 영역 내에서 자유로운 이동을 인정하는 것이기 때문에 또 무슬림 이민이 증가할 것이라는 공포를 유럽 사회는 품고 있었다.

그러나 무슬림이기 때문에, 이슬람이기 때문에 가맹을 거부한다고 말할 수는 없다. 그래서 튀르키예의 가맹 교섭 조건이 아니었던 키프로스 공화국 미승인 문제를 들고 나와서 튀르키예의 가맹 교섭을 저지했던 것이다. 새로 탄생한 독일의 메르켈 정권도 이에 동조했지만, 프랑스처럼 다른 조건을 내놓지는 않았고 오스트리아 등과 함께 튀르키예를 정식 가맹국이 아닌 '특권적 동맹 관계'라는 새로운 지위에 두는 것이 어떨지를 제안했다. 테러와 안전보장에 대해서는 협력하고, 영역 내의 자유로운 이동은 인정하지 않으며 신규 가맹국에게는 반드시 주어지는 농업보조금 등도 지출하지 않는다는 조건이었다. 튀르키예는 아무런 '특권'도 없는 이 제안을 즉시 거부했다.

그때까지 EU는 이슬람 과격파의 이어지는 테러를 경험했기 때문에 튀르키예를 동지로 끌어들이려고 했는데,

그 이후의 EU는 같은 테러를 이유로 '이슬람권의 튀르키예'를 거절하는 방향으로 돌아섰다. 난민 위기 이후 이러한 경향은 한층 강화되었고, 2020년 현재 튀르키예의 가맹 등은 논외의 사안이라는 여론이 EU 가맹국 전체의 공통된 생각이다.

3. 튀르키예의 정치 상황을 통한 해석

EU와 기독교

'튀르키예는 유럽인가?' 이 질문에 대해서 일본에서도 미국과 유럽 세계에서도 많은 사람들은 부정적으로 답변한다. 필자의 수업에서 학생들에게 질문을 해도 대답은 똑같다. 그러면 그렇게 생각하는 이유가 무엇인지를 물으면, 인구의 대부분이 무슬림이기 때문이라는 대답이 돌아온다. 유럽에서도 이러한 동향은 마찬가지라서 튀르키예와 EU에는 '유럽' 공통의 문화적인 기반이 없다고 생각하는 시민이 압도적으로 많다.

그렇다면, 이 대답을 뒤집어서 바라보면 '유럽은 기독교 문화권이다'라는 셈이다. 기본적으로는 그렇겠지만, 여기에는 EU라고 하는 공동체를 구성하는 시민의 의식 및 EU의 이념과는 괴리가 있다. EU는 '기독교 국가의 연합체'가 아니다. 본래 그 정신에서도 EU가 그런 내용을 선언할 수 없다. 만약 '기독교 클럽'이라는 것을 인정한다면, 유대인 박해의 역사를 마주볼 수 없는 것이 되기 때문이다. 제2차 세계대전 이후 또 다시 독일을 소외시키지 않고 유럽 공동체 안으로 고정시키는 것이 EU의 최대 과제였다. 그 독일은 유대인에게 홀로코스트의 참화를 일으켰던 당사자이다. 독일뿐만이 아니다. 프랑스를 필두로 많은 유럽 국가에서 유대인에 대한 박해는 오랜 역사를 가지고 있다.

유럽의 여러 국가가 20세기에 두 번이나 유럽을 초토화시켰던 세계대전을 반성하는 입장에서 국가 사이의 벽을 치우면서 유럽연합을 형성해 갔을 때, 거기에 '기독교'를 강조할 수는 없었다. 그런데 그렇다고 한다면, 국민의 대부분을 무슬림이 차지하고 있는 튀르키예를 소외하는 이유가 '기독교에서 유래한 공통의 문화'라는 것도 성립할 수 없다.

그래서 법의 지배, 소수민족의 인권 존중, 민주주의, 건전한 시장경제 등 보편적인 가치관을 가맹의 기준으로 삼았던 것이다. 그러나 EU 시민 중에서 보수적인 기독교도는 이슬람권의 튀르키예가 어울리지 않는다는 점을 강조했고, 자유주의적인 EU 시민들은 쿠르드를 필두로 하는 소수민족을 박해했던 튀르키예는 인권 상황과 민주주의가 미성숙하기 때문에 가맹할 수 없다고 주장했다. 반복해서 언급하는 것이지만, 후자의 과제는 가맹 교섭 중에 개선되어야 하는 것이고 그 점은 당시의 에르도안 정권도 인지하고 있었다.

건국 이후 곧바로 '세속국가'가 되었다

튀르키예는 건국 이후 얼마 지나지 않았을 무렵부터 '세속국가'였다. 국가의 공적 영역에서 이슬람을 배제했던 것이다. 이 원칙을 튀르키예어로 라이클릭(laiklik)이라고 한다. 프랑스의 세속주의인 라이시테와 같은 용어이다. 튀르키예의 라이클릭은 건국 시기에 프랑스공화국의 라이시테를 모범으로 삼아 국가와 이슬람을 엄격하게 분리하는 것으로 근대화를 도모하기 위한 것이었다. 그러나 이슬람에는 유일한 절대자인 신(알라)의 의사가 미치지 않는 영역을 인간이 설정하는 것은 있을 수 없는 일이기 때문에 경건한 무슬림들은 이해할 수 없는 것이었다.

특별히 쟁점이 되었던 것은 프랑스와 마찬가지로 공교육 장소에서 여자 중고생, 여대생들의 덮개 착용 금지였다. 국가의 공무원도, 의원도, 국립병원의 간호사도, 의사도 모두 이 규정에 따라 덮개를 벗지 않으면 취업을 할 수 없었다. 남성의 턱수염도 마찬가지였다. 하여간 겉보기에 무슬림의 특징으로 여겨지는 것은 모두 공적인 영역에서부터 추방한다는 엄격한 세속주의를 인구의 태반을 무슬림이 차지하고 있는 튀르키예가 채택했던 것이다.

그러나 프랑스와의 차이점은 스카프나 베일을 '이슬람의 상징'이라고 생각하지 않았다는 것에 있다. 프랑스의 경우에는 본래 이슬람이라고 하는 것을 잘 알지 못했기 때문에 여성의 덮개를 '이슬람의 상징'이라고 믿었지만, 무슬림이 태반을 차지하는 튀르키예에서는 그러한 이치가 통하지 않았다. 그래서 금지의 이유로 첫 번째는 공적 공간에서 이슬람의 가르침에 근거하여 덮개를 몸에 착용

하는 것은 세속국가로서의 공화국이 지닌 원칙에 위반된
다는 것이었고, 두 번째는 덮개는 정치적 이슬람의 상징
이기 때문에 이것도 세속국가여야 하는 튀르키예공화국
의 원칙에 위반된다고 하는 것이었다.

그러나 프랑스에서 유래한 세속주의는 자리를 잡지 못
했다. 튀르키예가 공화국이 되고 60년 정도가 지난 1980
년대에는 점점 이슬람 정당이 대두하게 되었다. 서유럽
을 모델로 근대화를 추진했다고 하더라도 튀르키예는 무
슬림 사회와 가장 궁합이 맞지 않는 프랑스형 세속주의
를 채택해버렸다는 것이다. 영국이나 독일의 모델을 채
용했다면, 덮개를 둘러싸고 국내에서 대립하는 일은 없
었을 것이다. 그러나 이 부분이 또한 흥미로운 것인데,
프랑스형의 엄격한 세속주의와 개인의 복장 및 행동까지
간섭하는 세속주의를 채택하고 있었기 때문에 2002년
이후로 공정·발전당(AKP) 정권이 탄생한 이후에도 갑자
기 이슬람 국가가 되는 것과 같은 급격한 변화는 일어나
지 않았다.

그 이전인 1990년대까지는 건국의 아버지 무스타파 케
말 아타튀르크의 이념을 결연하게 수호하는 것을 으뜸으
로 여기는 국군이 쿠데타를 일으켜 정당정치를 정지시키

고, 국가의 분열을 도모했다는 죄로 이슬람주의 정치가를 구속하고 헌법재판소가 정당을 해산시켰었다. 1980년대에는 네지메틴 에르바칸이 이끄는 국가질서당이 이슬람을 정치에 도입하려 했다는 이유로 체포되었고, 소추가 이루어져 정당이 해산되었다. 이때는 정당정치 전체가 혼란에 빠졌다는 이유로 국군이 쿠데타를 일으켜 다른 정당까지 포함하여 정당정치 그 자체를 정지시키면서 군사정권이 탄생했다.

튀르키예의 국군이라는 존재는 예를 들면 태국, 미얀마, 이집트의 군부처럼 영속적으로 정권을 장악하려고 하지는 않는다. 이것이 특징적인 부분인데, 어디까지나 건국의 아버지 아타튀르크가 정당에 의한 정치(1950년까지는 '공화인민당'에 의한 일당제로, 그 이후 복수정당제로 이행)를 규범으로 삼았던 것을 계승하여 군대가 모든 것을 독점하려고 하지 않는 것이다. 1960년, 1971년, 1980년 세 차례에 걸쳐서 군대는 정치에 개입했지만, 결국은 민정으로 이관(移管)했다.

1990년대의 튀르키예는 중도우파, 중도좌파 정권이 뒤섞이면서 정권이 생기고 붕괴하는 일이 반복되었다. 국내에서는 쿠르드 무장 조직 PKK와의 전투가 격화되었고, 쿠르드인이 많이 거주하는 지역에서는 군대와 경찰의 난폭한 대응이 주민의 격렬한 반발을 불러왔다. 쿠르드인의 마을은 튀르키예 군대로부터 PKK에 협력한다는 의심을 받았고, PKK로부터는 튀르키예 군대에 협력한다는 의심을 받는 딜레마에 빠졌다. 이에 마을 사람들은 견디지 못하고 이스탄불과 같은 대도시로 이주했다.

이 시기까지 쿠르드인에 대한 처우는 차별적이었다. 쿠르드어는 튀르키예어와는 완전히 다른 언어였음에도 불구하고, 튀르키예어의 방언으로 여겨져서 쿠르드인이라는 호칭도 인정되지 않았다. '산의 튀르키예인'이라는 매우 차별적인 호칭이 정해졌던 것이다. 튀르키예의 국민이라는 것을 받아들이면, 명목상으로는 평등한 권리를 보장받았지만 실제 모습은 그렇지 않았다. 쿠르드인 측은 모어의 사용 등 튀르키예인과 평등한 권리를 요구했지만, 무장투쟁을 지속하는 PKK는 대립을 첨예화시키는 길을 걸었다.

이슬람주의의 대두

  1993년에는 살만 루슈디의 『악마의 시』를 튀르키예어로 번역했던 작가와 시인들이 모인 회합이 이슬람 과격파의 폭주로 인한 습격을 받았다. 시바스라고 하는 도시의 호텔이 불에 탔고, 많은 희생자가 나왔다. '죽어라, 세속주의', '덮개에 손을 댄 팔을 꺾어 부러뜨려라', '샤리아(이슬람의 법체계) 만세'. 모두 당시의 기록영상에 남은 급진적 이슬람주의자의 데모에서 부르짖었던 슬로건이다.

  그리고 공민권 정지가 해제된 이슬람주의자 에르바칸이 복지당을 이끌고, 서서히 민중의 지지를 확보했다. 1995년 12월에 치러진 총선거에서 복지당은 제1당이 되었지만, 연립하여 내각을 구성할 상대를 찾아내지 못하면서 이후 정치는 깊은 혼란에 빠졌다. 결국에는 중도우파인 정도당(正道黨)과의 연립정권이 성립되었지만, 이슬람 색채가 강한 에르바칸 총리에 대해 군대의 조바심은 정점에 도달했다.

  1997년 1월 31일, 수도 앙카라와 가까운 신잔에서 팔레스타인과 연대할 것을 재촉하는 움직임이 일어나면서 팔레스타인 민중에 의한 저항운동(인티파다)을 소재로 삼은 연극이 상연되었다. 이 공연에 팔레스타인의 이슬람주의 정치 조직인 하마스, 헤즈볼라(레바논의 시아파 이슬람 조직), 그리고 튀르키예에 주재하는 이란 대사도 초대되었다.

군대가 결국 행동에 나섰다. 이틀 후, 신잔에서 전차를 몰면서 위협을 가했던 것이다. 그리고 2월 28일, 국가안전보장회의 석상에서 군대 수뇌는 총리 에르바칸에게 최후통첩을 내밀었다. 사설 쿠란학교를 금지하고 모두 국가종무국의 관리 아래에 둘 것, 특정한 지도자를 숭배하는 이슬람 조직의 활동 금지, 공공시설에서의 '덮개' 금지, 그리고 초등교육을 초등학교와 중학교를 합쳐서 8년으로 하고 이맘 하티프 양성학교의 중등부를 폐지시키는 것이었다. 이맘은 이슬람 지도자를 의미하고, 하티프는 설교사를 가리키는데 튀르키예의 경우 건국 초기부터 종교학교는 국가의 관리 아래에 두어져서 종무국이 이를 관할하고 있었다. 그런데도 이슬람주의 세력이 힘을 증대시켰기 때문에 영향을 받기 쉬운 중학생까지는 보통교육을 의무화했던 것이다. 결국 에르바칸은 이 요구를 억지로 받아들였고, 이듬해에 복지당은 헌법재판소에 의해 해체되었다.

민의(民意)는 이슬람주의 정당을 지지했지만, 군부가 국가의 원칙에 반한다는 이유로 이를 무너뜨렸다. 이러면 민주주의가 성립하는 것일까?

이 문제는 튀르키예의 민주화에 있어서 커다란 방해 요소가 되었다. 1997년 당시에 이스탄불 대도시권의 시장을 맡고 있었던 복지당의 레제프 타이이프 에르도안은 연설에서 이슬람을 정치적으로 이용했다는 이유로 국민을 분단시킨 죄(형법 312조 2항)를 위반했다며 문초를 받았고, 1998년에 유죄판결을 받아 금고 10개월(이후 4개월로 감형)과 공민권 정지 처벌이 부과되었다.

문제가 되었던 것은 건국 시기의 저명한 시인으로 아타튀르크에도 커다란 영향을 주었던 지야 괴칼프의 시 일부를 인용했다는 것이었다. '모스크는 우리들의 병영, 미나레트는 총검, 모스크의 돔은 투구, 그리고 신도는 병사이니'인데, 이 시는 1912년의 발칸전쟁 때에 병사에게 기도를 드리기 위해서 지어진 것으로 이슬람주의와는 아무런 관계도 없었다. 세속파와 군부의 궤변에 분노한 지지자들은 형무소 앞에서 무리를 지어 에르도안의 석방을 호소했다.

1999년 8월, 이스탄불 근교와 마르마라해 지방을 대지진이 습격했고, 대략 17,500명의 희생자가 나온 대참사가 발생했다. 그리고 2001년에는 미국에서 9.11 동시다발 테러가 일어났다. 지진으로 인해 행정이 서툴렀던 것도 있어서 튀르키예의 내정은 점점 혼란이 심해졌고, 대외적으로는 미국에 의한 '테러와의 전쟁'에서 '문명 측에 붙을 것인가, 야만 측에 붙을 것인가'라는 당시 부시 대통령의 협박에 직면하게 되었다. 그러나 튀르키예는 NATO 가맹국이면서도 미국이 보복을 위해 시작했던 아프가니스탄으로의 무력 침공에는 참전하지 않았다. 그 이후, 치안 유지를 위한 국제치안 유지부대(ISAF)에는 군대를 파견했지만 튀르키예 군대는 탈레반과의 전투에는 참가하지 않았고 주민에게 총을 겨누지도 않았다.

튀르키예의 정당은 군의 간섭과 헌법재판소의 해산 명령으로 붕괴되는 일이 종종 있었지만, 핵심 정치가들은 다른 정당을 만들어서 부활할 수 있었다. 물론, 당 지도자와 간부는 일정 기간 공민권이 정지되었기 때문에 곧바로 정치 활동을 재개할 수는 없었다. 2001년, 에르바칸의 제자인 현 대통령 에르도안은 스승의 고전적인 이슬람주의 정당에서 이탈하여 새롭게 공정·발전당(AKP)을 결성했다. 군대와 헌법재판소의 반복되는 정치 개입에 한계를 느끼고 있었던 에르도안 등은 기존 조직과 절교했던 것이다.

그리고 교묘하게 이슬람 색깔을 표출하지 않고, 정책 입안을 위해 기술관료를 모아서 빈곤 대책에 큰 공적을 남기면서 서민의 지지를 확보해 갔다. 그리고 2002년의 총선거에서 AKP는 대승을 거두고 단독 여당이 되어 오늘날에 이르고 있다.

쿠르드 문제에 대한 대처

현안인 쿠르드 문제에서도 큰 진전이 있었다.

PKK의 지도자인 압둘라 오잘란은 1999년에 케냐의 나이로비에서 튀르키예의 정보기관에 의해 신병이 확보되었고, 튀르키예에서 재판을 받게 되었다. 쿠르드 분리독립운동의 상징적 존재인 오잘란을 구속한 튀르키예는 동시에 EU 가맹 교섭의 전제인 사형 폐지에 응하면서 오잘란은 종신형에 처해졌다. 그런 상황에서 AKP 정권은 이전의 쿠르드인 차별 정책을 개선해 갔다. 쿠르드어는 튀르키예 국영방송에서도 사용되었고, 쿠르드인이 다수를 점하는 지역에서는 2012년에 쿠르드어의 모어 교육도 선택과목으로서 개강되었다. 튀르키예어가 국어라는 점은 변경되지 않았지만, 적어도 존재 자체가 부정되었던 시대는 끝났던 것이다.

쿠르드인이 많은 동남부 지역은 빈곤 문제가 심각하다. AKP 정권은 공공 주택 건설 등을 통해 생활수준의 향상을 도모하고 있다. 빈곤층 전체에 대한 극진한 정책은 AKP의 정책에서 핵심을 이루었는데, PKK 측의 입장에서 보면 분명히 분열을 꾀하는 책략으로 비친다. 쿠르드인은 실제 종교적으로 보수적인 사람들이 많고, 그런 의미에서는 AKP에 공감을 가진 사람들도 있는데 PKK는 본래 공산주의 조직이었기 때문에 이슬람과는 어떻게 해도 양립할 수 없다.

2012년 이후, AKP는 수감 중인 오잘란에게 무장해제를 호소하게 했고 PKK와의 화해 교섭에 착수했지만 시리아 내전을 세력 확대의 좋은 기회라고 파악한 PKK가 반격으로 전환했기 때문에 화해로 가는 길은 닫히게 되었다. 그럼에도 현 정권은 쿠르드 전체를 적으로 돌리는 1990년대의 실책만은 반복하지 않는 방침을 유지하고 있다. AKP의 기본적인 자세는 쿠르드, 튀르크라는 민족의 분단도 19세기의 서유럽이 중동을 분할해서 통치하는 전략 속에서 만들어진 것에 불과하므로 우리는 모두 무슬림의 형제라고 보는 것이다.

군대의 자세

AKP 정권 아래의 튀르키예가 1990년대까지의 상황과 비교하면 이슬람 색채가 강해진 것은 확실한데, 동시에 군대에 의한 정치 개입을 억누르면서 민주화를 진전시켰다.

2007년 4월, 그 이후 튀르키예라는 국가의 방향성을 결정하는 사건이 발생했다. 당시에는 튀르키예의 대통령이 일원제 국회인 대국민의회에서 선출되고 있었다. 야당으로서 세속주의의 견지(堅持)를 내걸고 있었던 공화인민당(CHP)은 여당인 AKP가 1차 투표에서 대통령을 선출할 수 있을 정도의 의석을 가지고 있지 않다는 것에 주목하고, 다른 야당과 함께 투표를 보이콧했다. 대통령을 선출한다는 중요한 의제에서 국회로의 출석을 거부한다는 것은 전대미문의 일이었고, 정당정치와 의회제 민주주의를 부정하는 것이었다. 게다가 CHP는 1차 투표에서 선출될 수 없는 이상, 대통령 선거 그 자체가 성립할 수 없다는 이유로 헌법재판소에 대통령 선거의 무효를 호소했다. 세속주의파가 힘을 가지고 있었던 헌법재판소도 이 기묘한 계책을 인정했다.

에르도안 당시 총리는 격노했다. 의회를 구성하는 정당이 그 책임을 방기하면 민주주의는 성립할 수 없다면서 의회를 해산했고, 총선거를 시작했다. 그 결과, 다시 AKP가 여당이 되었지만 여전히 1차 대통령 선거에서 대통령을 선출할 수 있을 정도의 의석은 확보하지 못했다. 그런데 이번에는 야당 중의 한 정당이 보이콧을 중지했고, 이슬람주의자인 압둘라 귈이 대통령에 선출되었다.

그러나 문제는 이것으로 그치지 않았다. 의회에서의 대통령 선거 1차 투표일에 군대가 통합참모본부의 웹사이트에 담화를 발표하여 국군은 건국의 아버지가 정했던 세속주의의 결연한 옹호자이고, 대통령 선거(여당의 이슬람주의자인 귈이 선출된 선거)를 염려하면서 주시하고 있다고 서술한 것이다.

당시 필자는 군대의 간부와 몇 차례 의견 교환을 나누었다. 다시 쿠데타를 일으켜서라도 튀르키예의 이슬람화를 억제하기 위해서 정치적으로 개입할 생각이 있는지의 여부를 탐문했는데, 필자의 인상으로는 이제 그것은 불가능한 일이었다. AKP 정권 아래에서의 높은 경제성장과 외교력의 향상을 방해하는 것과 같은 정치적 개입을 하더라도 국민이 따르지 않는다는 것을 당시 군 간부들은 인지하고 있었다.

2007년의 담화는 그럼에도 명백히 군대에 의한 정치 간섭이었다. 에르도안 총리와 여당은 격렬하게 반발했고, 해산 후 총선거에서는 군대의 정치 간섭을 배제하기 위한 새로운 시스템인 대통령의 직선제와 강력한 권한을 부여하는 새로운 제도의 도입, 그를 위한 헌법 개정의 필요성을 호소했다. 그리고 2014년에 튀르키예 역사상 최초로 직접선거에 의해 에르도안이 대통령에 취임하게 된 것이다.

EU는 지금 에르도안 대통령의 강권화를 비난하고 있지만, 따지고 보면 2007년의 정변에서 친서구, 세속주의파인 CHP라는 야당이 상당히 치졸한 전략을 사용했던 것의 반동이었다는 점을 기억해두지 않으면 안 된다.

비판을 증폭시킨 대통령으로의 권한 집중

유럽 측은 이 변화를 '이슬람 정치로 퇴행했다'고 파악하고 있다. 서구 세계에게 있어서 이슬람이 정치의 전면에 나서는 것은 9.11 이래 꺼리는 일이 되어 있었다. 그러나 튀르키예 국민의 다수는 AKP의 최초 10년은 민주화의 진전으로 파악하고 있었다.

2017년 4월, 튀르키예에서는 헌법 개정을 묻는 국민투표가 시행되어 찬성이 51.4%여서 근소한 차이로 우세했다. 이 선거는 국내외에서 상당히 호된 비판을 받았다. 비판의 요점은 이미 강권화를 진행하고 있었던 에르도안 대통령에게 더 권력을 집중시킨다는 점에 있었다. 군대에 의한 정치, 사법에 대한 개입을 저지하는 내용도 포함되어 있었지만, 대통령이 정당의 대표를 겸할 수 있다는 점은 여당 내부에서도 비판을 받았다. 국가의 정점에 있는 인물이 정당의 지도자를 겸하는 것에는 복수정당제하에서 구축되어 왔던 의회제 민주주의를 부정하는 것이라고 받아들여졌기 때문이다. AKP를 결성한 이래 지지를 했던 맹우(盟友)들도 잇달아 정권을 이탈했고, 경제의 정체까지 겹쳐지면서 2019년의 지방선거에서는 앙카라와 이스탄불에서 시장의 자리를 야당 측에 넘겨주게 되었다.

독일과 네덜란드에서는 튀르키예의 헌법 개정을 향한 비판이 거셌다. 타국의 헌법 개정을 비판하는 것은 내정 간섭이지만, EU 여러 국가는 때에 따라서 튀르키예를 가맹 후보국으로 여기면서 말하는 것을 들어보려고 한다. 가맹 교섭이 진전 중이었다고 한다면, 비판은 타당한 것이었겠지만 EU 스스로가 교섭을 단절시켰던 것이 대통령에 대한 권한 집중을 초래하는 계기가 된 것이기도 했다.

튀르키예의 헌법 개정을 묻는 국민투표 캠페인은 재외 튀르키예 국민이 많은 독일과 네덜란드 등 EU 가맹국에서도 시행되었다. 에르도안 대통령은 측근을 보내서 지지를 호소하려 했지만, 독일에서는 정권 측의 캠페인 집회가 좀처럼 용인되지 않았고 네덜란드에서는 캠페인을 위해 방문하려 했던 차우시오를루 외무부 장관이 탑승한 비행기의 착륙을 허락하지 않았다. 외무부 장관이 탑승한 비행기를 착륙시키지 않았다는 것은 외교 의례에 반하는 행위였고, 튀르키예 정부는 격하게 항의했다. 에르도안 대통령은 네덜란드와 독일을 파시스트라고 부르면서 비판했기 때문에 EU 여러 국가는 갈수록 에르도안 정권에 대한 혐오를 강화했다.

이해할 수 없는 쿠데타 미수 사건

게다가 2016년 7월 15일의 쿠데타 미수 사건 이후, 반란을 기획했다고 여겨진 귈렌 운동의 지지자를 일제히 추방, 체포, 기소, 수감했던 것이 EU 각 국가로부터 호된 비판을 초래했다.

이 사건은 이해할 수가 없는 것이었다. 튀르키예 국군이 이전처럼 쿠데타를 일으키고 국민이 이를 지지하는 상황이 아니었기 때문이다.

2016년이 되자 갑자기 군대의 일부가 반란을 일으켰다. 게다가 여당 간부를 체포하거나 암살했던 것이 아니라 공군기가 시민을 향해 기관총을 발사했고, 국회 등을 폭격했다. 전차가 시내에 등장했지만, 분노한 시민들에 의해 저지되어버리는 결말로 이어졌다. 시민을 살해한 폭거는 그때까지의 튀르키예 군대에 의한 쿠데타와는 전혀 다른 엉성한 것이었다.

정권 측은 태세를 다시 정비하고, 곧바로 페툴라 귈렌이라는 이슬람 지도자를 숭배하는 집단(FETÖ)에 의한 범행이라고 단정했다. 필자는 이 조직이 그 정도까지 군대 내부로 뿌리를 확장했다는 것을 알지 못했다.

귈렌이라는 인물은 세속적인 사람들과의 가교가 되겠다는 것을 설파했던 이슬람 설교사였는데, 이슬람을 정치에 어떻게 반영시킬 것인지 그리고 이슬람 법률과 현실의 정치를 어떻게 관련지을 것인지에 대한 전망은 제시하지 않았다. 오로지 선행 운동을 설파한 이 인물이 매우 조직적으로 군대와 관청 속으로 뿌리를 확장했다고 정권 측은 주장하는 것인데, 그 실체는 외부자로서는 확인하기 어려운 것이었다. 표면적으로는 무슬림이 아닌 사람들과도 우호적인 관계를 구축하고, 조직의 내부에서는 비밀결사와 같은 강고한 결속력을 가지고 있었던 것 같다.

에르도안 정권은 귈렌 운동이 튀르키예 국내는 물론이고, 세계로 뿌리를 확장해 가는 것을 통해 거대한 자금을 보유하면서 이중권력의 구조가 되어가는 것을 염려하게 되었다. 그래서 그들의 자금원이 되고 있었던 예비학교를 폐쇄로 몰아넣었지만, 귈렌 운동 측은 이에 반발했다. 그리고 경찰과 검찰의 동조자를 동원하여 2013년 12월에는 에르도안의 측근 각료와 친족의 부정축재를 폭로해 버렸다. 여기에서 정권과 귈렌 운동의 관계는 결정적으로 악화되었다.

그리고 2016년 7월 15일, 귈렌과 군인이 쿠데타 미수 사건을 일으키기에 이르게 된 것이라고 여겨진다. 귈렌 운동은 민주주의와 법의 지배에 대한 위협으로서 테러 조직이라고 지정되었고, 관계자는 대량으로 소추되었다. 튀르키예 정부는 251명의 사망자와 2,300명에 가까운 부상자를 나오게 한 테러 조직을 철저하게 괴멸시키겠다고 내외에 선언했다. 귈렌 운동 측은 쿠데타 미수에 대한 관여를 부정했다.

EU 측은 독일을 필두로, 이러한 상황에서는 도저히 EU 가맹 교섭을 지속할 수 없다는 입장을 명확하게 드러냈다. 그러나 여기에서도 2005년에 시작되었던 가맹 교섭을 2006년에 일방적으로 중단해버렸던 것이 그림자를 드리우고 있다. 조기에 가맹을 실현했다면, 민주주의와 기본적 인권에 관해서 튀르키예는 EU의 기준으로부터 후퇴할 수 없었을 것이므로 문제에 대해서도 EU가 일치해서 대응하는 일이 가능했을 것이다.

에르도안 정권에 의한 이슬람 포퓰리즘

그때까지의 체제가 군대의 강한 영향력하에서 세속주

의를 밀어붙이고, 체제 이데올로기에 대한 비판을 허락하지 않았던 것에 비해 에르도안 정권은 '신교(信教)의 자유', '표현의 자유'를 보수적 무슬림의 의향에 따르는 형태로 실현했다. 따라서 경건한 무슬림에게 있어서는 공적 공간에서 스카프나 베일 착용이 금지되었던 과거에 비하면, 분명히 자유로워졌고 에르도안 정권은 '자유주의'라고 할 수 있게 되었다.

에르도안의 주요한 적은 일이 있을 때마다 정치에 개입했던 군부 그리고 체제 이데올로기로서의 국가주의와 세속주의의 수호자인 사법(司法)이었다. 에르도안은 이 두 분야의 적이 가진 힘을 없애려는 목적에서 '자유주의'라는 점을 내외에 호소했던 것이다.

에르도안 대통령은 확실히 포퓰리스트이다. 그를 열광적으로 지지하는 민중을 동원하여 비판 세력을 틀어막았다. 그러나 그는 1990년대 중반에 이스탄불 시장이 되었을 때부터 약자 구제라고 하는 이슬람적 공정을 실현했던 희귀한 정치 지도자였기 때문에 민중을 동원할 수 있는 힘을 갖추고 있는 것이다.

4반세기 이전까지 이스탄불은 항상 물 문제가 심각했다. 하루에 2, 3시간밖에 급수가 이루어지지 않는 것도 일상적이었다. 그리고 도시 인구의 절반 이상은 게세콘두라고 불리는 불법점거취락의 주민이었다. 등기가 없기 때문에 상하수도와 전기를 필두로 하는 인프라도 정비되지 않았다. 빈곤층에게는 장래의 전망이 하나도 없었던 것이다.

에르도안은 이를 극적으로 개선했다. 댐 건설을 적극 추진하면서 물 문제가 해소되었고, 전국에 화력발전소를 증설하면서 정전도 없어졌다. 무엇보다도 도시 빈곤층에게 근대적인 집합 주택을 염가에 공급했던 것은 그에 대한 지지를 반석과 같이 만들었다. 이스탄불에서는 최대의 도시문제 중 하나였던 교통 정체를 메트로버스라고 하는 완전히 새로운 방법으로 완화했다. 근교와 도시를 연결하는 간선도로의 중앙 두 차선을 분리하여 차선을 전용하는 긴 버스가 달리도록 했다. 자가용으로 통근하는 중류층은 정체가 더욱 심해지게 된 것에 불만이었지만, 차를 소유하지 않은 빈곤층에게 있어서는 엄청나게 반가운 일이었다.

AKP가 시장의 자리를 확보한 도시에서는 인프라의 정비가 급속하게 추진되었다. 도시공원, 지하철, 천연가스에 의한 도시가스의 도입 등은 서민의 생활을 크게 바꾸어놓았다. 빈곤층의 상승에 하나도 기여한 것이 없었던 친서구, 세속주의의 엘리트 정당인 CHP는 힘을 상실했다. 매우 가부장적인 성격을 가진 중도우파 정당도 모두 쇠퇴했다.

무슬림 약자의 편에 선 것을 선명하게 드러낸 튀르키예

에르도안이 이끄는 AKP는 팔레스타인 문제에서 궁지에 빠져 있는 가자에 대해서 강력한 연대감을 드러냈다. 미국과 유럽의 여러 국가가 가자에서 정권을 담당하는 하마스를 테러 조직이라는 이유로 교섭을 거부했던 것에 비해 튀르키예는 민주적인 선거 프로세스로 선출된 이상, 대화를 계속한다는 자세를 바꾸지 않았다.

2008년 연말에 이스라엘은 팔레스타인의 가자에 맹공격을 가했다. 최초에는 이스라엘 군대에 의한 하마스 전투원의 살해가 있었고, 이에 대해 가자의 이슬람 조직 하마스의 군사 부문이 미사일을 발사했다. 이번에는 이스라엘 군대가 격렬한 보복 공격을 가하여 1,300여 명의 사망자가 나왔다. 사망자의 1/3은 아이들이 희생되었다고 한다. 지상부대도 가자에 진격했고, 국제연합(UNRWA)이 운영하는 학교까지 표적이 되었다.

해가 바뀌어 2009년 1월 하순에 스위스의 다보스에서 개최된 세계경제포럼(다보스 회의)에서는 가자 문제의 긴급 패널이 열렸다. 국제연합의 반기문 사무총장, 이스라엘의 페레스 대통령, 튀르키예의 에르도안 당시 총리, 아랍연맹의 아무르 무사 사무국장이 패널리스트였는데, 그 자리에서 에르도안 총리는 페레스 대통령을 향해 이렇게 말했다.

"당신네들은 살인하는 방법을 잘 알고 있다. 나는 당신네들이 바닷가에서 놀고 있던 아이들을 어떻게 저격해서 죽였는지를 잘 알고 있다."

공식적 자리에서 이스라엘의 국가원수를 살인자라고 부른 것에는 상당한 결의가 있다. 세계로부터 '반유대주의자'라는 딱지가 붙여졌기 때문이다. 그러나 에르도안 총리는 기가 죽지 않고, 계속 발언을 요청했는데 당황한 사회자가 제지했기 때문에 '나에게 말을 하지 못하게 한다면, 다보스는 끝났다'라면서 자리를 박차고 나가버렸다. 아랍연맹의 사무국장은 일어나서 에르도안에게 무슨 일인지 말하려고 했지만, 그는 상대하지 않고 단상에서부터 나갔던 것이다.

에르도안의 이 대응은 잘 계산된 것이었고, 두 가지 충격을 주었다. 하나는 서유럽 세계를 향한 것인데, NATO 가맹국으로서 미국의 동맹국인 튀르키예가 공개적으로 이스라엘에게 반기를 들었다는 점이다. 또 하나는 팔레스타인의 가자, 미얀마의 아라칸(로힝야가 집중된 지역), 그리고 신강위구르자치구와 같이 무슬림이 불합리한 경우에 처해 있으면 튀르키예 정부가 지원을 위한 구체적인 행동에 나서게 되었다는 점이다. 이슬람 세계에 있으면서 서유럽 세계의 일원이 되고자 했지만, 받아들여지지 않았던 튀르키예는 이를 계기로 변화해 갔다. 수니파 이슬람 세계의 리더를 지향하게 된 것이다. 그러나 이것이 국가로서 패권을 장악하려 한 것은 아니다. 세계의 수니파 무슬림 중 그 누가 보더라도 이슬람적으로 올바른 것을 위정자가 행한다는 의미에서의 리더이다.

물론, 경제력에서 우위에 서 있는 사우디아라비아 등 아랍의 대국은 이러한 태도를 불쾌하게 바라보고 있다. 사우디아라비아의 무함마드 빈 살만 황태자는 자국에서는 매우 보수적인 살라피주의(외부에서는 와하브파라고 부르는 경우가 많다)를 완화하면서 서유럽에 개명적인 개혁자로서

의 모습을 어필하고 있지만, 한편으로는 이웃 국가 예멘
의 내전에 개입하여 수많은 아이들을 궁지에 몰아넣었던
당사자이다. 즉, 미국과 유럽을 향한 얼굴을 하면서 이슬
람의 근본적 도덕에 반하는 무도한 행위를 주저하지 않
는다. 당연히 에르도안 정권은 사우디아라비아의 젊은
왕자에 대해 매우 준엄한 비판을 가하고 있다.

가자 지원 선박 습격 사건

2010년 5월 31일, 튀르키예를 중심으로 여러 국가의
활동가가 참가하여 팔레스타인의 가자에 음식과 의약품
등 물자를 반입하려 했던 국제 NGO 지원 선박 '마비 마
르마라 호'(푸른 마르마라해라는 의미)가 공해상에서 이스라엘
해군에 의해 급습을 받는 사건이 발생했다. 사망자가 10
명에 달했다. 국제 NGO라고는 했지만, 튀르키예의 인도
지원재단 İHH(İnsani Yardım Vakfı)가 중심이었고 이스라엘
군대에 의해 살해된 사람도 튀르키예인 활동가였기 때문
에 튀르키예와 이스라엘의 외교 관계는 단숨에 악화되었
다. 에르도안 총리가 이 공격에 격렬하게 반발했던 것은

말할 것도 없다.

당시 다우트오을루 외무장관은 곧바로 국제연합 안보이사회에 긴급 소집을 요청했고, 이스라엘에 대한 비난 성명을 채택시키는 것에 성공했다. 가자는 사실상 봉쇄되었고, '열린 감옥'의 상태였다. 이를 어떻게든 처리해보려고 지중해 방면에서부터 NGO가 들어가려고 했지만, 이스라엘 해군은 이를 거부하고 나포하겠다고 경고했다. 튀르키예의 외무부도 이스라엘과의 관계 악화를 염려했지만, 이 NGO는 에르도안 총리를 필두로 하는 정부 수뇌의 의향에 따라 지원을 위한 항해를 강행했다. 따라서 다분히 정치성이 강한 사건인데, 이스라엘로서는 공해상의 습격이었기 때문에 변명이 허용될 수 없었고 결과적으로 2013년에 오바마 대통령의 중개로 튀르키예에 대한 사죄와 배상금 지불을 받아들일 수밖에 없었다.

이 사건은 가자의 봉쇄라는 방치되었던 문제로 세계의 관심을 끄는 것에 성공했을 뿐만 아니라 전통적으로 친미인 이스라엘과도 우호적인 관계를 유지했던 튀르키예가 중동의 여러 문제, 특히 무슬림이 학대를 당하는 상황에 대해서 결연한 태도를 취한다는 것을 보여주었다.

튀르키예의 존재

앞서 서술했듯이 2011년에 시리아 내전이 시작되자 에르도안 총리는 자국민을 무차별적으로 살육했던 아사드 정권의 포학함을 엄준하게 비판했다. 내전의 희생자 다수는 수니파 무슬림이었고, 당연히 튀르키예는 도망쳐서 튀르키예로 온 사람들을 받아들였다.

에르도안 자신은 가혹한 운명에 시달렸던 난민들을 비판하거나 배척하지 않았다. 에르도안이라는 정치가는 이슬람주의 포퓰리스트이기 때문에 빈곤층이나 전쟁의 참화를 겪은 사람들에게 다가가는 자세를 바꾸지 않았다. 그의 포퓰리즘은 일국주의에 근거한 것이 아니다. 아프리카의 소말리아부터 미얀마의 로힝야까지 이슬람 세계에서 폭넓은 민중의 지지를 모았던 것이다.

2015년에 절정을 맞이했던 유럽의 난민 위기는 실제로 조금도 해소되지 않았다. EU에 인접한 튀르키예에는 여전히 358만 5천 명의 난민이 체류하고 있다. UNHCR에 등록되어 있는 중동 여러 국가의 시리아 난민이 554만 4천 명에 달하고 있다(UNHCR, 2020년 6월 11일). 만약에 튀르키예가 EU 가맹국이 되었다면, 난민의 거센 흐름에 의해 유럽 각 국가에서 배외주의가 고조되는 일은 없었을지도 모르겠다.

2006년 12월, EU가 튀르키예의 가맹 교섭 중단을 발표하고 얼마 지나지 않아서 필자는 당시 근무하고 있었던 히토쓰바시 대학교의 세미나 학생과 함께 당시의 압둘라 귈 외무부 장관(이후에 대통령이 됨)을 만났다. 그날, EU와의 교섭 결렬로 인해 튀르키예의 가맹에 긍정적이었던 영국의 블레어 총리와 독일의 슈뢰더 정권에서 외무부 장관을 역임했던 요슈카 피셔도 앙카라를 방문했다. 그 틈에 일본의 학생들에게 말했던 EU 교섭에 대한 귈 외무부 장관의 생각을 아래에 발췌해서 번역한다.

튀르키예는 유럽과 아시아 두 대륙에 걸쳐 있는 국가입니다. 그 점에서 튀르키예는 현실에서 유럽과 아시아의 가교입니다. 유럽은 기독교 사회, 그리고 아시아와 우리 나라에는 커다란 이슬람 사회가 존재하고 있습니다. 그 의미에서도 튀르키예는 서유럽과 이슬람이라고 하는 두 문명사회의 가교 역할을 맡은 중요한 국가입니다. 우리와 EU의 관계는 전략적 기반에 근거를 두었고, 1960년대에 관계가 시작되었습니다. 즉, 대략 반세기에 걸쳐 우리는 유럽과의 통합을 목표로 나아갔던 것입니다.

긴 여정을 거쳐 튀르키예는 1995년에 EU의 관세동맹에 참가(발효는 1996년)했습니다. 가맹 이전에 EU와의 관세동맹을 체결했던 국가는 튀르키예뿐입니다. 이는 대담한 결단이었고, 곤란함을 수반하는 길이었습니다. 그 이후, 1999년에 정식 가맹 교섭의 후보국이 되었고 2004년에는 정식 가맹 교섭의 개시가 결정되어 2005년부터 교섭이 개시되었던 것입니다.

튀르키예는 무슬림의, 근대적인, 그리고 민주주의를 실천하는 국가입니다. 이 점에서도 커다란 역할을 맡고 있습니다. 튀르키예가 EU로부터 부과되었던 과제를 달성하면, 가맹국의 불안도 불식시켜서 그들은 튀르키예에 대한 정책을 바꾸게 되겠지요. 우리는 확신을 가지고 가맹 교섭의 길로 계속 나아갔습니다.

우리는 역사 속에서 '아시아인'임과 동시에 유럽의 깊숙한 곳에도 위치했습니다. 튀르키예공화국 이전에 오스만제국이 있었습니다. 오스만제국의 영토는 유럽 전역의 절반을 차지했고, 500년 이상에 걸쳐 통치를 했습니다.

역사적으로는 바람직했던 것도, 슬퍼해야 하는 것도 있었던 것이 사실입니다. 그러나 이 기간에 오스만인은 통치를 통틀어서 억압적이지는 않았습니다. 만약 500년 이라는 기간에 오스만제국이 억압자로서 행동했다면, 민족과 종교 그리고 언어를 잊어버리게 만들어서 동화를 도모했겠지요.

그러나 오스만제국 지배하의 사람들은 자신들의 언어, 종교, 민족적 정체성을 유지했습니다. 즉, 오스만제국의 통치에는 아주 큰 관용의 정신이 있었던 것입니다. 아프리카와 마그리브(북아프리카)에서도 400년에서부터 500년에 가깝도록 통치를 했는데, 하나의 언어도 소멸시킨 것이 없었습니다. 그러나 우리 뒤에 나타났던 유럽인들은 불과 30년에서 40년 사이에 현지 사람들의 언어를 망각하게 만들었고, 정체성을 잃게 만들어버렸습니다. 동화시켰던 것입니다.

저는 이렇게 말하고 싶습니다. 수백 년 동안 우리는 유럽의 일부였습니다. 유럽과 우리는 과거 50년(EU 가맹 교섭 개시 이후)의 관계가 아닙니다. 그것만의 관계가 있었던 것이 아닙니다. 과거 500년 동안 유럽의 중앙에 있었고, 발 하나를 유럽에 들여놓고 있었습니다.(압둘라 귈 외무부

장관과의 인터뷰 발췌 번역. 2006년 12월 15일. 번역은 필자)

4장

이슬람 세계의
혼미

1. '이슬람국가'란 무엇이었는가?

'이슬람국가'의 탄생

2015년부터 2017년에 걸쳐서 유럽 여러 국가는 연이은 테러로 타격을 입었다. 사건의 대부분은 사후에 자칭 '이슬람국가'가 범행을 칭송하는 메시지를 내거나 자신들의 전사가 범행을 저질렀다는 성명을 내놓았고, 세계에서는 '이슬람국가'에 의한 테러로 알려졌다.

사건이 발생했을 당시에 '이슬람국가'는 시리아와 이라크에 걸친 영역을 지배하고 있었고, 미국을 중심으로 하는 유지연합군은 물론이고 러시아 군대, 쿠르드 무장 세력 등과 격렬한 전투를 지속하고 있었다. 처음에는 이라크에서 탄생하여 순식간에 내전을 이용하여 서쪽의 시리아로 세력을 확대했던 것이다.

'이슬람국가'는 2014년 6월에 건국을 선언했던, 이슬람에 의해 통치하는 수니파의 '국가'였다. 일본 정부는 그들이 그 이전에 칭했던 ISIL(Islamic State in Iraq and Levant), 즉 '이라크와 레반트의 이슬람국가'라는 호칭을 사용했다. 레반트라고 하는 것은 일본에서는 들을 수 없는 지명인데 지금의 시리아, 레바논, 요르단, 팔레스타인 등의 지역을 나타내는 호칭으로 예전에 유럽이 만들었던 것이다. 미국이 그렇게 부르기 때문에 일본 정부는 그것을 답습했을 것이다.

아랍 여러 국가와 튀르키예에서는 '이슬람국가'를 부정적으로 사용할 때에는 '다이시'라고 부른다. 다이시도 본래는 아랍어 Dawla al-Islamiya fi Iraq wa al-Sham(이라크와 샴의 이슬람국가)의 머리글자를 따서 형성된 말로, 샴이라는 것은 시리아와 레바논 등의 지역(현재의 시리아를 확대시킨 지역)의 호칭이다. 이 자체로는 특별히 부정적인 의미가 없지만, 아랍어에서 다이시라고 하면 매우 모멸적인 의미가 들어가는 말이 되기 때문에 '이슬람국가'를 거부하는 국가는 다이시를 사용했다.

이 책에서 '이슬람국가'와 같이 작은따옴표로 표시한 것은 일반적으로 알려진 국가, 즉 주권과 영역을 보유한 국민국가와는 다르기 때문이다. 그리고 이슬람(교)의 국가라는 의미와 혼동되는 것을 피하기 위한 목적도 있다.

물론, 미국과 유럽 여러 국가 등 비이슬람권에서는 '이슬람국가'를 국가로서 인정하는 의견이 전혀 없다. 테러와 잔인한 행위가 세계의 주목을 받게 되자 무슬림 중에서도 '이슬람국가'는 이슬람과는 아무런 관계도 없고, 잔인한 전투원들은 무슬림이라고 할 수조차 없다고 단언하는 사람들이 많아졌다.

그렇다면, '이슬람국가'란 무엇이었는가? 현대 세계에서는 국가의 3요소로서 영역, 주권, 국민을 언급하는데 이슬람에서는 주권이라고 하는 것이 신에게 있기 때문에 국민에도 국가에도 주권은 없다. 국가가 국민으로부터 이루어진다는 관념도 없다. 완전히 이슬람의 원리에 따라서 통치하는 '국가'라는 것이다. 그리고 예언자 무함마드의 대리인으로서 칼리프를 추대하여 아부 바크르 알바그다디라는 인물이 즉위했다고 2014년 6월 29일에 선언했다.

무슬림이 아닌 사람들에게 있어서는 너무 어처구니가 없는 말이었지만, 다수의 무슬림에게 있어서도 시대착오적인 과격한 사상으로밖에 보이지 않았다. 이 책에서는 깊이 파고들지 않겠지만, 시아파는 완전히 다른 통치 원리에 근거하여 무슬림을 통솔하기 때문에 본래부터 '이슬람국가'와는 양립할 수가 없다. 그러나 1,400년 전에 이슬람이 탄생했던 시대에는 당연히 현대와 같은 국가가 존재하지 않았다. '이슬람국가'는 초창기의 이슬람에 충

실한 국가상을 토대로 그것을 현대 세계에 실현하고자
한 것이기 때문에 세계의 국가 질서와는 정면으로 부딪
치게 되었던 것이다. 게다가 그들이 신봉하는 이슬람의
국가를 실현하기 위해서 매우 폭력적이면서 잔인한 수단
을 사용했기 때문에 많은 무슬림으로부터도 기피와 혐오
의 대상이 된 것이었다.

이슬람의 사고방식과 다른 점

　이슬람에는 인종이나 민족에 의해 사람을 구분하는 사
고방식이 없다. 따라서 같은 민족으로 국가를 만든다는
민족국가의 사고방식이 없다. 신도의 공동체(움마)가 국
가를 이루고, 그중의 무슬림이 국민이 되는 것이다. 그
정점에 위치한 사람이 칼리프(예언자의 대리인)이다. 물론,
다른 종교의 신도가 있어도 상관이 없지만 무슬림이 통
치자인 경우 유대교도나 기독교도, 즉 다른 일신교도가
납세의 의무를 담당하는 것과 그 대가로 보호민이 되는
것을 받아들이면 그 지역에 거주하게 하는 불평등한 공
존이 이루어진다. 이슬람의 국가였던 오스만제국의 수

도 이스탄불이나 발칸반도에서도 기독교도나 유대교도가 일상적으로 거주할 수 있었던 것은 그 때문이었다.

'이슬람국가'가 건국을 선언하기 이전에 이라크도 시리아도 이슬람의 법에 의한 통치와는 아무런 관련이 없었다. 그래서 '이슬람국가'의 통치 아래로 들어가자 기독교도나 유대교도는 이슬람으로 개종하거나, 세금을 납부하는 대가로 보호민이 되거나, 싸우거나 혹은 그 지역에서 나가게 된다. 이 점은 이슬람법학자인 나카타 고(中田考)가 실제로 '이슬람국가'를 방문했을 때의 기록(『이슬람국가 방문기』, 현대정치경제연구사, 2019년)에도 적혀 있는데, 기독교도라는 이유만으로 처형되는 것과 같은 일은 없었다.

'이슬람국가'에 의해 잔인한 박해를 받았던 것으로 알려진 야지디인들은 일신교도로 간주되지 않았거나 혹은 영역 밖으로 나가는 것을 거부했기 때문에 '이슬람국가'에 의해 온갖 포학한 피해를 입게 되었다. 그들에 대한 박해를 정당화할 여지는 없다. '이슬람국가'는 과거의 이슬람 국가였던 오스만제국과 같이 이교도와의 공존을 위한 방책을 생각한 적도 없고, 오로지 멋대로 행동하고만 있어서 이것이 세계로부터 혐오를 받은 원인의 하나가 되었던 것이다.

이슬람에 의한 '국가'란?

이슬람은 7세기에 아라비아반도에서 탄생하였고, 예언자 무함마드도 아랍어를 모어로 하는 아랍인이었기 때문에 아랍 민족이 우월하지 않을까라고 생각하는 경우가 많지만 이슬람에는 민족에 따른 우열 관념이 존재하지 않는다. 무슬림이 되기 위해서는 유일한 절대자로서의 알라(신)만을 신봉하고, 무함마드가 지고(至高)의 사도(使徒, 예언자)라는 것을 받아들이면 되는 것이다.

신(알라)으로부터 무함마드에게 내려진 계시는 아랍어였기 때문에 이를 편집한 성전인 『쿠란』도 당연히 아랍어로 되어 있다. 게다가 기독교의 성서와 같이 번역된 것은 성전으로 인정하지 않기 때문에 당연히 아랍어를 모어로 하는 사람들이 배우기 쉽지만, 그것이 사회적인 신분 격차와 같은 것으로는 연결되지 않는다. 어느 국가, 어떤 민족에 속해 있어도 유일신 알라(신)에게 귀의하고 아랍어를 습득하여 『쿠란』과 예언자의 언행록인 『하디스』(몇 가지 종류가 진정한 것이라고 평가를 받는다)를 정확하게 원전으로 읽고 암기하며 1,000년에 걸쳐 전개되었던 무수한 신학, 법학의 책을 읽으면 학식을 갖출 수 있다. 절대로 어설프게 공부를 할 수는 없는데, 아랍인이라고 하더라도 이를 다 공부하는 것은 불가능하다. 일본인이든, 튀르키예인이든, 인도네시아인이든 중요한 것은 아랍어를 완벽히 공부한 상황에서 이슬람의 학문을 수학하면 차별도 없고 학식을 존중받게 된다.

일반적인 무슬림은 『쿠란』과 『하디스』에서 일상생활의 원칙을 찾으려고 생각을 하더라도 방대한 분량 때문에 반드시 자신의 의문에 직접적인 답을 내놓는 문장을 간단하게 찾는 것이 아니다. 그래서 선생이 필요하다. 그 선생이 법적인 해석에 능숙하면 법학자인 것이고, 내면의 신앙 문제에 능숙하면 신학자가 되는 것이다. 이슬람에는 신을 대신하여 죄를 용서하는 성직자와 같은 존재가 없고, 교황을 정점으로 하는 가톨릭과 같은 교회도 없다. 그렇기 때문에 선생이 중요한 역할을 맡는 것이다.

그러나 현실에서 무슬림이 살고 있는 '국가'는 대부분 세속의 국가이다. 세속의 국가가 '자격'을 부여한 이슬람의 선생이 전문가인가에 대해 말하면, 학식은 전문가이더라도 정치적인 의견은 이슬람을 왜곡하면서까지 국가에 따를 가능성이 있다.

세속국가로서 궁극의 존재가 튀르키예인데, 헌법에도

세속의 국가라고 명기되어 있다(3장 참조). 현재는 이슬람적인 복장은 입고 싶으면 입어도 되어서 강제되는 측면이 없고, 이슬람에서는 큰 죄로 여기는 음주에도 법적인 규제는 없다. 그런 튀르키예에서 국가기관인 종무국의 공무원이 아니라면 모스크에서 예배를 지도할 수 없고, 이슬람에 관한 설교도 할 수 없다. 말하자면, 이슬람의 국가 통제인데 현재 여러 국가 체제라고 하는 것이 이슬람과는 관계가 없는 영역국민국가이고 주권국가로부터 성립된 것이기 때문에 그렇게 되어버린 것이다.

거꾸로 이슬람의 국가에 가장 가까운 곳은 사우디아라비아와 같이 이슬람의 국가를 칭하는 나라이다. 그럼에도 불구하고, 이슬람의 원칙으로만 국가를 통치하지 않는다. 이러한 절충형의 '적당한' 무슬림의 국가를 전면적으로 부정하려는 것이 '이슬람국가'였다. 그래서 그들은 미국과 유럽 여러 국가는 물론이고, 무슬림의 국가를 적대시했고 심지어 무슬림을 신앙에 충실하지 않다고 간주하여 처형했던 것이다.

트럼프 정권과 아랍 여러 국가의 관계

2017년 12월, 미국의 트럼프 대통령은 예루살렘을 이스라엘의 수도로 승인하고 그때까지 텔아비브에 있던 미국 대사관을 예루살렘으로 이전시켰다. 이 문제는 세계에 충격을 주었다. 오랫동안 이스라엘 스스로는 수도가 예루살렘이라고 주장했지만, 국제연합 안전보장이사회 결의 242호에 의해 1967년의 제3차 중동전쟁으로 이스라엘이 아랍 측으로부터 탈취하여 점령했던 땅에서는 철수하도록 되어 있다. 예루살렘에 대해서도 그 귀속이 이스라엘, 팔레스타인 쌍방에 의해 결정될 때까지 이스라엘의 수도가 아니라는 것으로 되어 있었다. 그래서 세계 국가들은 대사관을 텔아비브에 두었던 것이다.

여기에 트럼프 대통령이 쐐기를 박았다. 물론, 팔레스타인 사람들은 물론이고 전 세계의 무슬림은 강력하게 반발했다. 이슬람의 성지인 예루살렘이 이스라엘의 손에 의해 빼앗겼다는 것에 대한 분노도 있었고, 조금도 권리를 회복할 수 없는 팔레스타인 사람들에 대한 약자 구제의 분위기가 횡포를 부리는 트럼프 정권을 향한 적대감이 되어 나타났다.

그런데, 세계를 뒤흔들었던 트럼프 대통령의 이러한 결정에 대해 사우디아라비아는 어떻게 했을까? 예전이라면 아랍 여러 국가의 맹주 중 하나로서 비난을 했겠지만, 대체로 적당히 반대 의견을 말하기만 하고 침묵했다. 아랍에미리트도 마찬가지였다. 이집트도 반대를 표명했지만, 곧 침묵해버렸다. 즉, 사우디아라비아를 필두로 아랍에미리트와 이집트도 트럼프 정권이 이스라엘과 함께 구상한 예루살렘 수도 이전 문제를 정면에서 반대하지 않았던 것이다.

사우디아라비아, 아랍에미리트, 쿠웨이트, 카타르, 바레인과 주로 페르시아만 연안의 산유국에는 미국 군대의 기지가 있고 미국에 의해 군사적으로 지켜지고 있다. 그 중에서도 사우디아라비아, 아랍에미리트, 바레인 그리고 이집트 4개국은 2020년 현재 완전히 트럼프 진영의 동맹국인 이스라엘과도 우호 관계를 맺고 있다.

이전 1960년대와 1970년대 전반까지 이스라엘 대 아랍이라는 대립 구조가 중동 정치의 기본에 존재했는데, 현재는 그것이 소멸되었다. 팔레스타인에 대한 이스라엘의 침략과 전쟁에 대항하여 아랍 여러 국가가 결속하여 싸웠던 것은 1973년의 제4차 중동전쟁이 마지막이었다. 그 이후 아랍 여러 국가는 미국의 군사적 보호를 받는 방향으로 기울어지면서 실질적으로 팔레스타인을 내버려두었다. 예루살렘으로 대사관을 이전하는 문제가 표출되었을 때에 일본의 대중매체 중에서는 제5차 중동전쟁의 시작일 것이라고 염려를 표명했던 경우도 있었지만, 그러한 일은 발생할 리가 없었다. 국가를 뛰어넘는 아랍민족주의는 40년 전에 힘을 상실했던 것이다.

이에 대신하여 이 지역에서 미국의 횡포와 미국에 영합하는 국가들에 대해 이의를 제기하면서 힘으로 대항하려는 것은 '이슬람을 내세웠던 정치 조직'이었다. '이슬람 국가'도 그중 하나였다.

팔레스타인을 배신해버렸던 아랍 여러 국가의 지도자들과는 달리 민중들 사이에는 팔레스타인 사람들과의 연대감이 당연히 남아 있다. 팔레스타인뿐만이 아니다. 1991년의 걸프 전쟁, 2001년의 아프가니스탄 침공, 2003년의 이라크전쟁과 거듭되는 미국과 그 동맹국에 의한 전쟁은 민주주의를 부정하는 권력자만 쓰러뜨린 것이 아니었다. 모두 죄도 없는 무슬림 시민 중에서 어마어마한 숫자의 희생자가 나오고 있다. 세계의 무슬림이 그 점에 분노하는 것은 당연했다. 국가의 지도자들이 권력의 자리를 지키기 위해서 애매한 태도를 계속 취하는 것에 반해 무슬림 민중은 분노를 축적하고 있었다. 그 결과, 무슬림 동포단에서부터 알카에다 그리고 '이슬람국가'에 이르는 이슬람주의 정치 조직이 잇달아 힘을 보유했고 서구 세계에게 있어서 최대의 위협으로 등장했던 것이다.

사우디아라비아는 왜 카타르와 국교를 단절했는가?

사우디아라비아는 2017년에 무함마드 빈 살만 황태자 치하에서 카타르와 국교를 단절했다. 아랍에미리트와 이집트를 같은 편으로 끌어들여서 경제봉쇄도 행했다. 이유는 주로 두 가지였다.

첫 번째는 카타르가 시아파 대국 이란과도 외교 관계를 맺고, 통상을 했던 것이 마음에 들지 않았던 것이다.

두 번째는 무슬림 동포단이라고 하는 이슬람주의 조직을 카타르가 지원했다는 것이다. 사우디아라비아는 여러 국가에서 풀뿌리 이슬람주의 운동의 주역이 되었던 무슬림 동포단을 매우 혐오하고 있다. 반면에 사우디아라비아는 엄격한 신앙 실천을 추구하는 와하브파의 국가이다.

도대체 무엇이 다른 것일까? 우리들이 알기가 어려운 부분이다. 한 마디로 말하면, 와하브파는 사우디아라비아의 지배자인 사우드 가문과 맹약을 맺었을 때에 정치에는 의견을 내지 않겠다고 약속했던 것이다. 그 교의는 '이슬람국가'와 기본적으로 같아서 이슬람 탄생 무렵의 원점으로 회귀하는 것을 지향한다. 원점 회귀를 지향하는 사람들을 살라피라고 한다. 와하브파라는 것은 시조의 이름에서 유래했지만, 통상 자신들에게는 이 명칭을 사용하지 않는다. 지금의 사우디아라비아 국왕의 선조와 왕가를 결코 거역하지 않는다고 약속을 하면서 사우드 왕가의 종파가 되었다. 그래서 교의는 엄격하지만, 사우디아라비아의 왕가가 정치적으로 아무리 이슬람에 반하는 행동을 하더라도 그것은 분쟁의 대상이 되지 못한다. 이것이 와하브파의 정치적인 입지이다.

그러나 세계의 무슬림에게는 사우디아라비아의 사우드 왕가와의 약속 등과 같은 관계가 없으므로 이슬람에 근거하여 세상을 바로잡는 운동을 통해 정치 개혁을 추구하는 사람들이 당연히 존재한다. 무슬림 동포단도 그러한 조직의 하나이기 때문에 사우디아라비아가 경계했던 것이다.

그런데 사우디아라비아에서도 왕정이 이슬람의 교리로부터 지나치게 벗어나 있는 것에 초조함을 쌓아갔던 사람들이 과격한 정치적 행동에 나서게 되었다. 9.11 동시다발 테러 사건의 주모자로 알려진 오사마 빈 라덴도 그중 한 사람이었다.

한편, 무슬림 동포단 쪽은 빈곤한 사람, 약한 입장에 있는 사람들을 위한 활동을 중심으로 삼았지만 무슬림에게 있어서는 상당히 불공평한 사태가 지속되면서 이슬람적인 공정함을 실현하여 체제의 변혁을 추구하는 정치 운동으로 연결될 소지가 다분했다.

카타르의 수장(아미르, 실질적으로는 국왕)인 사니 가문은 선대인 하마드 수장부터 현재의 타밈 수장에 걸쳐 아라비아반도, 페르시아만 연안의 산유국 중에서 정치적으로 독자적인 자세를 취하고 있다. 종교적으로는 와하브파와 마찬가지로 원점 회귀를 지향하지만 국가의 정책으로서는 보기 드문 균형 감각을 가지고 있어서 한편에서는 미국 군대의 중동 최대 기지를 받아들이면서 또 한편에서는 각 국가에서 박해를 받았던 무슬림 동포단의 구성원을 받아들였다.

세계적으로 영향력이 있는 국제위성방송국인 알자지라에는 카타르 왕가가 자금의 태반을 제공하고 있다. 그리고 아프가니스탄의 탈레반이 유일하게 국외에서의 대표부를 가지는 것을 인정하는 국가도 카타르이다. 2019년부터 2020년에 걸쳐서 미국과 탈레반의 평화 교섭이 진행되었는데, 그 무대가 되었던 곳도 카타르였다. 즉, 사우디아라비아와 아랍에미리트와는 달리 이슬람 세계에 대해서도 그리고 미국과 유럽 여러 국가에 대해서도 열린 국가로서의 이미지를 내세우는 특이한 소국이다.

'아랍의 봄'이 초래한 영역국민국가의 붕괴

2010년 12월, 아랍 여러 국가에서 엄청나게 커다란 파도가 일어났다. 시민들이 오랫동안 지속된 독재 체제에 이의를 제기하고, 민주화를 요구하는 운동을 일으키기 시작했던 것이다. 최초는 북아프리카의 튀니지였다. 경찰의 뇌물 요구에 저항했던 청년이 장사에 쓰일 도구인 이동식 점포를 빼앗긴 것에 비분강개하여 분신자살을 시도했다. 이를 계기로 벤 알리 대통령의 정권에 대한 격렬한 항의 운동으로 발전했고, 대통령은 이듬해 사우디아라비아로 망명할 수밖에 없게 되었다. 튀니지는 처음으로 민주적이면서 자유로운 선거를 통해 정권을 선출했다. '재스민 혁명'이라 불리는 이 민주화 운동의 결과, 무슬림 동포단과 가까운 '안나흐다(엔나흐다)'라는 이슬람주의 정당이 41%를 득표하여 제1당이 되었고, 세속주의의 '공화국을 위한 회의'가 13%를 득표하여 제2당이 되었다.

리비아에서도 오랫동안 유지된 카다피 대령에 의한 독재에 종지부가 찍혔지만, 그 이후에도 내전이 지속되었다(2장 2절 참조).

아라비아반도 남단의 예멘에서는 2011년에 30년 이상 권력의 자리에 있었던 살레 대통령이 민중의 반정부 운동으로 퇴진했다. 그러나 그 이후 2015년에 예멘은 더욱 격화된 내전에 빠졌다. 시아파 세력에 속한 압둘말리크 알 후티를 지도자로 하는 집단(후티파)과 살레 대통령의 뒤를 이은 하디 대통령 지지파가 다투었고, 하디 대통령은 이후에 사임했지만 잠정적 대통령으로서 세력을 유지하고 있다. 그러나 남부의 아덴을 중심으로 한 남부잠정평의회도 하디 지지파와는 별도로 독립을 지향하고, 게다가 아라비아반도의 알카에다와 '이슬람국가'도 가담하면서 이제는 누가 누구와 싸우는 것인지 곁에서는 알 수 없을 정도의 혼란에 빠졌다.

UNHCR에 따르면, 예멘에서부터 생긴 난민은 35만 4천 명인데, 도망칠 곳이 없어서 국내 피난민이 된 사람은 360만 명 이상이며 인구의 80%에 해당하는 2,410만 명의 사람들이 식량과 의약품 등 긴급 원조를 필요로 하고 있다(2018년).

후티파의 뒤에는 이란이 붙어 있고, 하디 전 대통령 측에는 사우디아라비아와 아랍에미리트가 함께 하면서 공중폭격을 반복했다. 남부잠정평의회는 아랍에미리트로부터 지원을 받았다. 그리고 예멘 내전에 대해서 국제연합은 세계 최악의 인도적 위기라고 여러 차례 경고했다. 많은 아이들이 굶주림의 재난을 겪고 있고, 콜레라 등 질병으로 신음하고 있으며 끝도 없이 희생자가 나오고 있어 시리아와 똑같은 상황이다.

서아시아에서부터 북아프리카, 서아프리카에 걸쳐 몇몇 국가가 붕괴하면서 사람들은 국경 안에 머무를 수 없게 되었다. 유럽의 난민 위기를 보고 귀찮은 문제라면서 눈살을 찌푸리는 사람들이 많은데, 그전에 이 정도로 국가의 붕괴가 있다는 것을 알아두지 않으면 안 된다.

이집트에서 30년 이상 독재를 지속했던 무바라크 대통령 치하에서 무슬림 동포단은 정당을 만드는 것이 금지되어 있었지만, 조직은 생명을 유지했고 오로지 혜택을 받지 못한 아이들의 교육, 빈곤층을 향한 의료 활동 등을 실행했다.

오랫동안 유지된 무바라크 대통령의 독재를 타도하려는 이집트 시민의 운동은 2012년 2월에 대통령이 사임하는 형태로 혁명을 달성했다. 그해 6월에는 자유롭고 민주적인 선거가 처음으로 실시되어 무슬림 동포단을 토대로 삼았던 자유·공정당의 모르시 대통령이 탄생했다. 그러나 부유층, 세속적 엘리트, 군부는 이슬람주의 대통령을 혐오했고 그를 몰아내고자 했다. 그리고 1년 후인 2013년 7월 3일에 군부가 쿠데타를 일으켜 정권을 장악하고 모르시 대통령을 해임하고 체포했다. 또한 무슬림 동포단 관계자를 연이어 체포하고 소추했다. 8월 14일에는 모르시 지지파 시민이 모인 라바아 광장과 라바아 알아다위야 모스크가 포위되면서 지지파 중 다수에서 사망자와 부상자가 속출하는 사태가 발생했다. 쿠데타를 일으켰던 국방 장관 압둘파타흐 앗 시시(이하 시시)는 무슬림 동포단을 테러 조직으로 간주하고 격렬한 탄압을 지속하고 있다. 이때 사우디아라비아와 아랍에미리트 등은 시시의 쿠데타를 지지했다. 그러나 카타르와 튀르키예는 쿠데타를 비판했다. 그리고 무슬림 동포단 계열의 활동가와 지식인을 받아들였다. 그래서 카타르, 튀르키예와 사우디아라비아, 아랍에미리트의 관계가 매우 악화되었던 것이다.

이집트의 민주화를 방기한 미국과 유럽 여러 국가

모르시 정권 탄생 당시에는 지지율이 60%대 후반까지 도달했지만, 1년도 지나지 않아 지지율이 급락했다. 그것은 빈곤층에 대한 효과적인 경제정책이 나오지 않았던 것에 더하여 동포단 계열의 인물을 국가의 행정기관에 배치하는 등의 인사 문제가 있었기 때문이다.

그런데, 모르시가 정권의 자리에 취임했던 것은 2012년 6월 30일이었고 쿠데타는 이듬해 7월 3일에 일어났다. 불과 1년 만에 30년 이상 독재를 지속했던 무바라크 정권 휘하에 있었던 행정조직을 바꾸어서 이권의 구조를 근본적으로 변화시키는 것이 가능할 리가 없었다.

경제정책에서도 재원의 확보를 위해서 군대의 산하에 있던 기업으로부터 세금 징수를 강화해야 했고, 외국으로부터의 지원도 구하지 않으면 안 되었다. 그러나 이러한 모든 직무들에 군대와 밀접한 관계자들이 있었기 때문에 군대가 모르시를 위협이라고 파악했던 순간에 이미 모르시로부터 권한을 박탈하기 위한 공작이 시작되었을 것이다.

그리고 군대와 함께 무바라크 정권 아래에서 풍요로운 생활을 누려왔던 부유층에게 있어서도 사정은 마찬가지였다. 그들도 오랫동안 빈곤층에 대한 교육 지원, 복지, 의료 등에서 큰 공헌을 했던 무슬림 동포단이 정권을 잡으면, 자신들로부터 돈을 거두어들이리라고 예측할 수 있었다. 그래서 군대에 의한 모르시의 몰락을 환영했던 것이다.

그뿐만이 아니다. 서구적 교육을 받았던 좌파나 자유주의 지식인은 이슬람이라는 것이 정치에 유입되는 것을 '퇴행적' 현상이라고 생각하고 있었다. 그들이 서구적 학식과 교양을 몸에 지니고 있을수록, 정치에 이슬람적 윤리와 공정의 관념이 반영되는 것을 혐오했다.

한편, 빈곤층이어서 교육을 받지 못한 사람들이 '사회적 공정은 도대체 어디에 있는가?'라고 목소리를 내는 것은 당연했다. 그들에게 있어서 무엇이 올바르고 무엇이 틀린 것인지에 관한 도덕의 근간은 이슬람 이외에는 없다. 종교에 따르지 않고도 사회적 도덕을 가르칠 수 있는 곳은 서구와 일본을 포함하여 세속주의가 침투한 사회에 한정되는 것이다.

그렇기 때문에 튀니지에서도 이집트에서도 독재 체제가 타도되어 자유로운 정치가 회복되었던 순간에 이슬람을 정치에 반영하려는 이슬람주의의 정치 세력이 민중의 지지를 얻었던 것이다.

소수의 엘리트와 강대한 폭력 장치인 군부의 손에 장악되어 왔던 상태에 대해 침묵하고 따르는 것은 민주주의의 근간을 부정하는 것이고, 민중에게 있어서는 불공정한 것이다. 미국의 오바마 대통령은 당초에 민주적인 선거로 선출된 모르시 정권을 군대가 전복시킨 것에 불쾌감을 표시했고, 이집트에 대해서 연간 10억 달러가 넘는 군사적 지원을 동결했다. 단명으로 종결된 모르시 정권은 팔레스타인의 가자와의 경계를 개방했다. 오랫동안 '열린 감옥'으로 불리면서 외부 세계와 왕래하는 자유를 박탈당했던 가자 사람들은 이것이야말로 최초의 공정한 일이 이루어졌다면서 기뻐했다. 그런데 여기에 이스라엘이 강력하게 반발했다. 과격파인 하마스가 가자에서부터 이집트로 들어가면, 무기가 이집트로부터 그들의 손으로 건너가서 그것이 이스라엘 공격에 사용될 것이라는 공포가 있었던 것이다.

이스라엘에게 있어서 중요한 파트너인 이집트를 궁지로 몰아서는 안 된다고 하는 의견이 의회 내에서 강력하게 제기되었고, 오바마 정권 아래에서도 이집트가 무너지지 않도록 이집트에 대한 원조가 원래대로 복구되었다. 그리고 트럼프 정권은 이스라엘의 방어를 위해서는 이집트에 이슬람주의 세력이 대두하는 것은 어떻게 해서라도 막아야 할 필요가 있다는 점에서 시시 대통령과 일치하고 있다.

유럽 여러 국가의 태도도 마찬가지여서 당초에는 쿠데타에 의한 권력 탈취를 비판할 것으로 보였지만, 그 1년 후에는 '이슬람국가'가 대두했기 때문에 '테러 조직'과 싸우는 시시 군사정권의 주장을 인정하는 방향으로 방침을 전환해버렸다.

'테러 조직'이라는 말을 사용할 때에는 신중해야만 한

다고 필자는 생각하고 있다. '이슬람국가'를 필두로 자기의 주장을 실현하기 위해서 어떠한 주저함도 없이 폭력적 수단을 선택하고, 게다가 그것으로 일반 시민을 돌연 공포에 빠뜨리며 희생자가 나오더라도 달성하려고 한다면 테러 조직이라고 해도 상관이 없다고 생각한다. 그러나 무력에서 압도적인 격차가 있는 권력자에게 대항하기 위한 폭력의 행사, 그리고 그것이 일반 시민을 향한 돌발적인 폭력으로 향하지 않는다면 '테러 조직'이라고 단정할 수 없다. 물론, 폭력적인 저항이 없이 민의를 실현할 수 있다면 폭력의 행사는 허용될 수 없지만, 현실의 중동-이슬람 세계에는 너무나도 무도한 정권이 많다. 2019년 6월, 모르시는 자신의 재판을 위해 법정에 나왔고 그 자리에서 사망했다.

무슬림의 생각

한때는 '아랍의 봄'이라고도 불렸던 민주화 요구의 운동을 무슬림은 어떻게 바라보고 있었을까?

이집트의 국민이든, 다른 나라의 국민이든 오랫동안

유지된 독재 정권을 타도하고 자유로운 선거가 실현되었던 것을 부정적으로 파악하는 무슬림은 없다. 무슬림이 민주주의를 이해하지 못한다고 하는 것은 전혀 사실이 아니고, 누구라도 민의가 정치에 반영되기를 바란다. 그래서 이집트의 민주화는 기쁜 일이 아닐 수 없었다. 다만 무슬림 동포단의 승리에는 무슬림의 의견도 갈라졌다. 이슬람에 토대를 두는 정치는 싫다고 생각하는 무슬림도 있고, 이슬람에 토대를 두는 정치를 시행해야 한다고 생각하는 무슬림도 있다. 선거에서 무슬림 동포단이 승리했다는 것은 이슬람을 정치에서 활용하기를 원하는 민중이 다수를 차지했음을 보여주고 있다.

현재 세속적 국가에서 보편적으로 여겨지는 민주주의의 가치와 법칙에서 보면, 이 승리는 존중되어야 하는 것이었다. 무슬림 동포단의 통치가 실패했다면, 선거에서 부정하면 되는 것이다. 그러나 정권이 군대의 힘에 의해 무너졌다. 세계의 무슬림 중에도 이러한 움직임에 매우 실망한 사람들이 적지 않았다.

실제로 광범한 지지를 얻었던 '이슬람국가'

무슬림에게 있어서 올바른 이슬람의 국가가 없다는 불만은 '이슬람국가'를 필두로 하는 '이슬람 과격파'를 탄생시키는 원동력이 되었다. 잔학한 행위와 테러는 사실이고, 국제사회가 '이슬람국가'의 존재를 허용하지 않았다는 점은 이미 서술했다.

그러나 의외로 세계의 무슬림 중에서는 '이슬람국가'를 지지하는 사람들이 상당수 존재했다. 미국의 퓨 리서치 센터가 2015년 11월 17일 날짜로 공표했던 조사에 따르면, 나이지리아에서 14%, 말레이시아와 세네갈에서 11%, 파키스탄에서 9%, 튀르키예에서 8%의 사람들이 '이슬람국가'에 호감을 가지고 있다고 답변했다.

나이지리아의 인구는 1억 8,600만, 말레이시아는 3,200만, 세네갈은 1,540만, 파키스탄은 1억 9,000만, 튀르키예는 7,900만이다. 이 조사는 무슬림 여러 국가에서 '이슬람국가'의 지지율이 낮다고 결론을 냈지만, 지지자의 숫자를 보면 엄청나게 많은 것이다. 나이지리아에서 2,600만, 파키스탄에서 1,700만, 튀르키예에서도 640만 명의 지지자가 있다는 것이기 때문이다. 기존의 국가라고 하는 것이 이슬람을 올바로 실천하지 않는 것에 대해 강한 불만을 가진 무슬림이 상당수 존재했음을 의미하고 있다.

이슬람은 장대한 법체계를 보유하고 있다. 일상생활의 가족법에 관한 것에서부터 계약과 같은 상법(商法)에 관한 것, 그리고 전쟁 시기의 국제법에 해당하는 것까지 모든 것이 망라되어 있다. 모두 성전『쿠란』혹은『하디스』에 전거가 있다면, 그것에서부터 벗어나는 해석은 할 수 없다. 전거가 없다면, 논리적으로 도출하는 것의 여부는 법학자의 합의가 있는지 없는지가 세밀하게 검토되면서 법 해석이 이루어진다. 국가의 법이라는 것은 국가에 의해서 만들어졌다는 것이 다른 점이다. 그런데 이슬람의 법은 국가에 의한 다양성을 전제로 하지 않기 때문에 보편적이면서 세계적일 수 있다. 인도네시아의 무슬림에게 금지되고 있는 것이 튀르키예의 무슬림에게 허용될 수 없는 것이다.

그러나 현실에서는 국가의 법, 그중에서도 헌법이 이슬람의 법보다 우위를 차지해버렸다. 그러면 진정한 의미에서 이슬람의 국가라고 할 수 없지만, 무슬림 세계의 태반이 유럽 열강의 식민지로부터 독립했을 때에 모든 종주국이 남겨놓은 것으로 영역국민국가로서의 체재(體裁)를 정비하고 서구의 세속법을 도입했기 때문에 무슬림에게 있어서 가장 숭고한 법이어야 하는 이슬람은 가족법 등 사적인 영역에만 남아 있게 되었다.

현실 세계에서 살아가는 무슬림의 입장에서 말하자면 사람들이 만든 국가의 법과 신이 정한 이슬람의 법 중에서 어느 쪽이 우위에 있는 것일까? 양자는 원칙적으로는 양립할 수 없다.

그럼에도 사람이 만들었던 국가의 법 아래에서 살고 있고, 그다지 불만을 느끼지 않는다면 잘 된 것이라고 할 수 있다. 그러나 현실의 무슬림 여러 국가에는 문제가 산적해 있다.

권력의 정점에 있는 사람, 부의 정점에 있는 사람은 신에 의해 그 지위를 받은 것일 뿐으로, 자신의 재치와 힘 때문에 그렇게 된 것이 아니라고 하는 자각을 잊어버리는 문제가 발생한다. 이슬람에서는 금지된 행위를 반복하는 왕족들의 비행(非行), 권력과의 결탁을 통해 재부를 축적하고 그 지위를 지키고 있는 정상(政商)들의 존재는 반드시 무슬림 민중의 분노를 사게 된다. 그리고 이슬람에서는 이자(利子)가 금지되어 있다. 그 취지는 간단하게 말하면, 자고 있는 사이에 돈이 늘어나거나 줄어든다는 것은 이상한 감각인데 현대에도 그 본질에는 변함이 없다. 아랍의 산유국은 석유에서 나오는 수입으로 거액의 이득을 얻으면서 그 돈을 이슬람과는 관련이 없는 금융 시장에서 운용하고 있다. 자국에서 일하는 노동자는 방글라데시, 필리핀, 네팔 등에서 온 외국인에 의존하는데 노동환경은 열악하다고 보도되고 있다.

무슬림 세계의 국가들은 이러한 격차나 불평등을 완전하다고 말해도 좋을 정도로 시정한 적이 없었다.

무슬림 스스로가 다수를 점하고 있는 국가에서 이슬람의 법이 실시되지 않고, 이슬람의 근간을 이루는 약자 구제도 이루어지지 않아 문제가 방치되어 왔다. 게다가 무슬림 동포들이 엄청난 고통 속에 있는데도 기존 무슬림 여러 국가는 아예 도움을 주지 않았다고 할 수 있다. 팔레스타인 문제가 그 필두에 있는데, 현재 무슬림 여러 국가의 정부는 팔레스타인 사람들이 과격해지는 것을 억제하는 데에는 열심이지만, 이스라엘의 '점령'이라는 문제의 근간을 해결하려고 하지는 않는다.

칼리프가 존재하지 않는다는 것

'이슬람국가'를 지지하는 사람들이 수니파 무슬림 사이에 상당히 존재했다는 것은 이러한 배신감과 실망감이 오랫동안 쌓이고 쌓인 결과였다. 그들에게 있어서 가장 본질적인 문제는 예언자 무함마드의 대리인이 되어 통치하는 칼리프가 존재하지 않는다는 것이었다. 시아파는 통치의 원리가 다르기 때문에 여기에서는 다루지 않겠다.

칼리프, 혹은 칼리프 치하에서의 통치를 일컫는 칼리프제는 실제로 90년쯤 전까지도 존재했다. 최후의 칼리프는 오스만제국의 붕괴로 인해 폐위되었던 압둘메지드 2세(재위 1922~1924)이다. 칼리프는 이슬람의 정통 계승자이고, 그렇기 때문에 이슬람이 보유한 장대한 법체계에 대해서 수니파 무슬림 전체에게 판단을 보일 수 있는 사람이기도 하다. 그 법에 근거하여 정치권력의 정점에 서 있는 것이다. 간단하게 말해서 칼리프가 없으면, 무엇이 이슬람적으로 올바른 것인지, 무엇이 잘못된 것인지, 수니파 사람들을 향해 명령을 내리는 사람이 존재하지 않는 것이 된다.

영역국민국가로 구성된 현재 세계에서는 무슬림 전체의 공동체인 움마가 분단되어 있다. 이러한 상황이 곤란하고, 이상하고, 무언가를 하지 않는 것이라고 생각하는 무슬림이 세계에 상당수 존재하는 것은 당연하다. 칼리프가 있어 준다면, 정통으로 올바름과 사악함의 구별을 보여줄 것인데. 칼리프가 있었다면, 무슬림 공동체가 이정도로 존망의 위기에 가까워지는 일도 없었을 것인데. 현실 세계의 모순에 민감한 무슬림의 입장에서 칼리프가 존재하지 않는 것 자체가 문제의 근원이라고 믿는 것이다.

'이슬람국가'가 바그다디의 칼리프 옹립을 선언했던 것은 실제로 이미 세계에 퍼져 있었던 칼리프 대망론(待望論)의 영향을 받은 것이었다. 그래서 인도네시아에서도, 튀르키예에서도, 파키스탄에서도 '이슬람국가'가 세운 칼리프가 탄생했다는 이야기가 확산되면서 이를 기쁜 소식이라며 환영하는 무슬림이 있었던 것도 이상한 일은 아니었다. 그러나 '이슬람국가'는 점령했던 영역에서의 통치가 너무 미숙했고, 잔인한 처형과 박해를 반복하면서 주민들에게 공포감을 심어주었다. 곧바로 미국을 중심으로 한 유지연합군이 '이슬람국가'는 역사상 가장 위험한 테러 집단이라는 이유로 그 섬멸을 시도하기 위해 대규모 군사작전을 개시했다. 자칭 칼리프인 바그다디는 세계의 수니파 무슬림을 향한 메시지를 발표하지는 않았다. 적지 않은 무슬림이 기대했던 칼리프제 부흥의 꿈은 이렇게 사실상 끝나고 말았다. 그리고 2019년 10월 말, 미국 군대의 공격에 의해 튀르키예와의 국경 부근 이들리브 근교에 숨어 있던 바그다디가 살해되었다.

2. 미국에 의한 전쟁

카르자이 대통령의 말

2001년의 9.11 동시다발 테러 이후, 미국은 주모자인 오사마 빈 라덴을 숨겨주었다는 이유로 당시 아프가니스탄을 지배하고 있었던 아프가니스탄-이슬람 토후국(탈레반 정권)과의 전쟁에 착수하여 이들을 타도했다. 탈레반 정권의 가혹한 지배를 혐오한 무슬림은 이 공격을 긍정적으로 여긴 반면, 미국이 무슬림 세계를 공격한 것에 격분하는 무슬림도 있었다. 부시 정권은 전쟁으로 인해 아프가니스탄 사람들은 해방되었다, 여성은 자유로운 몸이 되었다고 외쳤지만 아프가니스탄의 민중이 그 이후에 자유를 구가하고 풍요로운 삶을 누리지는 못했다. 전쟁의 대가로 거액의 원조 자금이 아프가니스탄에 들어왔지만, 그것은 정권의 중추와 그 주변에 모인 군벌과 정상(政商)들 그리고 미국 자신들의 군사 기업으로 흡수되었을 뿐이었다.

여기에서 또 다른 분노가 생겼다. 갑자기 다른 나라의 군대가 들어와서 국토를 황폐화시키고, 많은 사람을 희생시키고, 좋은 것을 해주는 것이기 때문에 견디라고 말하고 있는 것이다. 그리고 돈을 뿌리면서 권력자를 부패시켰다. 일반적인 무슬림의 감각으로는 이것에 격한 분노감을 가지지 않는다는 것은 있을 수 없는 일이었다. 아프가니스탄에서 일어났던 전쟁은 탈레반을 부활시켰고, 나아가서 '이슬람국가'를 탄생시키는 원동력의 하나가 되었다.

아프가니스탄에서는 탈레반이 지배하는, 혹은 영향력을 행사할 수 있는 영역이 다시 확대되었다. 격렬한 '테러'는 수도 카불에서도 일어났고, 이에 더해 '이슬람국가'

도 각지에서 공격을 강화했다. 2001년 이후, 일본에서는 아예 아프가니스탄이 잊히고 말았지만 미국이 탈레반 정권을 무너뜨린 이래로 한 번도 이 나라에 평화가 찾아온 적은 없었다.

2010년, 당시 아프가니스탄의 하미드 카르자이 대통령이 도시샤 대학을 방문하여 학생들과의 대화 모임을 가졌다. 학생 중 한 사람이 아프가니스탄이 안정되지 않는 것은 종교에 원인이 있는 것인지를 질문했다. 카르자이 대통령의 답변은 듣고 있던 필자를 놀라게 만드는 것이었다.

"이슬람과는 관계가 없다. 아프가니스탄이 평화롭지 않은 것은 미국과 유럽 여러 국가가 아프가니스탄에 '국민국가'(nation-state)의 구조를 강제로 도입했기 때문이다."

미국의 괴뢰라고 여겨지고 있었던 카르자이 대통령은 의외로 이 국가의 통치가 어려운 것은 서구적인 국민국가 시스템이 강제되고 있기 때문이라는 점을 간파하고 있었던 것이다.

쌍방은 합의했는가?

그로부터 2년이 지난 2012년, 도시샤 대학에서는 아프가니스탄의 화해와 평화 구축을 위한 회의를 실현했다. 탈레반은 최초로 국외의 국제회의에 공식대표단을 카타르로부터 파견했고, 아프가니스탄 국내에서는 주요 반정부 세력과 카르자이 정권의 각료가 참가했다.

서로 자신의 입장을 주장하는 자리이기는 했지만, 정권 측과 탈레반까지가 같은 석상에서 평화를 위해 무엇이 필요한지를 호소했던 것은 2019년까지는 교토에서 열린 이 회의뿐이었다. 정권 측에서 참가했던 사람은 고등평화평의회의 스타네크자이 당시 고문대신이었다. 회의 반년 전에 탈레반과 접촉을 시도했을 때에 탈레반 측의 사자(使者)가 자폭하면서 라바니 전 대통령이 즉사했고, 스타네크자이도 중상을 입었다. 회의 때에도 지팡이를 사용하여 단상에 올랐다. 동료를 폭사시키고 자신에게 중상을 입힌 상대방과 동석했던 것이다.

필자는 회의의 주최자로서 회의의 마지막에 무언가 하나라도 합의를 할 것을 요구했다. 그때까지 자신들에게 유리한 것을 주장했던 각 세력이 단 한 가지 합의했던 것. 그것은 외국 군대가 철수하지 않는 한, 아프가니스탄에 평화는 없다는 점이었다. 너무나 당연하게도 당연한 합의였다. 카르자이 대통령 정권 스스로도 미국 군대의 철수가 평화의 조건이라는 점을 인정했던 것이다. 그러나 2014년에 대통령으로 취임했던 후임 아슈라프 가니 대통령은 체류 연장을 결정했고, 탈레반은 공격을 지속했다.

2019년부터 미국의 트럼프 정권은 아프가니스탄 정부를 거치지 않고 탈레반과의 화평 교섭에 착수했다. 트럼프 대통령은 중동과 아프가니스탄에서 미국 군대를 철수하는 것을 정책의 중점으로 내걸고 있었다. 많이 투입된 자금과 미국 병사의 희생에 비해 이라크, 아프가니스탄, 소말리아, 시리아 등에서 전개했던 군사작전이 너무 이득이 없다고 주장한 것이다. 2020년 2월 말, 정전은 합의에 도달했다. 탈레반은 아프가니스탄 정부에 의해 수감되어 있는 병사의 석방을 대가로 공격을 중지하고, 미국 군대와 외국의 부대는 철수한다는 것이 합의의 기본 내용이었다. 그러나 아프가니스탄 정부는 곧바로 수감되어 있는 병사의 석방에 응하지 않았기 때문에 탈레반도 아프가니스탄 정부에 대한 공격을 반복했고, 평화가 실현될 것인가의 여부가 불투명한 상황이 지속되었다.

생각해보면, 도시샤 대학에서의 합의를 깨뜨린 것은 정권 측이었다. 탈레반의 입장에서는 약속이 깨진 이상, 정권의 정통성은 없다고 보고 공격을 지속했던 것이다. 이를 알면서도 미국 군대의 주둔을 희망했던 것은 그에 대한 대가로 들어오는 막대한 원조 자금이 있었기 때문이다. 여성의 교육과 보건위생까지 무수한 사업을 미국, 유럽 계열의 NGO가 맡았지만, NGO라고 하더라도 원래의 자금은 미국 정부에서부터 나오는 것이 적지 않다. 그 자금이 친미파인 아프가니스탄의 조직과 부족의 손으로 넘어가면서 축재(蓄財)의 원천이 되어왔기 때문에 혜택을 받았던 사람들은 이를 놓지 않으려고 했던 것이다.

2019년 12월, 아프가니스탄에서 오랫동안 의료와 관개 사업에 종사했던 의사 나카무라 테츠(中村哲)가 살해되었다. 나카무라 테츠의 헌신적인 사업에 대해서는 잘 알려져 있다. 필자가 여기에서 인용하려는 것은 그가 아프가니스탄 사회를 바라본 시점, 미국을 필두로 하는 서구 여러 국가가 이슬람 사회인 아프가니스탄에서 무엇을 했는지, 그 실태에 관한 지적이다.

지금 현지에서는 '부흥 지원'을 포함한 '외국의 간섭'에 불신감과 반감의 깊은 뿌리가 계속 확장하고 있다. 미군기가 상공을 통과할 때에 사람들은 굴욕감과 분노를 쌓아가고 있다.

'폭탄의 비가 내리고 있는데, '군대에 의한 인도적 지원'이 있는 것인가?'라는 것이 현지에 있는 많은 사람들의 생각이다. 그 생각은 군대는 물론이고 국제연합 조직이나 NGO에도 향하고 있어 습격 사건이 잇달아 일어나고 있다. (2004년 5월 30일 『오키나와타임즈』에 기고. 페샤와르회(會)의 웹사이트에서 인용)

현지 주민이 반발하는 이유는 애초에 부흥 원조가 군사개입과 분리되지 않고 민의를 헤아리지 않은 지원이 외국인을 만족시키는 아이디어에서 실행되었기 때문이다. '탈레반 정권이 문제도 있지만, 미국은 더 싫다. 원조라고 하려면, 폭탄이 아니라 우선 빵을 줘라.'라는 것이 대부분의 본심일 것이다. 일부 대도시 주민을 제외하면 빵 대신에 돌을, 생선 대신에 뱀을 받고 있다고 해도 과언이 아니다.

결국, 미국이나 영국 등 외국 군대의 군사적 간섭은 제대로 된 결과를 만들지 못했다. 순수하게 사람들의 삶을 위한 지원이라면, 군대 따위는 필요할 리가 없다. 모두가 한결같이 지켜준다. (2003년 11월 23일 『오키나와타임즈』에 기고. 페샤와르회의 웹사이트에서 인용)

미국과 유럽 여러 국가들에서도, 일본에서도 탈레반은 인권, 특히 여성의 인권을 인정하지 않고 아프가니스탄 사람들의 자유를 빼앗은 존재이므로 배제해도 좋다고 믿어왔다. 그러나 탈레반이 미국에서 미증유의 테러 사건을 일으켰던 것은 아니다. 탈레반은 테러의 주모자들을 숨겼던 것이다. 미국은 여성의 인권과 자유라고 하는 보편적인 권리를 부정하기 때문에 타도해야 한다고 주장했지만, 분명히 목적을 살짝 바꾼 것이었다. 그런데 이러한 교체는 유럽 여러 국가에서도 그대로 답습되었다. 프랑스를 필두로 많은 국가가 여성의 덮개를 규제할 때에 '부르카 금지법'이라 불리는 것을 떠올리려고 한다. 부르카는 아프가니스탄의 파슈툰인 여성의 덮개이고, 여성의 인권 억압을 상징하는 존재이기 때문에 '금지해야 하는 것'이 되어버린 것이다.

나카무라 테츠는 자신의 경험에 근거하여 이슬람의 질

서 아래에서 살고 있는 사람들과의 평안을 무시하고, 폭력으로 민주주의를 이식하려 했던 미국과 유럽 여러 국가의 태도를 엄준하게 비판했다. 그러나 미국의 아프가니스탄 침공으로부터 20년이 지난 지금도 세계는 기본적으로 폭력을 통해 문화나 신앙을 부정하는 것을 그만두지 않고 있다. 이에 대해 무슬림 측에서도 격렬한 반동이 나타났다.

혼란을 이용하여 '이슬람국가'까지 아프가니스탄을 침식하기 시작했다. 탈레반은 아프가니스탄에서 다수를 차지하는 파슈툰인을 중심으로 삼았던 조직이기 때문에 토착 조직이다. 그러나 '이슬람국가'는 지역에 구애되지 않는다. 세계로부터 병사를 모집하여 아프가니스탄의 사회와 지역성을 고려하지 않고 이슬람법의 시행을 압박한다는 점에서 탈레반보다 더 원리주의적이다. 아프가니스탄을 지금 이상의 연쇄적인 폭력에 휘말려들게 한다면, 더욱 많은 수의 난민이 유럽을 향해 흘러들어가게 될 것이다.

'이슬람국가'를 탄생시킨 미국의 전쟁

2003년에 미국과 동맹국이 일으켰던 이라크전쟁에서 후세인의 독재 정권이 타도되었다. 그리고 이 전쟁의 개전 이유가 허위였다는 점이 훗날 밝혀지면서 일본에도 이것이 보도되었다. 미국은 가혹한 짓을 하는 국가라는 비판이 있었던 반면, 일본 정부는 개전 이전에 국제사회에 억울함을 증명하지 않았던 후세인 정권이 나쁘다고 하면서 미국을 옹호하는 주장을 되풀이했다. 자위대를 파견했던 당사자가 이렇게 설명했던 것이다.

그보다도 이라크전쟁과 그 이후의 혼란이 얼마나 막대한 희생을 초래했는지에 주목하지 않으면 안 된다. 전쟁 당시(2003년), 그 이후의 혼란(2005~2007년) 그리고 '이슬람국가'가 등장했던 2014년부터 2015년에 걸쳐서 엄청난 수의 인명이 희생되었다. 이라크전쟁과 그 이후의 혼란으로 대략 40만 명이 희생되었다고 하는데, 전쟁으로 직접 희생된 사람이 16만 명이고 그 이후 혼란으로 희생자가 24만 명에 달했다고 『워싱턴포스트』는 전하고 있다 (2018년 3월 20일).

전쟁에서 희생된 사람의 다수는 미국과 동맹국에 의한

공중폭격으로 인해 사망한 사람들이다. 2014년이 되면 '이슬람국가'가 등장하여 이라크 북부의 모술을 점거한 이외에 북부의 쿠르드 지역에서 맹위를 떨쳤다. 그때 희생자도 많았는데, 실은 '이슬람국가'가 살해했던 사람의 숫자보다도 미국 군대와 유지연합군에 의한 공중폭격 때문에 희생된 사람이 많다는 것을 『워싱턴포스트』는 지적하고 있다.

미국에 의해 일어난 이라크전쟁은 '이슬람국가'가 창설된 원인의 하나가 되었다. 미국과 동맹국이 후세인 정권을 타도하면서 본래 국민 통합이 매우 취약했던 이라크는 분열되었다. 북부의 쿠르드인은 바르자니와 타라바니라고 하는 유력 부족장의 치하에 있었지만, 미국에 협력하면서 독립으로의 길을 만들고자 했다. 실제로 이라크전쟁 이후에는 쿠르드 지역 정부의 설립이 인정되었고, 대통령과 의회뿐만 아니라 독자적인 군대도 보유한 하나의 국가 정체를 정비했다.

시아파는 이란과 친근하기 때문에 미국과의 관계가 우호적이지 않다. 그러나 최대 인구를 보유했기 때문에 이라크전쟁 이후의 선거에서는 시아파 세력이 권력의 중심을 차지하게 되었다. 그리고 또 다른 하나의 종파인 수니파가 있는데, 그들은 후세인 정권의 기반이 되었기 때문에 이라크전쟁 이후에 탄생했던 시아파의 말리키 정권에 의해 권익이 박탈되었다. 불만을 품은 수니파의 유력자들은 '이슬람국가'의 탄생을 후원했다. 종교적 색채 따위가 거의 없었던 후세인 정권의 군인과 정보기관원들도 이슬람주의의 폭력 집단에 참가하게 되었다. '이슬람국가'의 냉혹한 통치를 지탱했던 경찰 기구와 군사 기구는 일반인이 만든 것이 아니었다.

개전의 이유도 엉터리였고, 전후의 분열도 뻔히 알고 있었다. 이라크전쟁을 개시했던 부시 정권 시대의 중동 재편 플랜은 오바마 정권 아래에서 위세를 상실했다. 트럼프 정권이 시작된 이후로는 이스라엘에 대한 후한 지원과 사우디아라비아 등 무기 조달을 통해 미국의 군사 산업에 공헌하는 국가를 중시하는 정책으로 변화해 갔다. 과거 20년 사이에 전쟁으로 인해 무슬림이 목숨을 잃는 일이 계속되었던 것, 가족의 평안을 계속 박탈당했던 것이 '이슬람국가'의 전사가 되고자 한 젊은이들을 늘어나게 하는 결과로 연결되었음은 확실하다.

3. 유럽과 '이슬람국가'

왜 '이슬람국가'의 전사가 되었는가?

유럽에도 3천만 명이 넘는 무슬림이 있기 때문에 중동이나 아시아와 마찬가지로 '이슬람국가'에 참가하여 지하드를 수행하겠다는 젊은이들이 있었다. BBC에 따르면, 서유럽에서 약 6천 명, 동유럽에서는 약 7천 명에 달했다고 한다(2019년 2월 20일). 영국의 신문『더 텔레그래프』는 프랑스에서 1,700명, 영국에서 760명, 독일에서 760명, 벨기에에서 740명 그리고 보스니아-헤르체고비나, 스웨덴 등 광범한 범위에서 시리아나 이라크로 넘어갔다고 보도하고 있다(2016년 3월 24일). 체첸 등 무슬림이 많은 지역을 포함한 러시아나 중동에서부터 참가했던 전투원과 가족은 훨씬 많다. 튀니지, 사우디아라비아, 튀르키예, 요르단, 모로코 등 중동 지역에서는 대략 1만 9천 명이 참가했다고 BBC는 전하고 있다.

'이슬람국가' 문제에서 주목을 받았던 것은 중동이나 아시아 출신의 젊은이가 아니라 미국이나 유럽 여러 국가 출신의 젊은이들이었다. 주목을 받았던 이유는 두 가지이다.

첫 번째는 서구라고 하는 자유와 계몽의 땅에서부터 왜 과격한 이슬람 조직에 참가하는 젊은이가 생겨났을까라는 점. 두 번째는 그들이 되돌아왔을 때에 모국에서 테러를 일으키지 않을까라는 걱정이었다.

그들은 이민 젊은이들인데, 이민 몇 세대에 해당하는지는 각자 다르다. 그리고 그들이 '이슬람국가'의 가장 중요한 중추인 이슬람 사상이나 법학을 어디까지 이해하고 있었는지는 의문이다.

유럽 측의 많은 자료에 따르면, 자신이 처한 상황에 대한 불만 그리고 무엇인가를 한번 해보자고 하는 천박한 동기로 인해 시리아나 이라크로 도항하려 했던 젊은 무슬림이 많았다는 것은 틀림이 없다. 그들이 인터넷을 통해 '이슬람국가'에 끌려들어 갔다는 것은 말 그대로라고 생각한다. 실제로 '이슬람국가'를 칭하고 있는 것과 그렇지 않은 것을 포함하여 지하드의 전투를 부추기는 것과 같은 내용의 사이트는 일시적으로 수만에 이르렀다고 하고, 치안당국에 의해 없어져도 또 다른 사이트가 만들어졌기 때문에 규제하는 것이 곤란했다.

무슬림으로서의 재각성

유럽 각 국가는 왜 '이슬람국가'로 빨려 들어가는지를 진지하게 고찰하면서 대책을 세우려고 했지만, 그것은 대부분 어림짐작을 하는 정도였다. 참가한 이들은 유럽의 어느 국가에 있었다고 해도 참가했을 것이지만, 처음부터 이슬람의 교리 속에서 길러진 것은 아니었다. 그들의 주위는 유럽 사회이고, 유럽에서 교육을 받았다. 설령 고립된 이민 사회 속에서 생활하고 있었다고 해도 유럽 사회의 영향을 차단할 수는 없다. 오히려 유럽 사회의 여러 가치관으로부터 영향을 받는 와중에 자각적으로 그것과는 다른 길을 추구했던 것이다.

그 계기가 무슬림에 대한 차별, 경제적으로 상승하는 것의 어려움이었다는 것은 충분히 가능하다. 그러나 설령 부유한 가정에서 자랐다고 하더라도 유럽에 등을 돌릴 가능성은 얼마든지 존재한다.

중요한 계기가 되었던 것은 중동, 아프리카, 아시아에 이르는 지역에서 날마다 무슬림이 목숨을 잃고 생존할 권리도, 편안하게 살아갈 권리도 박탈당하고 있다는 사실이다. 그 점은 대중매체를 통해서도 전달되었지만, 신문이나 TV 등에서 보지 못했던 것도 인터넷을 통해서 혹은 SNS를 통해서 얼마든지 아이들의 비참한 상황을 알 수 있었다.

유럽에 거주하는 10대인 그들이 중동에 있는 '그들'의 상황에 대해 '자신'이 무슨 행동을 일으키지 않으면 안 되겠다고 느꼈다고 해도 이상한 것이 없다. 그때까지 이슬람의 신앙 실천 등을 전혀 하지 않았다고 해도 혹은 이슬람에 어떠한 관심도 없었어도 그 순간에 '올바른 길'에 들어갈 가능성이 있는 것이다. 기독교도의 가정에서 태어났거나 무신론자 가족과 함께 살고 있었던 젊은이에게도 그러한 계기가 있었을까? 그들에게는 적극적으로 '개종', 혹은 '입신'(入信)하라고 하는 장애물이 있었다.

그러나 무슬림의 가문에서 성장한 젊은이는 어딘가에서 이슬람적인 것, 무슬림적인 생활 방식에 접촉하고 있다. 아무리 세속화되었던 가족이라고 해도 친척 중에는 예배를 빠뜨리지 않는 사람도 있고, 부모가 라마단 때에 단식을 하지 않더라도 누군가가 단식을 고수하는 사람도 있는 것이 일반적이다. 아무것이 없어도 무슬림에게 있어서 중요한 단식이 끝난 뒤의 축제나 희생제 때에 친척을 방문하여 치장을 하면서 영광스럽다는 생각을 했던 사람들도 얼마든지 있을 수 있다.

　미국, 유럽, 일본에서는 이슬람이 무언가를 하지 않으면 안 되는, 무언가를 해서는 안 되는 종교라고 파악하는 경우가 많은데 본질이 거기에 있는 것은 아니다(마츠야마 요헤이松山洋平, 『이슬람 사상을 바르게 읽다』, 치쿠마신서, 2017년). 유럽에서 자란 무슬림 젊은이들에게 있어서도 사정은 아주 비슷했다. 그들은 이슬람이라고 하는 종교를 사상적인 측면에서 배운 적이 없다. 관습으로서 부모나 친척이 하는 행위를 알고 있을 뿐이지만, 당연히 그 행위가 어떠한 의미를 지니는지를 어렸을 때부터 듣고 있었다.

　'왜 단식을 하는가?', '희생제에는 왜 고기를 놓는가?', '왜 여성은 머리카락과 머리 부위를 가리는가?' 그 하나하나에 약자를 향한 생각과 부의 공정한 분배에 대한 이슬람의 사고방식이 포함되어 있는 것인데, 신경을 쓰지 않는 경우가 많다. 그것이 어떠한 박자(拍子)에 의해 되살아나는 것이다. 유럽에서 자기 자신의 생활을 뒤덮고 있는 차별이 계기가 되었을지도 모르고, 피투성이가 되어 도망치려고 우왕좌왕하는 시리아와 예멘의 아이들의 모습을 목격했던 것이 계기가 되었을지도 모르겠다. 계기가 똑같지 않다는 것은 확실한데, 과격하고 사악한 이슬람 설교사의 선동에 세뇌되었음이 분명하다는 미국, 유럽 사회의 설명은 극도로 피상적인 것이었다. 유럽 각 국가가 안전하다고 인지했던 온건한 무슬림 조직을 이용하여 과격화를 막고자 했던 것도 효과가 없었던 이유는 젊은이들의 내면에 대한 이해가 없었기 때문이다.

재각성에 이르는 과정

무슬림과의 공생이 파탄에 이르렀다고 해도 좋을 정도로 상황이 어려워지기 이전의 사정에 대해서는 필자의 이전 저서인 『유럽과 이슬람』에서 서술했는데, 여기에서는 간단하게 다루는 것으로 그친다. 유럽 사회에서 이슬람이 공생의 쟁점이 되었던 것은 냉전 이후의 일이다. 그 이전에는 외국인 노동자, 혹은 이민 노동자의 존재가 그 국가의 노동시장을 압박한다는 이유로 비난을 하거나 그 국가의 사회보장을 받으면서 생활하고 있다고 비난하는 것이 전부였다.

외국에서부터 노동자를 받아들였던 모든 국가에서 그러한 모습이 보이는데, 그들은 경기(景氣)를 조절하는 장치와 같은 역할을 맡게 되었다. 경기가 좋을 때에는 노동력이 부족한 냉혹한 노동조건의 직장을 채워줄 것이라 기대를 받지만, 경기가 후퇴하면 그 즉시 두 가지 비난을 받았던 것이다.

그리고 그들이 일시적으로 체재하는 사람이 아니라 받아들인 국가의 사회 일원으로서 영구히 거주하는 경향이 분명했기 때문에 문제의 초점이 보다 문화적, 사회적인 측면으로 이동하게 되었다. 그 계기는 1973년의 제1차 석유 위기였다. 제4차 중동전쟁 시기에 아랍의 산유국이 이스라엘을 지지하는 국가에 대한 석유의 수출 금지 조치를 발동하겠다고 선언하면서 독일, 영국, 프랑스 등 유럽의 선진국에서 일제히 경기의 후퇴가 시작되었다. 그래서 외국인 노동자의 모집을 중단했던 것이다. 그러나 그때까지 합법적으로 일하고 있었던 노동자의 가족이 그 이후에 이주해서 가족의 재통합을 이루는 것은 기본적인 인권으로서 인정되고 있었다(1장). 그렇기 때문에 가족들이 쇄도했다. 가족이 이주하게 되면서 노동자뿐만 아니라 그의 가족도 함께 유럽 사회에서 살게 되었고, 이에 '이민 사회'가 형성되었던 것이다.

제2차 세계대전 이후, 냉전의 시대에 서유럽 여러 국

가에서 일을 해왔던 사람은 옛 영국령 인도(인도, 파키스탄, 방글라데시 등)에서 영국으로 온 이민, 옛 프랑스령 북아프리카(알제리, 튀니지, 모로코)와 서아프리카(세네갈, 말리 등)에서 프랑스로 온 이민, 그리고 식민지를 가지지 않았기 때문에 두 국가 간의 고용 협정의 기지였던 독일로 건너왔던 튀르키예인 등이 있다. 모두 무슬림이 많은 지역이다. 그중에서도 튀르키예 출신자(민족적으로는 튀르크계 사람과 쿠르드계 사람이 있다)는 독일뿐만 아니라 네덜란드, 오스트리아, 스웨덴 등에서도 주요한 외국인 노동자의 지위를 점하고 있었는데 석유 위기 이후에 가족까지 이주했기 때문에 유럽에서 최대의 무슬림 이민 사회를 형성하게 되었다.

이민 측의 변화

여기에서 이민자 측의 변화도 간과해서는 안 된다. 최초로 도래했던 제1세대는 전체적으로 그들의 신앙 실천에 열정을 쏟지 않았다. 신앙심이 깊은 사람도 있었지만, 그것은 종종 그들의 향리에서의 관습이나 인습(因習)과

뒤섞여버린 이슬람 신앙이었다.

그런데, 1980년대부터 이민자 사이에서도 이슬람의 부흥 혹은 무슬림으로서의 재각성이라는 현상이 일어나기 시작했다. 1980년대의 이슬람 부흥은 먼저 중동-이슬람 세계 측에서 일어났다. 그때까지 정치의 정식 무대에서는 '민족'을 내세워왔지만, 그것이 반드시 잘 작동했던 것은 아니었다. 팔레스타인 문제가 그 전형으로 '아랍 민족의 연대', '아랍의 대의'와 같은 말이 활발하게 나왔던 것은 1970년대까지였는데, 제3차 중동전쟁(1967)에서 아랍 여러 국가 측이 대패를 당했고 제4차 중동전쟁(1973)에서는 석유를 무기로 삼아 아랍 산유국이 세계경제를 뒤흔들었지만 결과적으로 산유국끼리의 발이 맞지 않았으며 자원을 무기로 삼은 것에 대한 비판도 높아졌다. 몇몇 선진국은 아랍 여러 국가에 의존하기보다도 원자력의 이용을 선택했다.

1979년에는 이란에서 친미파 왕정이 무너지고 호메이니에 의한 이슬람 체제가 수립되었다. 1981년에는 이집트의 사다트 대통령이 이슬람 급진파 장교에 의해 암살되었다. 중동-이슬람권 각지에서 이슬람을 정치에 반영시켜야 한다는 목소리가 높아졌던 것이다.

1990년 8월에 후세인 대통령의 이라크가 돌연 쿠웨이트를 침략했다. 1991년 1월에는 미국 군대와 유지연합군이 이라크를 향해 걸프 전쟁을 일으켰고, 쿠웨이트를 탈환했다. 그 이후 페르시아만 연안의 여러 국가는 안전보장에 관해서 미국에 대한 의존을 강화했다. 이러한 상황에서 이제 '아랍'이라고 하는 민족을 내세워서 팔레스타인과의 연대를 주장하는 국가는 거의 없었다.

이슬람의 부흥이라는 것은 이러한 큰 흐름 속에서 민중 사이로부터 솟아나왔던 것으로, 그것이 유럽의 무슬림 사이에서도 확산되었다.

게다가 유럽의 무슬림에게는 고유한 이유가 있다. 독일에 있는 튀르키예인이 민족의 긍지를 언급해도 독일인은 누구도 상대해주지 않았다. 빈곤한 나라에서부터 일을 하기 위해 온 노동자라고는 생각해도 그들의 출신 국가나 민족에는 아무런 관심도 없었던 것이다. 영국 사회에서도 이민은 옛 식민지의 가난한 국가에서 온 노동자에 불과했다. 종주국으로서는 이전 식민지도 독립할 수 있을 때까지 성장했기 때문에 그들에게 은전(恩典)을 베푸는 것과 같은 기분으로 영국에서 취업을 인정한 것에 불과하다.

아프리카 대륙에서부터 프랑스로 온 이민은 더욱 뒤죽박죽인 관계에 있었다. 알제리인이든, 튀니지인이든 '베르베르', '아랍', '투아레그' 등의 '민족'을 주장하려 해도 프랑스는 '민족'을 단위로서 받아들이는 원리도 제도도 보유하지 않았다. 모두 인종이나 민족을 불문하고, '개인'으로서 프랑스 사회에 참여하여 프랑스 시민이 된다는 방침이기 때문에 이민 노동자가 '민족'으로 단결하는 것을 허용하지 않았다. 더 나쁜 것은 프랑스공화국이 내세우는 '자유, 평등, 박애(동포애)'는 이민에게 있어서는 그림의 떡에 불과해서 자유가 있었을지는 모르겠지만, 평등하게 대우를 받았다는 실감도 사랑을 받았다는 실감도 받지 못한 것이 현실이었다.

유럽에서 태어나고 자란 무슬림

이러한 상황에서 자신이 누구로 살고 있는지에 대한 의문에 심각하게 대면하지 않을 수 없었던 사람은 최초로 유럽에 건너온 세대보다도 유럽에서 태어나고 자란 세대의 사람들이었다. 독일은 제2세대가 어른이 될 무렵까지 오랫동안 '독일은 이민국이 아니다'라는 말을 반복했고, 그들을 일시적으로 체재하는 노동자(즉, 게스트 아르바이터)라고 부르고 있었다. 독일로 외국인 노동자가 이주했던 것은 대체로 1960년대 초의 일이었는데, 그로부터 40년이 지났어도 독일은 태도를 바꾸지 않았다.

영국에서는 이주민이 공동체를 만들었고, 그 안에서 거주할 권리를 인정하고 있었는데 이는 보다 높은 계급의 사람들의 눈에 띄지 않는 곳에서 무언가를 해도 상관이 없다는 태도를 뒤집은 것이었다. 프랑스에서는 민족에 따라서 차별 따위를 하지는 않는다는 방침이 있다. 그 결과, 경제적으로 빈곤하다는 이유로 이민들은 대도시 교외의 저소득층을 위한 주택가에 집중되었다. 그럼에도 프랑스 정부는 그들이 알제리인이기 때문에, 아랍계이기 때문에 차별하는 것은 없다고 지속적으로 주장했다.

유럽 각 국가에서 젊은 사람들 사이에서는 신앙 이외에 의존할 수 있는 것이 남아 있지 않았다. 이리하여 이슬람으로의 회귀, 무슬림으로서의 재각성이 진행되었던 것이다. 게다가 신앙은 민족과는 달리 상대방에 대해 가슴을 펴서 보이는 것이 아니고, 스스로의 마음에 치유와 평안을 가져오는 것이었다. 이슬람이라고 하는 종교에서는 신도에게 회개를 압박하기보다도 '그것으로 됐어요'라고 인간의 약함을 인정하는 성격이 강하다. 미국, 유럽 세계의 사람들도, 일본 사람들도 다수가 오해하고 있는데『쿠란』에서 알라는 무리한 것을 요구하지 않는다. 알라는 가능한 것만 즐길 것을 요구한다는 서술이 빈번하게 나온다. 그럼에도 불구하고, 약한 입장의 인간에게 상냥하게 대해주어 내세에서 낙원(천국)으로 소환되는 것을 기대하며 살도록 가르치는 것이다.

무엇을 하지 않으면 안 되는지, 무엇을 해서는 안 되는지에 대한 규정은 있지만 그것을 지키는 것도 혹은 지키지 않는 것도 신도의 의지에 따르는 것이어서 나쁜 짓을 했다면 선행으로 보충하면 된다. 규정이 없다면, 무언가를 하거나 혹은 하지 않거나 어느 쪽도 좋다. 게다가 성직자를 칭하는 사람 앞에서 죄를 고백하면 용서를 받는다고 인식하는 구조가 없기 때문에 신도는 개인으로서 신과 마주할 뿐이다.

이슬람법학자 나카타 고가 서술했듯이 무슬림은 알라에 의해 존재를 승인받기 때문에 현세의 인간 사회에서 다른 사람을 향한 승인의 욕구를 가질 이유가 없다(나카타 고中田考,『모두 다르고, 모두 안 된다』, KK베스트셀러즈, 2018년). 이것은 일상생활에서 다양한 어려움을 가진 무슬림 이민에게 있어서 커다란 의미를 지니고 있다.

실제로 필자가 유럽 각지의 모스크에 모인 젊은이들에게 들었던 한도 내에서도 무슬림으로 살아가기로 결정한 순간부터 직장에서의 차별 그리고 경제적 상승을 위해 악착같이 살아가는 것 등이 가치가 없어졌다고 이구동성으로 답변했다. 그러나 가치가 없어졌다고 말해도 그들의 일상생활에서의 고뇌가 해소되는 것은 아니다. 신앙의 길을 가는 것으로 일정한 충족감을 얻을 수는 있어도 그의 앞에 어떠한 돌파구가 있는지를 찾으려고 하는 사람들의 극히 일부가 폭력적인 지하드만이 자신들이 살아갈 길이라고 생각할 가능성을 부정할 수 없다.

관용의 종언

유럽 각 국가는 '이슬람국가'로 건너가는 젊은이가 나타났다는 것, 직접 테러의 타격을 입었다는 것에 커다란 충격을 받았다. 당연히 각 국가의 정권은 변명을 강화했다. 변명에서 사용되었던 레토릭은 '이민의 사회 통합 실패', '다문화주의의 실패' 그리고 '관용의 종언'이었다.

유럽 여러 국가에서 최초로 이슬람 급진 세력에 의한 테러를 당했던 국가는 스페인이었다.

2004년 3월 11일에 스페인의 수도 마드리드에서 철도를 노린 대규모 테러 사건이 발생하여 사망자가 191명에 달했다. '이슬람 과격파'가 관여했던 것으로 의심되는, 유럽에서의 최초로 일어난 대규모 테러였다. 동시에 여러 열차를 마드리드의 아토차 역에서 노렸던 것 때문에 이슬람 과격파가 용의주도한 범행에 이르렀다는 점에서 알카에다에 의한 9.11 동시다발 테러와의 유사성이 주목을 받게 되었다. 그러나 스페인은 곧바로 이민정책을 전환하지도 않았고, 이슬람 혐오가 솟아오르는 일도 없었다.

전환점이 되었던 런던 동시다발 테러 사건

상징적인 곳은 다음으로 대규모 테러가 일어났던 영국이었다. 2005년 7월 7일, 런던에서 철도와 버스를 노린 동시다발 테러 사건이 발생했고, 56명이 희생되었다. 파키스탄계, 예멘계 등의 이민이 용의자가 되었다. 영국이 이라크전쟁에 참전했던 것이 테러의 원인이라고 추정하는 주장이 적지 않았다. 그리고 이 사건은 이후 유럽과 이슬람의 관계를 긴장에서 대립으로 향하게 만드는 전환점이 되었다.

영국은 다문화주의를 제도적으로 보장해 왔던 국가이다. 종교와 민족(출신 지역)마다 그 집단이 공동체를 유지한 채로 영국에서 생활하는 것에 어떠한 이의도 없었고, 오히려 그것이 장려되었던 것에 영국의 특색이 있었다.

다르게 말하면, 분명히 영국은 '이문화'(異文化)에 관용적이었고, 지금도 유럽 대륙의 다른 국가에 비하면 이질적인 문화적 배경을 지닌 사람들을 소외하는 현상이 적다.

2005년 8월, 당시 블레어 총리는 '게임의 법칙이 계속 변화하고 있는 것에 대해서 누구도 의심을 가지는 일이 없도록'이라고 발언했다. 그리고 이슬람해방당(히지브 타흐리르) 등에 대해서 증오를 선동했다는 이유로 위험단체로 지정하겠다는 의향을 드러냈다. 7월 7일의 테러에 이슬람해방당이 직접 어떻게 관여했는지가 반드시 명확한 것이 아니었는데, 그 계열의 모스크에서 이라크전쟁이나 영국, 미국의 중동-이슬람 정책을 격렬하게 비판하고 지하드를 호소했다는 것이 이유가 되었다.

이 발언은 테러 대책의 실패를 국내에서부터 추궁을 받았던 당시 블레어 정권으로서는 당연한 것이었는데, '게임의 법칙이 계속 변화하고 있다'라는 것은 이문화에 대한 관용적인 정책을 변경하겠다는 것이었다. 영국의 정책은 그 이후 감시카메라(CCTV)의 증가와 이슬람 조직의 감시에 중점을 두었다. 다만 법률로 무슬림 여성의 복장을 규제하는 것과 같은 상징적인 무슬림 차별로 기울어지지는 않았다. 영국에서도 눈 부분만을 드러내거나 혹은 눈 부분도 외부에서는 보이지 않게 천으로 가리는 형태의 덮개에 대해서 '차단이 되어버려서 대화가 불가능하다'는 이유로 금지해야 한다는 의견이 있다. 그러나 그것은 어디까지나 '상대방이 누구인지 모르면 대화를 할 수가 없다'라는 현실적인 비판이었고, 1장에서 서술했던 프랑스에서의 비판과는 달랐다.

유럽 여러 국가의 변화

독일에서는 2000년대 최초의 10년 동안 커다란 테러는 일어나지 않았지만, 2010년 10월에 메르켈 총리가 '독일의 다문화적 상황은 완전히 기능을 하지 못하는 실패였다'(『가디언』 2010년 10월 17일)라고 발언하면서 커다란 파문을 불러왔다.

독일은 오랫동안 완고한 혈통주의에 근거한 국적 제도를 유지해 왔다. 현재는 부분적으로 출생지주의로 변경했지만, 이민을 받아들이고 반세기 가까이 지난 이후의 일이다. 게스트 아르바이터라고 계속 부르는 것도 독일 민족의 혈통에 속하지 않는 너희들은 영속적인 사회의 일원이 아니라는 것, 국민이 아니라는 것을 분명히 보여주었다.

그리고 종교의 측면에서 보면, 독일은 기독교 국가라고 해도 좋을 정도로 세속주의가 약하다. 공교육의 공간에서 부모의 의사에 따라 기독교의 종교교육을 받게 하는 것은 권리로서 인정되고 있다. 물론, 현대에는 종교의 영향을 받게 하지 않으려는 부모도 있기 때문에 그러한 경우에는 종교교육을 받게 하지 않아도 된다.

그러나 500만 명에 달하는 독일의 무슬림은 아이들에게 학교에서 이슬람 교육을 받게 할 권리가 없다. 당연하다면 당연한 일이겠지만, 기독교의 특권적 지위가 기본법(헌법)으로 정해져 있는 이상, 만약 새롭게 독일 사회에 들어온 무슬림에게 같은 권리를 보장한다면 기본법을 개정해야만 한다. 독일에서는 국민만이 정치 참가의 권리인 참정권을 가지고 있어서 개정은 불가능하다고 말해도 좋다.

독일은 다문화주의를 제도로서 채용한 적이 없다. 메르켈 총리가 특별히 다문화적 상황은 실패했다고 말한 것은 무슬림 이민과 난민의 사회적 통합에 실패했다는 반성을 담은 호소였다. 총리의 입장은 명확했다. 한편에서 독일은 이민을 필요로 하고 있어서 배외주의를 거부하고, 다른 한편에서 이민은 독일 사회에 통합되어야 한다는 것이었다.

프랑스도 독일과는 다른 의미에서 다문화주의를 채택한 적이 없다. 어느 민족이나 종교를 단위로 하는 공동체의 형성을 인정하지 않았기 때문이다.

프랑스에서는 공동체마다 분리되어 국가에 참여한다는 사고방식에 매우 부정적이다. 인종도, 민족도 아닌 개인으로서 프랑스공화국의 일원이 된다면 받아들인다는 것이 기본적인 자세이기 때문에 본래 다문화주의가 뿌리를 내릴 소지가 없다. 종교에 대해서는 공적 영역의 비종교성이 국가의 원칙인 이상, 원칙적으로는 특정한 종교가 특권적 지위를 인정받지 못한다. 개인이 공적 공간에서 종교적 상징을 몸에 착용하는 것조차 법으로 금지되어 있기 때문에 본래 종교에 관한 다문화주의가 성립할 여지도 없다. 가톨릭교회와 정치의 관계가 반드시 이 원칙대로 움직이지는 않는 것에 대해서는 다테 키요노부(伊達聖伸)의 『라이시테로부터 읽는 현대 프랑스』(이와나미 신서)에 상세히 나와 있다.

그래서 이미 프랑스 국적을 가진 이민 출신의 젊은이가 테러를 일으켜도, '이슬람국가'에 참가한 사람이 나타나도 그것을 다문화주의의 실패라고 하지는 않았다. 오히려 프랑스공화국의 국가 원칙인 세속주의(라이시테)를 왜 이민들에게 더 주입하지 않았는지를 '반성'했다. 그러나 이것은 이민의 입장에서 보면, 너무 강제적인 문화동화주의라는 점은 말할 것도 없다.

5장

왜 공생할 수
없는가?

1. 유럽 여러 국가의 정치적 변동

이미 서술했듯이 2015년의 난민 위기로 유럽에 쇄도했던 시리아, 이라크, 아프가니스탄에서 온 난민의 대부분은 무슬림이었다.

그리고 그들은 이제 유럽 전역에서 꺼림칙하게 여기는 존재가 되어 있다. 반(反)이슬람이라고 하면, 트럼프 대통령이 2017년에 차례차례 내놓았던 무슬림 여러 국가로부터의 입국 금지 조치에 관계된 대통령령이 주목을 받았다. 그러나 반이슬람에 의한 이민, 난민을 향한 억압과 차별은 유럽에서 더욱 격심하다.

네덜란드 '배외주의'의 배경

네덜란드의 총선거는 2017년 3월 15일에 실시되었다. 결과는 여당의 자유주의 정당인 자유민주국민당(VVD)이 1위를 유지했으나 의석의 숫자는 감소했고, 주목을 받고 있었던 배외주의자 헤이르트 빌더르스가 이끄는 자유당(PVV)이 2위에 올랐다(그림 5-1 참조).

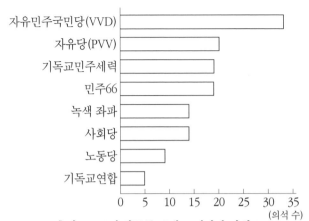

출처 : BBC의 발표를 토대로 필자가 작성.

그림 5-1 2017년 네덜란드 총선거의 결과

　주목해야 할 것은 중도좌파인 노동당의 의석이 감소했다는 점이다. 결국 여당에는 제1당을 유지했던 VVD, 기독교민주세력, 자유주의인 민주66, 기독교연합이 가담했고 의석이 대폭 줄어든 노동당과 의석이 늘어난 녹색의 좌파 그리고 제2당으로 약진했던 PVV는 야당이 되었다. 다른 서유럽 여러 국가와의 공통점은 전통적인 사회민주주의 세력(네덜란드에서는 노동당)의 쇠퇴와 배외주의 세력(PVV)의 대두 그리고 급진적 좌파(녹색 좌파)의 성장이다.

　다른 유럽 국가들에 비하면, '자유주의' 세력이 강했던 것이 특징이지만 자유주의의 의미가 일본이나 미국과는 다르다는 점에 주의할 필요가 있다.

한편, 세계는 배외주의자인 빌더르스에 주목했다. 그가 이끄는 PVV는 반이민, 반난민, 반이슬람, 반EU, 튀르키예의 EU 가맹 절대 반대, 젠더 평등, LGBT의 권리 옹호를 내걸었다. 일본의 언론을 포함한 세계는 빌더르스를 '극우'라고 부르면서 그의 정당이 제1당으로 약진하지 못했던 것에 안심하며 가슴을 쓸어내리는 것과 같은 보도가 내외를 불문하고 이루어졌다. 그러나 이는 이중적 의미에서 유럽의 정치적 동향을 오해하는 결과를 초래했다. 아마도 배외주의의 성격을 가진 부분을 취해서 빌더르스의 PVV에 '극우'라는 딱지를 붙였을 것이다. 그러나 네덜란드에 극우라고 하는 것이 존재한다면, 네덜란드에 '우파'가 없어서는 안 된다. 그런데 오랫동안 이 나라에서 보수 세력으로 여겨져 왔던 것은 기독교민주 세력이었다. 그들보다 '우'인 세력이 '극우'라고 한다면, 그것은 '기독교 원리주의 정당'이지 않으면 이야기의 앞뒤가 맞지 않는다.

그러나 그런 정당이 아니다. 네덜란드에는 네덜란드 민족의 원점을 찾으려고 하는 것과 같은 공상적 민족주의도 없다. 역사적으로 7개의 바다를 건너 교역으로 국가를 번영시켰던 네덜란드에서는 가만히 한 장소에 머무르면서 자신들의 뿌리를 찾으려고 한다는 따위의 이야기는 본래 유행하지 않는다.

즉, 네덜란드에서 '극우'라는 것을 상정하는 것은 의미가 없다.

또 하나의 오해는 기존의 자유주의 정당인 VVD의 주장이 빌더르스와 근사하다는 것을 간과했다는 점이다. 즉, '극우의 대두가 억제되어 다행'인 것이 아니라 기존의 자유주의가 '극우'에 바짝 붙어 있었던 것이다.

빌더르스는 폭주하는 자유주의자이다. 그의 출신 정당이 VVD이고, 현재 뤼터 총리도 이 정당에 있다. 이 점이 일본인에게 있어서는 이해할 수 없는 부분이다. 자유주의자가 차별주의자일 리가 없다고 보는 것이다. 그러나 주의해야 하는 점은 네덜란드에 한정되지 않고 유럽사회에서 현재 가장 격렬하게 이민, 난민 특히 그들이 무슬림인 경우에 격한 증오를 표시하면서 차별을 반복하고 있는 사람은 '자유주의'와 그것이 폭주한 형태의 포퓰리스트였다는 것이다.

네덜란드의 자유주의는 가치의 강요를 싫어한다. 이데올로기이든, 종교이든 강요가 될 만한 것은 배제하려고 한다. 그러한 것을 배제할 수 있는 개인 자체가 사회의 기반이고, 네덜란드라는 국가의 구성원인 것이다. 따라서 기독교도 이슬람도 강요가 될 수 있는 규범성을 가진 종교이기 때문에 자신의 신변에서부터 배제하는 것은 권리이고, 그것이 자유주의를 자유주의답게 만드는 방법이 된다. 이러한 자유주의 감각은 모두 네덜란드의 독자적인 것이 아니고, 권력에 의한 속박으로부터의 자유라고 하는 고전적인 자유주의에 원류가 있다.

거꾸로 젠더에 대해서는 평등을 주장하고, LGBT에 대해서는 어떠한 차별 의식도 가지지 않았다. 마리화나에 대해서도 규제가 완화되었고, 다른 마약에 대해서도 스스로의 책임하에서 사용하게 할 정도이다. 안락사에 대해서도 용인의 방향을 보여왔던 국가이다. 이러한 것이 유럽 사회에서 '자유주의'의 밑바탕인 것이다. 일본이나 미국에서의 '자유주의'와는 의미가 다르다는 것을 눈치채지 못했다면, 인권의 선진 지역이었던 유럽에서 왜 극단적인 배외주의가 표출되고 있는지를 이해할 수 없다.

무슬림 이민에 대한 차별

현재 그들이 가장 격하게 증오하는 것은 20세기 후반부터 이민 노동자와 함께 들어왔던 이슬람이다. 이 적대감은 9.11 동시다발 테러 이전에는 드러나지 않았다.

1990년대가 끝날 때까지 이웃 국가인 독일과는 달리 네덜란드에서는 인종주의가 표면화하지 않았다. 필자가 직접 그들에게 '네덜란드에서 무슬림 이민에 대한 차별이 있는가?'라고 질문을 하고 다녔는데, 모두가 부정적으로 답변했다. 당시 네덜란드에서는 무슬림도 포함한 이민을 어떻게 사회로 통합해 갈 것인지가 최대의 과제였다.

네덜란드에서도 처음에는 제2차 세계대전 이후에 '외국인 노동자'를 받아들인 것이 시작이었다. 그리고 적극적으로 그들을 사회의 구성원으로 인정하는 정책을 시행했다. 당초에 '외국인 정책'이라는 이름으로 불렸던 것을 '소수민 정책'으로, 그리고 이어서 '이민통합정책'으로 변경하여 구체적으로 통합을 추진하는 흐름이 1990년대 말에 만들어졌던 것이다. 1985년에는 외국인에게도 지방 참정권을 인정했다. 이는 이민의 사회적 통합에 있어서 중요한 정책이었다. 유권자가 된 이민을 받아들일 필요가 생기면서 주요 정당은 튀르키예, 모로코 출신의 후보자를 옹립했고 이민을 대상으로 하는 정책도 내걸었다.

동시에 네덜란드는 이민들의 문화를 네덜란드에 동화시키려고 하지 않았다. 특히 종교 문화는 존중을 받았고, 이슬람도 하나의 종교 문화의 '기둥'으로 승인되었다. 기독교의 가톨릭, 프로테스탄트, 여기에 무신론자까지 각각 하나의 문화적 '기둥'을 가질 수 있었던 것과 마찬가지로 20세기 후반부터 네덜란드 사회에 참가했던 무슬림 이민에게도 똑같은 권리를 보장했던 것이다. 무슬림을 대상으로 하는 방송국, 무슬림을 위한 학교(공립), 무슬림을 대상으로 하는 고령자 시설 등도 만들어졌고 모스크에 문화 및 교육 시설을 병설하는 것도 인정되었다. 이러한 것들에 대해서는 기본적으로 국가 예산에 의한 보조가 이루어졌다. 다문화주의라고 하는 것은 이러한 정책을 실현하면서 제도화된다. 말로는 다문화주의를 존중하는 것으로 보여도 구체적인 시책을 동반하지 않았던 독일이나 프랑스와는 크게 다른 것이다.

이러한 다문화주의 정책 덕분에 무슬림 이민들의 신앙 실천에는 그다지 제약이 부과되지 않았다. 덮개도 자유롭게 착용했고, 덮개나 턱수염을 이유로 차별을 받는 것도 없다고 해도 좋을 정도로 적었다. 그 반면에 무슬림은 네덜란드 문화의 자유를 거절할 수도 있었다. 매춘이 공인되어 있다는 점, 동성이든 이성이든 연애와 성관계가 자유롭다는 점, 마약에 대해서도 규제가 느슨한 점. 이러한 자유들에 대해서 무슬림은 교리에 어긋난다는 이유로 등을 돌렸다. 특별히 이러한 것들을 비난한 것은 아니었지만, 이맘이라 불리는 이슬람 지도자들도 신도들에게 이런 '악습'에 물들어서는 안 된다고 호소했다.

그러나 9.11은 네덜란드의 다문화주의를 바꾸어놓았다. 2001년 12월에 조사했을 때에 이민 노동자의 지원을 담당했던 NGO 조직은 이구동성으로 도대체 어떻게 이러한 지경이 되었는지, 후련하게 알지를 못하겠다면서 매우 동요하고 있었다. 9월부터 3개월 정도 사이에 이슬람 초등학교, 모스크, 무슬림 개인에 대한 혐오에서부터 폭행에 이르기까지의 일이 급속도로 늘어났던 것이다. 이것은 그때까지 이민의 문화에 대단한 관심을 보이지 않으면서 '나는 나, 너는 너'를 유지했던 네덜란드 사회에 갑자기 단층이 생겼음을 의미했다.

당시 이민 출신자가 아닌 네덜란드인에게도 충분히 물어보았는데, 9.11 테러로 인해 네덜란드인은 자신들의 신변에 있는 이민들이 갑자기 테러리스트로 보이기 시작했다고 말했다. 말하자면, '이민'을 발견했고 '그들이 무슬림이라는 것'을 발견했으며 '그들은 테러리스트였다'라고 생각하게 되었던 것이다. 다수의 사람들이 어떤 종류의 소수 집단을 '발견'했을 때에 그 존재를 인정하고 함께 살아가는 과정으로 연결되는 일은 거의 없다. 처음으로 나타나는 반응은 존재해서는 안 되는 사람을 발견해버렸다는 경악이고, 공포이다. 그리고 그것이 배척의 감정으로 기울어지는 것에는 시간이 걸리지 않는다.

2001년 이후, 네덜란드에서는 단숨에 배외주의가 고조되었다. 그리고 이를 맡은 사람은 자신은 자유주의자이므로 타자로부터 간섭을 받지 않는 자유를 최고 수준으로 요구했던 핌 포르타윈과 빌더스 등이었다. 포르타윈은 2002년 선거에서 두각을 드러내면서 자신의 이름을 붙인 정당을 일으켰지만, 곧 살해되고 말았고 정당은 힘을 상실했다. 그 뒤를 이은 사람이 빌더스였고, 그는 2006년에 PVV를 결성했다.

테오 반 고흐 사건이 초래했던 것

그 무렵에 네덜란드에서는 관용의 종언을 상징하는 일련의 사건이 일어났다. 2004년에 영화감독 테오 반 고흐가 모로코계 이민 청년에 의해 암살되었다. 원인은 이슬람을 모욕했다고 여겨지는 'Submission'(복종)이라는 영화였다. 나체 위에 얇은 천을 감았던 무슬림 여성이 남성으로부터 당한 폭력을 알렸던 이 작품은 서구 세계에서는 높은 평가를 받았지만, 무슬림 사회로부터는 격렬한 반발을 받았다. 스토리는 가능성이 있는 것이었지만, 나체를 보이면서 예배하는 장면 등의 표현은 무슬림에게는 있을 수 없는 일이었다.

이 작품은 아얀 히르시 알리라고 하는 소말리아 출신의 정치가가 각본을 제공하고, 테오 반 고흐가 감독을 맡은 것이다. 아얀 히르시 알리는 이 사건을 계기로 반이슬람 정치가로 유명해졌는데, 그녀도 자유주의 VVD의 국회의원이었다. 소말리아인으로서 소녀 시절에 비참한 체험을 거듭했던 것을 자서전으로 서술했고, 각본은 이를 바탕으로 한 것이었다. 아얀 히르시 알리는 9.11 이후 미국과 유럽 여러 국가에서 반이슬람의 급진적 상징이 되었다.

그런데 이후에 네덜란드의 방송국이 그녀의 체험담에 허위가 있었다는 것을 폭로하는 TV 프로그램을 방송했고, 같은 정당의 이민 담당 대신은 아얀 히르시 알리의 의원 자격을 박탈했다. 이러한 상황에서 난민으로서의 정주 허가도 취소되었다. 뒷맛이 쓰디쓴 스캔들이었다. 마침 이 무렵은 부시 정권에 의한 이라크전쟁 이후였고, 그녀는 미국의 보수적 싱크탱크로 옮겨가서 반이슬람 선전을 계속했지만, 미국 대통령이 오바마로 바뀌면서 주목을 받지 못하게 되었다.

네덜란드에서는 그 이후 반이슬람 상황이 두려워해야 할 정도로 굳어져 갔다.

2017년의 총선거에서 자유주의 정당의 뤼터 총리가 이성과의 악수를 거부하는 무슬림에게는 네덜란드에서 거주할 장소가 없을 것이라고 주장했던 것도 이슬람을 반자유주의라고 결단을 내리고 무슬림의 배척을 조장한 것이었다. 물론, 보다 격렬하게 반이민을 주장한 포퓰리스트인 빌더르스의 PVV로부터 표를 다시 가져오기 위한 발언이었지만 결과적으로 자유주의 정당인 VVD가 배외주의 포퓰리즘에 접근하여 도움을 준 셈이 되었다.

2. 독일 - 다양한 입장으로부터의 이슬람을 향한 대응

독일에서 AfD의 대두

한편, 같은 2017년에는 독일에서도 연방의회(일본의 중의원에 해당) 선거가 시행되었다. 선거 결과에서 가장 크게 주목할 점은 독일을 위한 선택지(AfD)가 연방의회에서 94석을 가지게 되었다는 것이다(그림 5-2 참조).

메르켈 총리의 기독교민주/사회동맹(CDU/CSU)은 겨우 제1당의 자리를 지켰으나 65석의 의석을 잃었고, 전통적 좌파인 사회민주당(SPD)도 40석이 줄어들어 의석을 대폭 잃었다. 이에 반해 의석을 늘린 것은 동맹90/녹색당(이하, 녹색당), 자유민주당 그리고 AfD였다.

2017년의 선거 시기에 AfD가 사용했던 포스터 캠페인 몇 가지를 소개한다. '이슬람은 독일에 속하지 않는다', '부르카? 우리들은 비키니다', '이슬람 프리(이슬람이 아닌) 학교'였고, 모두 명확하게 무슬림을 배척하는 주장을 드러내고 있다.

독일의 선거에 대해서 잊어서는 안 되는 것은 정당의 형태를 취하지 않고 배외주의를 조직화했던 시민단체인

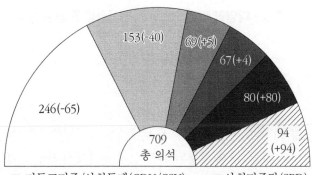

출처 : German Federal Returning Officer, BBC 작성.
그림 5-2 2017년 독일 연방의회선거의 결과

PEGIDA의 존재이다. 2014년에 이전 동독의 드레스덴
에서 탄생했던 이 조직의 풀네임은 '유럽의 이슬람화에
반대하는 애국적 유럽 시민'(Patriotische Europäer gegen die
Islamisierung des Abendlandes)으로, 유럽에서 이슬람에 부
정적인 자세를 분명히 드러내고 있다. 물론, 유럽이 이슬
람화한다는 것은 망상에 불과하다. 무슬림이 증가하고
있는 것은 사실이지만, 그들은 유럽을 이슬람화한다는
것 따위는 생각하지도 않고 있다.

만약 유럽에 등을 돌리고 고립의 길을 가려고 하는 무
슬림을 줄이고자 한다면, 유럽 사회가 무슬림에 대한 쓸

데없는 압력과 차별을 중지하는 것이 선결 과제이다. 아프가니스탄, 시리아, 예멘, 리비아에는 세계로부터 버림을 받고 고립되어 인도적 위기에 빠진 채 몇 년 동안이나 방치되어 있는 무슬림이 있고, 이들의 참상을 변화시키지 않으면 안 된다. 적어도 이러한 상황에 관해서 유럽, 특히 EU를 구성하는 여러 국가가 관여해 왔던 것은 명백하고, 무슬림으로부터 적대시될 정도로 충분한 이유가 있다는 것은 부정할 수 없다.

독일은 왜 배외주의를 용인하게 되었는가?

1990년 말까지 독일에서는 '독일은 이민국인가, 그렇지 않은가?'를 둘러싼 논쟁이 지속되고 있었지만, 이미 인구의 10% 정도가 이민을 통해 구성되어 있었던 당시의 현실로부터 동떨어진 논의였다. 그래서 독일 정부는 이 자세를 2000년대에 접어들면서 조금씩 변경했다.

보수인 CDU도 좌파인 SPD나 녹색당도 독일이 이민국이라는 전제 위에서 2000년에는 국적법을 바꾸었다. 외국 출신자의 자식들에 대해서는 23세까지 독일 국민으로 다루고, 23세가 만료되는 시점에 원래 국적 혹은 독일 국적을 선택하게 하겠다는 것이었다. 그리고 2014년에는 다시 국적법을 변경하여 이중국적도 승인하는 방향(다만, 종전의 법이 적용되는 사람은 제외)으로 국적의 개념을 바꾸었다.

그런데 그 무렵부터 시민 사이에서는 이민통합정책에 맹렬하게 반발하는 사람들이 늘어났다. 기존의 정당은 이민에 호의적이고, 이민의 문화에 타협적이라는 비판의 목소리를 흡수한 것이 AfD였다.

1990년대에 필자가 베를린에서 조사를 했던 무렵에 네오나치는 외국인의 비율은 7.5%가 인내의 한계라고 말하고 있었다. 난민 위기 이후인 2017년, 본인이 외국에서 태어났거나 혹은 부모가 모두 외국인인 사람의 비율은 23.6%(1,930만 명)에 달했고 가장 숫자가 많은 튀르키예에 뿌리를 가진 사람의 수는 278만 명이라고 도이체벨레(독일국영국제방송)는 전하고 있다(2018년 8월 1일. 데이터는 전체 인구의 1%를 대상으로 하는 마이크로센서스에 따른다).

이 상황에 독일인의 다수는 불안감을 가지게 되었다. 유럽 여러 국가는 미국, 캐나다, 호주처럼 본래 이민으로 만들어진 국가가 아니다. 그래서 자국민 이외의 사람이 정주하는 것에 강한 위화감을 쉽게 드러낸다. 그 문제를 회피하기 위해서는 예를 들면, 프랑스처럼 인종이나 민족 및 종교를 불문하고 프랑스공화국의 이념에 동조하여 원칙을 준수하고 개인으로서 공화국에 참가한다는 논리를 사용하거나 네덜란드처럼 처음부터 문화의 다양성을 보장하는 것 이외에는 국민으로서 통합할 방법이 없다. 그러나 본래 혈통에 근거하여 국민 개념을 채용했던 독일의 경우에는 독일인의 '피'가 흐르는지의 여부와 기독교의 전통에 구애되고 있다.

외부에서 온 사람의 다수를 무슬림이 점하고 있다. 이 사태에 대해 독일에서는 갑자기 '아이덴티티의 위기'를 부르짖게 되었다. 그러나 '아이덴티티의 위기론'은 난민이 쇄도했을 때부터 등장했던 것이 아니다.

독일연방은행의 이사이고, 본인은 SPD의 당원이었던 틸로 자라친이『독일이 자멸한다』라는 책을 집필하여 베스트셀러가 된 것은 2010년의 일이다. 틸로 자라친은 튀르키예 계열 이민 인구가 계속 증가하고, 결국에는 독일을 정복해버릴 것이라는 위협론을 선동했을 뿐만 아니라 유대인에 대한 인종차별적인 발언도 하고 있어 연방은행의 이사에서 해임되었지만, 이미 그 무렵에 그의 주장을 지지하는 사람들은 상당수에 달했다고 알려져 있다.

라이트쿨투르 논쟁

그러나 이 이야기에는 또 하나의 이전 단계가 있다. 라이트쿨투르 논쟁이다. 라이트쿨투르(Leitkultur)라는 것은 '주도적 문화'라는 의미이다. 처음으로 이를 사용했던 사람은 독일에 거점을 둔 시리아 출신의 사회학자 바삼 티비였다. 『아이덴티티가 없는 유럽, 다문화 사회의 위기』 (1988년)라는 저작에서 유럽에는 계몽, 자유, 민주주의 그리고 관용이라는 공통의 가치가 있고, 그것 자체가 유럽의 '주도적 문화'라고 주장했던 것이다.

그 직후부터 이 용어는 독일의 보수정당인 CDU와 CSU에서 활발하게 사용되었다. 보수정당은 바삼 티비의 주장과는 달리 이것을 '독일의 주도적 문화'라는 의미로 사용했다. 독일 국내에 다수 거주하고 있는 무슬림 이민이 영원히 독일 사회에 '통합'되지 않을 것에 대한 초조함에서부터 그들을 독일의 주도적 문화에 따르게 한다는 의도로 교체되었던 것이다. 이를 주장하기 시작했을 무럽에 좌파 정당은 '독일의 주도적 문화'라는 표현에 과거 독일 민족주의로의 회귀를 읽어낼 수 있다고 비판했다. 이민의 통합이 추진되고 있었는지, 추진되지 않았는지에 대한 논쟁보다도 우익적인 민족주의를 감지했기 때문이다.

여기가 미묘한 지점인데, CDU가 2차 세계대전 이후 독일의 민주주의와 자유의 관념을 부정하려고 했던 것은 아니다. 명백한 이슬람 혐오를 내걸었던 것도 아니라면, 이슬람의 배척을 주장했던 것도 아니다. 이민, 특히 무슬림 이민들은 독일 사회가 2차 세계대전 이후 항상 내걸었던 자유와 민주주의라고 하는 가치를 존중하지 않으면 안 된다는 것이었다. 앞서 언급했던 메르켈 총리의 발언도 이 연장선에 있었다.

그러나 무슬림 이민과의 공생을 둘러싼 사태는 이 논쟁이 일어났던 2000년대 초부터 급격히 악화되고 말았다. 말할 것도 없이 미국에서 9.11 동시다발 테러 사건이 일어나고 그 이후 마드리드와 런던에서도 테러가 잇달아 발생하면서 우파도 좌파도 모두 무슬림 이민에 대한 염려를 심화하게 되었던 것이다.

처음으로 라이트쿨투르의 개념을 제창했던 바삼 티비

는 이슬람의 입장, 혹은 무슬림 이민의 입장을 옹호하지는 않았다. 그는 오히려 다문화주의를 용인해버리면서 특히 무슬림들이 폐쇄적인 공동체 속에서 살아가게 되었고, 그 결과 편협한 이슬람주의의 토양이 되었음을 걱정했던 것이다. 연이어 일어나는 테러 사건은 정확히 그의 걱정을 입증하는 것이었다.

독일에서는 이러한 상황으로 인해 라이트쿨투르가 오히려 규범성을 강조하는 문맥에서 사용되었다. 즉, 독일에 살고 있다면 정치화된 이슬람에 따라서는 안 되고, 독일이 보장하는 개인의 자유를 제약해서는 안 된다는 식의 명령 형태로 언급되는 경우가 많아졌던 것이다. 현재는 AfD가 이슬람 배제를 강조하는 선거 포스터에 라이트쿨투르라는 한 마디를 병기하고 있다.

9.11에는 독일에서 유학하고 있었던 무슬림도 관여했기 때문에 무슬림 이민이 독일 사회를 파괴하지 않을까에 대한 걱정이 심각해졌다. 이리하여 2005년에 독일 사회로의 통합 프로그램이 개시되었고, 300시간의 독일어 수업과 독일 사회로의 통합을 위한 기초 교육을 받는 것이 의무화되었다. 이에 수반하여 독일 국적의 취득을 바라는 경우에는 시험이 부과되었다.

'다문화주의'가 아닌 독일

통합 프로그램을 시작하고 5년이 지난 2010년에 메르켈 총리가 독일의 다문화적 상황은 실패했다고 발언했다. 하지만 독일에서는 다른 문화 집단을 병존하게 하는 발상이 없고, '다른 문화를 보유한 채 독일에서 거주해도 좋지만, 거주할 곳은 없다고 생각하라'고 지속적으로 언급했다. 이 점은 많은 이민이 지적하고 있는데, 수십 년 동안이나 독일에서 살았는데도 '그런데 언제 모국으로 돌아가는 것인가?'라는 말을 듣는다고 한다. 메르켈 총리는 한편에서는 이슬람이 독일 사회의 일부라는 점을 계속 인정하면서 다른 한편에서는 무슬림 이민이 아직까지도 독일에 '통합'되지 않았다는 것을 실패라고 불렀다. 당연한 일이겠지만, 그것은 독일 사회와 이민 사회의 상호작용이 일으킨 결과였다.

CDU의 바이에른주에서 자매 정당인 CSU의 대표였던 제호퍼는 2010년에 더욱 가차없는 의견을 말하고 있다. 본래 튀르키예인이나 아랍인이 독일 사회에 통합될 수 있다고 생각하는 것이 틀렸기 때문에 이민을 받아들인다면, 독일 문화에 더 가까운 사람들이어야 한다는 것이었다.

그러나 이를 무슬림 이민 측의 입장에서 생각하면, 완전히 다르게 보인다.

그들은 독일 정부가 이민에 대한 '통합'을 추구하고 있다는 것은 알고 있었지만, '통합'이라고 계속 말하면서 실은 '동화'를 추구하고 있다는 것이 분명하다고 생각했던 것이다.

여기에는 불행하게도 이중의 문제가 존재했다. 독일 측은 1980년대부터 입만 열면 '통합'이 필요하다고 말을 하고 있었지만, 그 통합이 무엇을 의미하는지 무슬림 이민이 이해할 수 있도록 설명하지 않았다. 필자도 여러 번 독일 정부가 말하는 '통합'이 무엇을 의미하는지를 독일 정치가에 계속 물어보았지만, 답변은 독일어를 습득하고 적당한 직장에 취업한다는 것 이외에는 내용이 없었다. 감히 말하자면, 서로를 이해하는 것의 필요성은 결코 상정하지 않고 있었던 것이다.

한편, 튀르키예인을 필두로 하는 무슬림 이민 측은 독일의 질서나 가치관을 자신들에게 강요한다는 것을 느꼈기 때문에 독일은 입으로는 '통합'을 계속 말하면서도 실은 '동화'를 강요하는 것이라고 생각해버렸다. 여기에서 말하는 독일의 질서라는 것은 일상적인 차원에서 말하면, 밤은 조용히 보낸다, 질서를 지켜 운전한다, 시간을 지킨다와 같은 기본적인 것에서부터 시작된다. 이 점까지는 무슬림도 받아들였다.

그런데 그다음에는 남성과 여성은 무엇을 하더라도 평등해야 하기 때문에 학교에서는 남녀가 함께 수영 수업도 받고, 여성만이 스카프와 같은 덮개를 착용하는 것은 여성 차별이며 10대 후반이 되었다면 아이들은 부모로부터 자립할 수 있다는 것과 같은 규범을 받아들일 것이 요구되었다. 여기에서 이슬람의 규범과 맞지 않는 부분이 생긴 것이다. 이슬람에서는 제2차 성징을 거친 '어른' 남녀는 서로 감추어야 하는 부분을 타인의 앞에 드러내서는 안 된다. 부모와 자식의 관계는 유럽 사회보다도 훨씬 밀접해서 가족으로부터 떨어지는 것을 통해 사람이 자립한다는 관념도 없다. 이렇게 종교적인 가치에 개입하는 듯한 '시골에 들어와서는 시골에 따르라'를 문화적인 동화정책이라고 받아들였던 것이다.

그런데 여기에 심각한 단절이 있다는 것을 무슬림 이민도 알아채지 못했다. 독일 측이 말했던 것은 여기에 머무른다면 법칙에 따르라는 것이었는데, 법칙에 따르면 독일인으로서 독일 사회를 구성하는 대등한 멤버로서 승

인한다는 의미가 아니었던 것이다. 강고한 혈통주의에
근거한 국민 관념을 가진 독일에서 본래 민족도 문화도
다른 튀르키예인이나 아랍인을 동포로서 받아들일 소지
는 없었다. 즉, 독일에서는 상대방을 동화시킬 의도가 처
음부터 없었던 것이다. 그러나 규범만을 상대방에게 강
요해도 이민 측은 영원히 자신들을 '동지'로서 받아들이
지 않는 것이 아닌가라면서 반발해버린다. 결국 이 단절
이 독일 사회에서 배외주의, 반이슬람을 탄생시켰고, 무
슬림 측이 스스로를 독일 사회로부터 격리하는 경향을
만들게 되었다.

환영받지 못한 이슬람과의 공생

독일의 경우도 결과적으로 기독교적 가치를 중시하는
의미에서 보수적인 사람과 기독교와는 거리가 멀고 오히
려 무신론적 좌파인 사람 양쪽으로부터 이슬람이 기피되
면서 무슬림은 혐오의 대상이 되었다. 따라서 '극우'가 이
민과 난민 배척을 주장하고 있기 때문에 우경화가 문제
라는 지적이 반드시 타당한 것은 아니다.

물론, 극우는 '유럽의 가치'보다도 '독일의 가치'를 중시한다. 그러나 이민족은 나가라고 외치면, 네오나치로서 처벌을 받는다. 그러나 여성에게 차별을 하면서 인권을 경시하고, 폭력을 꺼리지 않는 이슬람을 배제한다고 주장하는 사람에게는 네오나치라는 딱지를 붙이지 않는다는 것을 지금의 극우는 잘 알고 있다. 이전 1990년대의 네오나치는 동독과 서독 통일의 그늘에 남아 있었던 빈곤층 노동자를 매혹시켰다. 그들이 곧잘 입에 올리는 것은 '자신들에게도 경의를 표시하라'는 표제였다. 통일로 인해 한꺼번에 유입되었던 동유럽권과 구소련으로부터의 '독일계 귀환자'에 더하여 구 유고슬라비아와 아프리카에서 내전이 시작되면서 많은 난민이 독일로 들어왔다. 비호를 받았던 그들에 비해 이미 독일에서 일을 하고 있었던 자신들은 왜 무시를 받는 것인가? 이러한 분노의 발단이 네오나치라고 하는 길을 선택하게 만들었던 것이다.

그런데 그때에도 분노의 창끝은 사회주의권에서 온 '독일계 귀환자'보다도 아프리카에서 온 난민이나 이미 30년 동안이나 정주하고 있었던 튀르키예 계열 이민에게 향했다.

1991년 9월에는 호이에르스베르다(작센주)에서 베트남계 난민이 수용되어 있었던 시설, 1992년 8월에는 로스토크(메클렌부르크포어포메른주)에서 집시와 베트남계 난민이 수용되어 있었던 시설이 습격을 당했다. 그리고 1992년 11월에는 묄른(슐레스비히홀슈타인주)에서 튀르키예인 일가의 거주지 방화 사건이 일어나 3명이 사망하고 1명이 다쳤다. 범인 중 한 사람은 방화 이후에 소방서에 직접 전화를 걸어 '외국인을 불에 태워주었다'라고 신고했다. 범인 1명은 종신형, 다른 1명은 10년 금고형에 처해졌다. 1993년 5월에는 졸링겐(노르트라인베스트팔렌주)에서도 튀르키예인 일가의 거주지 방화 사건이 일어나 5명이 사망했다.

이러한 일련의 사건들은 통일의 흥분 속에서 독일 민족주의가 고양되고 있었던 것, 통일에 의한 동독 지역으로의 막대한 지원의 그늘에서 혜택을 받지 못했던 사람들의 불만이 겹쳐지면서 발생했다. 당시 콜 총리는 나치즘이 다시 불타오른다는 의심을 내걸었던 세계로부터 엄준한 비판을 받았다. 독일의 양심이라고 일컬어졌던 바이츠제커 대통령은 독일 국민이 과거를 직시하지 않으면 안 된다는 것을 반복해서 말했다. 나치의 과거에 대해 절대로 되풀이되어서는 안 된다는 생각은 지금에 비하면

훨씬 많은 시민에게 공유되고 있었다. 그러나 독일의 통일로부터 30년이 지났는데, 이질적인 문화와의 공생을 지향하는 태도는 명백하게 약화되었다.

그리고 지금은 더욱 넓은 범위에서 무슬림 이민이나 난민에 대한 위화감과 반감이 공유되고 있다. 그 목소리를 끌어올리는 조직이 PEGIDA이고, AfD이다.

네덜란드의 빌더르스는 기성 자유주의 정당에서부터 폭주한 정치가이지만, 독일의 AfD는 네오나치적인 우울함을 내포한 채로 네덜란드와 마찬가지로 누구에게도 자유를 침해당해서는 안 된다는 자유주의의 심정과도 잘 어울리면서 지지를 얻었다. 따라서 이를 일시적인 우경화 경향이라고 할 수는 없다고 필자는 생각하고 있다.

3. 이슬람과 유럽

동화주의의 실패

이슬람과의 공존에 관한 한, 유럽에서는 동화주의도

다문화주의도 실패로 끝났다. 동화주의는 1장에서 살펴보았듯이 프랑스에서 전형적인 것인데, 실질적인 차별을 해소하지 못하면서 무슬림 이민의 재각성을 촉진했다. 프랑스의 경우, 유럽 국가 중에서도 세속주의를 중시하여 개인의 행동을 규제했던 것이 무슬림에게는 강력한 문화적 동화 압력이라고 받아들여졌던 것이다.

반복해서 언급하는 것이지만, 프랑스의 무슬림 이민들의 모국은 본래 이전의 식민지가 많고, 종주국 프랑스의 계몽주의로부터 영향을 받았기 때문에 세속적이었다. 모국의 사회가 엄격한 이슬람을 적용하고 있어서 프랑스에 이슬람주의를 가지고 들어왔던 것이 아니다. 이슬람은 본질적으로 프랑스의 세속주의와 양립할 수 없다는 것은 서술했던 바이고, 그들은 본래 세속적인 무슬림 사회에서 태어나서 더욱 세속적인 프랑스 사회에서 거주하게 되었던 것인데 여기에서부터 태도를 바꾸어 이슬람으로 재각성했다. 그 원인은 어느 정도는 프랑스공화국의 이념에 동조하면서 그 제도에 따랐어도 '이급 시민'으로 취급되어 인종차별을 받았으며 자유도 평등도 얻지 못하면서 동포애의 대상도 되지 못했던 것에 있다. 그 점을 간과하면, 프랑스형 동화주의가 왜 실패했는지를 밝

힐 수 없다.

자각적으로 세속주의와 한 차례 단절해버리면, 이는 이민에게만 한정되지 않고 모든 무슬림에게 적용되는 것인데 자신은 이슬람의 올바른 길로 되돌아왔다고 확신하고 다시 세속주의로 돌아가지 않는다. 세속주의와의 타협을 만들어내는 것이 반드시 불가능한 것은 아니지만, 무슬림의 신앙 실천을 사적인 공간과 공적인 공간으로 구분하는 것은 원리적으로 곤란하다.

따라서 집에서는 이슬람의 교리에 따라 여성이 덮개를 몸에 두르고, 공적인 장소에서는 벗는다고 하는 말은 성립될 수가 없다. 본래 덮개는 가족, 그것도 남편 이외의 이성 앞에서 성적 부위를 가리는 것이기 때문에 바로 그 공적 공간에서 착용하지 않는다면 의미가 없다. 이를 무리하게 구분하여 공적 공간에서의 신앙 실천을 제약하는 '동화'를 강요하면서 동화주의는 실패로 끝났다.

다문화주의의 한계

한편, 다문화주의는 제도화를 수반하지 않고 다양성의

훌륭함과 이문화에 대한 관용을 말하는 것만으로 한정되어 손바닥을 뒤집는 것처럼 다문화주의는 안 된다 혹은 실패했다고 유럽 사회 측에서 주장하기 시작하면 그것으로 끝이 나 버린다.

무슬림 측이 유럽 사회를 대하는 태도에는 변함이 없다. 그들은 유럽의 배외주의자들이 의심하는 것과 같이 유럽을 이슬람화하려는 것 따위는 생각하지 않는다. 압도적 다수의 무슬림은 자신들의 신앙 실천에서 자유를 인정받기를 바랄 뿐이지만, 그조차도 허용되지 않는 것이 현실이다.

유럽은 현재 세계에서 보편적인 국민국가가 탄생한 곳이다. 이 책의 첫머리에서도 지적했듯이 대륙 유럽의 경우에는 작은 국가까지 포함하여 다닥다닥 붙어 있다. 외국인으로서 여행을 하는 것만으로는 도무지 의식할 수 없지만, 각각의 국가에는 국민이란 누구인가를 결정하는 원리와 원칙이 있다. 그것은 혈통에 근거하는 경우도 있고, 이념에 근거한 공동체로 규정되는 경우도 있다.

따라서 그 국가의 구성원으로서 국민의 정의에 해당되지 않는 사람, 즉 외국인이나 이민 그리고 난민은 일반적으로 국민과 같은 위치에 있는 것이 아니다. 동시에 한

명의 인간으로서의 권리, 즉 인권을 보장하지 않으면 안 된다는 사고방식도 유럽에서 성장했다. 그래서 이문화의 존중은 현대 유럽을 관통하는 가치의 하나라고 할 수 있다.

그러나 그 상세함을 살펴보면, 국가마다 상당히 다르다. 실제로, 외국인 노동자로 들어와서 그 국가에 정주했던 이민을 '민족'으로 포괄하여 평등한 권리를 보장하게 되면 본래 존재했던 국민의 이해를 얻는 것이 매우 어렵다. 그래서 민족문화를 단위로 하는 다문화주의라는 것은 '존중합시다'라는 슬로건으로서는 받아들여져도 '제도로서 보장합시다'라는 합의는 대부분의 국가에서 얻을 수 없다.

그러나 종교에 관한 '다문화주의'는 상대적으로 인정하기 쉬운 것이었다. 네덜란드처럼 가톨릭과 프로테스탄트가 오랫동안 싸웠던 국가에서는 분쟁을 중단시키기 위해서는 양쪽 교회와 신도 사회에 평등한 권리를 보장할 수밖에 없었고 그것이 지름길이었다. 20세기가 되면, 사회주의자 혹은 무신론자 집단도 등장했기 때문에 그들에게도 마찬가지로 평등한 권리를 보장하게 되었다. 민족과는 달리 종교는 선택의 여지가 있다는 것도 서로 다름

을 용인하기 쉬운 원인 중의 하나이다. 이에 더하여 제2
차 세계대전 이후에 다시는 유대인을 박해하지 않겠다고
한 맹세는 독일에게만 한정된 것이 아니었다. 그들의 종
교인 유대교와의 공존은 유럽에게 있어서 절대적인 조건
이 되었다.

그 연장선에서 무슬림 이민이 참가했을 때에 그들의
종교에도 평등한 권리를 보장한다는 합의를 얻는 것은
그 정도로 어려운 일이 아니었다. 종교의 공존에서 가장
선진적인 다문화주의를 채용했던 네덜란드는 가톨릭의
학교, 프로테스탄트의 학교, 무신론자의 학교(비종교적인
학교)에 더해 앞서 서술했듯이 무슬림을 위한 학교도 공
적인 예산으로 설치했다. 종교뿐만 아니라 다문화주의
는 사상으로도 확산되어 몬테소리 교육 학교처럼 사상에
의한 공동체의 설치를 바라는 경우도 인정되었다.

무슬림에 대한 이해

그러나 종교의 다양성에 근거했던 다문화주의는 이제
위기에 직면해 있다. 유럽 최대의 '이질적' 종교 집단이

이슬람이 되었기 때문이다. 프랑스나 독일처럼, 기본적으로 다문화주의를 채용하지 않았던 국가는 물론이고 다문화주의를 제도화했던 네덜란드나 영국에서도 무슬림에 대한 경계를 강화하고 있다. 폴란드나 헝가리처럼 무슬림에게는 거주할 장소가 없다고 단언하는 정치가가 등장했던 동유럽의 국가를 제외하면, 아직 서유럽의 국가들은 이민을 받아들인 역사로부터 무슬림을 완전히 배제하는 데에는 이르지 않았다. 그러나 온건한 무슬림과 과격한 무슬림을 식별하여 후자를 감시 아래에 두는 것을 통해 치안의 유지를 도모하는 것까지는 모든 국가에서 이루어지고 있다.

경찰이나 치안 기관이 무슬림의 신앙을 '온건'과 '과격'으로 분류하려는 것이다. 그러나 이것이 제대로 될 리가 없다. 왜냐하면, 이슬람에는 과격도 온건도 없기 때문이다. 신앙에 관한 방대한 규범을 무슬림이 어디까지 실천하는지에 따라 비무슬림의 시선에서 보았을 때에 온건한 사람과 과격한 사람으로 구분되어 보이는 것에 불과하다. 무슬림은 하루 다섯 번 예배를 지키고, 라마단 때에는 단식하고, 가난한 사람에게는 희사(喜捨)하고, 메카로 순례를 하는가라고 묻는다면 그렇게 하는 사람도 있고 아닌 사람도 있다. 마찬가지로, 무슬림의 의무인 '지하드'에 대해서 무엇을 어디까지 하는 것인가에 관해서도 개인에 따라 큰 차이가 있다.

과격파에 의한 테러가 빈발했기 때문에 유럽의 경찰이나 정보기관이 가장 알고자 하는 것은 이 점에 있다. 그러나 무슬림은 '지하드라는 것은 모든 신앙의 적과 싸워서 말살하는 것이 아니고, 스스로의 신앙을 올바르게 하기 위해서 선행을 쌓는 것도 지하드이다'라고 대답한다. 비무슬림의 입장에서 보면, '답변을 어물쩍 넘겼다'라고 느끼겠지만 사실이 그대로이다. 적을 섬멸하러 가는 형태의 지하드에 집착하는 신도도 있다면, 일상생활에서 약한 입장의 사람을 지키기 위해 싸우는 사람도 있다. 어느 쪽이든 '지하드의 전사'임에는 틀림이 없다.

예를 들면, 시리아나 예멘의 아이들이 겪는 참상을 목격했을 때에 격노하는 무슬림은 얼마든지 있다. 그러나 그다음은 다르다. 한순간에 분노하기만 하고, 무엇도 하지 않는 무슬림도 있다. 아이들을 위해 모금에 응하는 무슬림도 있다. 아이들을 구원하기 위해 이슬람 NGO에 참가하거나 혹은 가혹한 경험을 하게 만든 아사드 정권과 싸우기 위해 지하드 조직의 전투원이 되는 무슬림도 있는 것이다. 게다가 처음에는 분노만 했던 사람이 점차 실천의 정도를 높이는 경우도 있다. 무엇인가를 할 수 있다는 것이 계기가 되어 갑자기 시리아에 전투원으로 가버리는 경우도 있다. 이 행동을 사상으로부터 식별한다는 것은 외부 사람에게는 불가능하다.

무슬림의 행동을 폭력으로부터 떨어뜨리기 위한 유일한 방책은 유럽 사회가 그들에 대한 우월 의식을 버리고, 무슬림이란 어떤 사람인지를 이슬람의 문맥으로부터 이해하려는 것이다. 그중에는 당연히 약자를 박해했을 때에 무슬림이라는 사람이 어느 정도 분노하는가와 같은 아주 단순한 사실의 이해도 포함되어 있다는 점은 말할 것도 없다.

무슬림 이민에게 있어서는 다문화주의도 재앙을 초래했다. 다문화의 공존에 관용적이었던 유럽 여러 국가의 사회는 실은 무슬림 이민이 자신들과는 다른 가치관을 가진 집단이었다는 것을 알게 되면서 분노했다. 그것도 이웃이 되고 반세기도 지나고 난 이후에 그들을 '발견'했던 것이다. 이웃 사람의 신앙이 어떠한 것인지, 무엇을 중시하는지, 무엇을 혐오하는지, 반세기 동안 아무런 관심을 두지 않았던 결과이다.

다문화주의를 제도적으로 보장하는 경우도 결과는 똑같았다. 기독교도에게 인정하는 권리, 무신론자에게도 인정하는 권리를 무슬림에게도 평등하게 인정하는 것이 다문화주의의 제도화이다. 섣불리 권리로 인정해 왔기 때문에 이웃 사람을 위협하는 것이라고 생각해버리면, 어떻게든 권리를 박탈하기 위한 이유를 짜내려고 한다. 다문화주의 사회의 위험은 여기에 있다.

　권리를 박탈할 수 있다면, 상대방을 차별주의자라고 하든 혹은 유럽이 공유하는 민주주의, 인권, 이성과 같은 여러 가치를 무시하는 인간 집단이라고 결론을 내는 것 이외에는 방법이 없다. 실제로 최근 여러 해 동안 모든 유럽 국가에서 전개된 반이슬람 주장이라는 것은 거의 이 선을 따라 구축되어 있다.

서로 다르다는 것의 근원을 익히다

　이슬람에는 민주주의도 인권도 이성도 모두 빠짐없이 있는데, 같은 단어로 표현을 했어도 그것이 가리키는 내용은 유럽 사회의 그것과는 크게 차이가 난다.

인권은 본래부터 보장되는데, 앞에서 서술했듯이 남녀의 평등은 성별 역할의 분업을 전제로 깔고 있는 것이다. 그래서 가족의 생계를 지탱하는 의무는 남성에게 부과된다. 여성은 남성의 보호 아래에 두어진다. 엄밀하게 이슬람에 따른다면, 남성은 일방적으로 이혼을 선언할 수 있지만, 부양의 의무나 정조(貞操) 의무를 위반했던 경우에는 여성도 이혼을 청구할 수 있다.

　이렇게 서구의 평등과는 상당히 다른 발상을 포함하는 것이 사실인데, 그러한 구조를 유럽과 같은 형식적인 평등으로 다시 만들라고 명령을 한다고 해도 1,400년 이전에 신의 계시로 부여받은 체계를 변경하는 것은 불가능하다. 알라(신)가 인간에게 내려와서 사도 무함마드에 의해 전달된 규범은 시대가 바뀐다고 해서 변하는 것이 아니다. 그것에 이슬람의 본질이 있다는 점을 유럽 사회는 알지 못했다.

　이야기를 복잡하게 만들어버리는 것 같은데, 여기에서 언급한 이슬람적인 규범이 현실의 유럽 사회에서 적용되지 않는다는 것도 많은 무슬림 이민들은 알고 있다. 인민이 주권을 가진다는 것도, 의회가 입법권을 가진다는 것도, 헌법이 최고의 법규라는 것도 알고 있고, 여성의 권리가 이슬람과는 다른 문맥에서 보장된다는 것도 잘 알고 있다.

실제로 무슬림 이민의 일상생활에서 유럽의 규범과 충돌하는 것은 여성의 덮개, 학교에서 남녀가 함께 배우는 수영이나 교외 학습 정도이다. 무슬림은 돼지고기를 먹지 않는데, 그렇다고 해서 돼지고기를 먹는 유럽인을 적대시하거나 습격하지는 않는다. 무슬림에게 있어서 돼지고기는 음식물로 보이지 않을 뿐이다. 술을 마시는 유럽 사람들을 냉담하게 보는 것은 있어도 바나 비어홀을 폐쇄하라고 주장하는 무슬림도 없다. 그들의 모국에서도 음주를 엄격하게 금지하는 것은 일부 국가뿐이고, 그러한 국가의 사람도 유럽으로 이주하면 술을 마시게 되기도 한다.

최초의 이민들 중에서는 무슬림 자신도 스스로의 신앙 기반을 이루고 있는 법의 체계가 근대 이후 유럽 사회의 법체계와 어떻게 다른지를 알지 못했고, 의식하지도 못했다. 앞에서 서술했듯이 1980년대 무렵부터 급속하게 양자의 서로 다름이 자각되었다. 그것이 이 책에서 말한 무슬림으로서의 재각성이었다.

재각성을 경험했던 무슬림은 법체계까지 거절하는 경

우는 적지만, 유럽 사회의 여러 가치에 접근하지는 못한
다. 그리고 자신들의 우위와 정당성을 깊이 믿고 있는 유
럽 사회는 이슬람의 여러 가치와 그 법체계에 다가가지
않았고, 이해하려고 하지도 않았다.

맺음말 — 공생 파탄으로의 반세기

이 책에서 서술했듯이 이슬람과 유럽의 공생이 파탄에 이르기까지는 대략 반세기에 걸쳐 국경을 넘는 사람들의 이동의 역사가 있었다. 중동-이슬람 세계에서는 강권적인 영역국민국가 체제가 한계에 달한 역사가 존재했다. 이스라엘에 의한 팔레스타인 점령, 이에 대항해 왔던 아랍 연대의 소멸. 석유로 창출되는 부를 계속 독점하기 위해서는 이스라엘의 배후에 있는 미국 군대의 산하에 들어가는 길을 선택한 역사도 있었다.

이에 대항한 알카에다와 '이슬람국가'는 중동-이슬람 국가들을 파괴하려고 했지만 성과를 거두지 못했고, 미국과 유럽 여러 국가로 목표를 변경하여 파리, 브뤼셀, 베를린에서 테러를 계속 터뜨리면서 무슬림 전체가 적대시되는 원인을 만들었다.

무슬림의 여러 국가 중에서 유일하게 반세기 이상에 걸쳐 EU로의 가맹을 지향했던 튀르키예는 2005년에 한 차례 정식 가맹 교섭을 개시했지만, 가맹국 여론의 강렬한 반대를 앞에 둔 수뇌들이 동요하면서 불과 1년 만에 교섭이 좌절되었다. 튀르키예 국민의 대부분은 EU가 '기독교 클럽'으로 변했음을 직접 목격했고, 한층 무슬림으로서의 재각성이 진행되었다.

우리들은 지금 이런 상황에 놓여 있다. 국가의 질서도, 동맹 관계도 무너졌고 국제연합 안전보장이사회는 이 지역에서의 분쟁 해결에서 실효성을 가지지 못한 주권국가들이 모인 가족으로 변했다. 냉전으로 인해 무너졌던 세계적 질서는 그 이후 '이슬람에 대한 배제'라는 한 지점으로 수렴되는 방향으로 질서의 재구축을 시도했던 것으로 보인다. 유럽이 포괄성에서 배타성으로 전환한 30년이었다.

2020년 4월, 이 책을 쓰고 있는 시기는 신형 코로나바이러스에 의한 팬데믹이 세계를 습격하고 있는 한가운데에 있다. 제2차 세계대전 이후 현재 여러 국가의 체제가 만들어진 이래, 감염병이 세계를 뒤덮은 것은 처음이다. 이 미증유의 위기가 이 책에서 초점을 맞춘 이슬람과 유럽 사이에 어떠한 영향을 끼치게 될지를 지금은 기록할 수가 없다.

하지만 감염 확대가 시작되고 곧바로 세계 각지에서

아시아계 사람들에 대한 차별이 표면화했다. 감염이 중국에서 시작된 것이라고 보도되었기 때문인데, 역병을 다른 국가 사람들과 연결시키는 발상 자체는 새로운 것이 아니다. 15세기 말부터 유럽에서 확산되었던 매독이 프랑스를 제외한 다수의 유럽 국가에서 '프랑스병'이라고 불렸고, 당시 프랑스에서는 '나폴리 사람의 병', 튀르크에서는 '기독교도의 병'이라고 불렸던 것도 하나의 사례이다.

이번 신형 코로나바이러스에 의한 감염병에 대해서도 미국의 트럼프 대통령이 '중국의 바이러스'라고 부르고, 세계적으로도 '우한 바이러스'라는 명칭이 자주 사용되었다. 그러나 최초로 감염이 확대된 지역이 어디이든 그것과 차별을 연결시키는 것은 부당하다. 그 부당성을 자각하지 않으면서 차별을 하는 사람들은 중국이 생물학적 무기로 바이러스를 사용했다는 음모론에 접근한다. 트럼프 대통령의 발언으로부터 영향을 받아 중국도 미국에 의한 음모설을 전개했다.

이러한 음모론 대응은 이슬람을 칭하는 테러리스트의 범죄를 규탄할 때에도 사용되었다는 점을 상기시켜두고자 한다. 폭력이 나쁜 것이 아니고, 이슬람에 근원적인 문제가 있다고 하면서 무슬림을 차별하고 배제하는 주장은 이 책에서 살펴본 그대로이고 과거 20년에 걸쳐서 세계에 만연했다. 이에 대해 급진적인 이슬람주의 세력은 항상 미국은 무슬림의 배제를 목표로 한다는 음모론을 활발하게 전개했다. 이란은 국가 전체가 미국을 모든 음모의 원천이라고 주장하고 있다.

필자가 주목하는 것은 세계가 이미 이러한 분단과 배제를 향해 기울어지고 있는 때에 신형 코로나바이러스의 팬데믹이 발생했다는 점이다. 팬데믹 그 자체는 확실히 글로벌한 현상이고, 풍요로운 국가와 가난한 국가를 불문하고 팬데믹의 습격을 받았다. 당연히 팬데믹에 대항하기 위해서는 글로벌한 협력이 필요하다.

그러나 세계는 국가를 뛰어넘어 협력하는 방향으로 향하지 않았다. 거대한 제약기업은 신형 코로나바이러스의 치료약과 백신 개발을 둘러싸고 격전을 벌이고 있는데, 이는 시장을 독점하여 거액의 이익을 얻기 위한 신자유주의적인 경제활동의 일환이다. 글로벌리즘은 그들에게 있어 당연한 전제이지만, 얻어낸 성과의 분배가 빈부를 구별하지 않고 동등하게 세계 사람들에게 환원될 가능성은 매우 낮다.

이와 관련된 것은 이미 세계에 넘쳐흐르고 있는 난민과 막을 수 없는 엄청난 이민의 발생이다. 난민이 집중적으로 거주하고 있는 곳은 전쟁이나 분쟁의 와중에 있는 국가(지역)에 인접한 국가들이고, 대부분은 무슬림이다. 아시아, 중동, 아프리카의 어디를 살펴보아도 분쟁 당사국도 그리고 이웃 국가도 풍요로운 국가는 아니다. 시리아 북서부의 이들리브에서는 지금도 정부군과 러시아군의 공격을 받아 도망친 국내 피난민이 100만 명에 가깝고, 이들이 튀르키예와의 국경으로 쇄도하여 텐트에서 생활을 보내고 있다.

국제이주기관(IOM)과 국제연합 난민고등판무관사무소(UNHCR)는 사람들이 밀집한 난민 캠프의 환경이 열악해서 신형 코로나바이러스의 감염이 확대되면 대참사가 된다는 것을 여러 차례 경고했다. 그러나 모든 국가가 자국민의 보호가 선결 과제이기 때문에 도저히 난민에게까지 손길이 미치지 못한다. 게다가 등록을 하지 않은 난민이나 이민은 본래 보호의 대상조차 아니다. 2020년 3월 하순에 인도 정부는 전역에서 3주 동안에 걸친 외출금지령을 발표했다. 경제활동은 넓은 범위에서 정지되었고, 이웃 국가인 네팔로부터 일을 하러 왔던 이민 노동자는 생계를 유지할 수단이 끊어졌기 때문에 귀국을 하기 위해 국경으로 쇄도했다. 그러나 국내에서의 감염 확대를 우려한 네팔 정부는 자국민의 귀국을 허락하지 않았고, 많은 사람들이 국경에서 그대로 사망하는 사태가 벌어졌다. 국가가 국민을 보호하지 않는 사태는 지금 세계에 넘쳐나고 있다.

제2차 세계대전 이후의 세계에는 그때까지는 존재하지 않았던, 자발적으로 보다 풍요로운 생활을 바라면서 국경을 넘어 이동하는 '이민'과 분쟁, 내전, 전쟁으로 인한 생명의 위험으로부터 벗어나기 위해 다른 국가로 넘어가는 '난민'이 급증했다. 모두 영역국민국가의 구조를 넘어가는 인간의 이동이다. 이 이동은 각 국가의 주권과는 무관하게 발생했다. 주권을 보유한 영역국민국가로 이루어진 세계가 성립했던 것은 기껏해야 20세기 중반의 일이었다. 그 직후부터 경제활동이나 여행을 위해 사람은 국경을 넘어 대규모로 이동하기 시작했던 것이다. 게다가 난민과 이민의 대규모 이동이 더해졌다.

신형 코로나바이러스에 의한 팬데믹은 그 단서가 난민이나 이민이 아니었고, 지구상을 돌아다니는 사람의 흐름에 의해 일어났다. 그리고 그 흐름을 막지 못하는 한,

감염의 확대를 막을 수 없다는 점도 분명했다. 이러한 상황에 직면한 국가라고 하는 존재는 그 영역의 벽을 높이고, 여태까지 했던 것 이상으로 주권을 주장하면서 국민을 위해 자원을 배분하려고 한다. 결과적으로, 국가에 거주하지 않는 사람들 특히 이질적 문화를 가지고 있는 사람들이 배제되는 것을 도대체 어떻게 막을 수 있을 것인가?

유럽 사회 안의 무슬림은 가맹국 각각에서부터 거주해서는 안 될 사람으로 여겨졌고, 게다가 유럽에는 속하지 않는 존재가 되었다. 팬데믹은 이중의 의미에서 그들의 생존을 위협하는 시대의 도래를 알리고 있는 것으로 보인다.

한편, 팬데믹에 저항하는 인간으로서의 무슬림은 보기 드문 강력함을 가지고 있다는 것이 계속 명확해지고 있다. 예언자 무함마드의 언행록인 『하디스』에는 당시 알려져 있었던 감염병인 페스트에 대해서 다음과 같은 말이 있다. "만약 너희들이 어떤 지역에 페스트가 유행하고 있다는 것을 듣게 되면, 그곳으로 들어가지 마라. 그리고 너희들이 거주하는 지역에 페스트가 발생했을 때에는 그곳에서부터 벗어나라."(중권, 마키노 신야牧野信也 번역, 중앙공

론사, 1994년) 세계의 이슬람 지도자는 모두 이『하디스』를 인용하여 이동을 멈추라고 말했다. 튀르키예의 에르도안 대통령도 국민을 향해 연설하면서 이를 사용하였고, '집에 머무르십시오'는 튀르키예 정부의 신형 코로나바이러스 대책의 중심이 되었다.

『하디스』에 전거가 있다면, 모든 무슬림은 이에 따를 의무가 있다. 게다가 2020년의 팬데믹에서는 미국과 유럽 여러 국가 및 일본도 외출의 금지와 자숙을 국민에게 강력하게 요청했다. 그래서 무슬림은 역시 알라는 위대하고, 무함마드는 그의 사도라는 생각을 심화했다. 선진적인 의학이 요구하는 것과 예언자 무함마드가 요구하는 것이 똑같았기 때문이다.

감염으로 인해 병세가 심각한 폐렴이 발생하는 확률이 고령자에서 높게 나타난다는 것이 명확해지면서 무슬림은 늙은 부모와 고령자를 지킨다는 이슬람적 윤리에 호소했다. 부모를 소중하게 모시는 것은『쿠란』에서 반복적으로 요구되는 것이다. 튀르키예에서는 65세 이상 고령자에게 외출 금지를 명했고, 그 대신에 시의 직원, 경찰관, 자원봉사자를 동원하여 생활 물자를 공급하게 했다. 누구도 경험한 적이 없는 불안에 겁을 먹는 상황에서

조차 이슬람은 신도에게 길을 제시한 것이다.

　그리고 결과적으로 병에 걸려 죽음에 이르는 경우에도 이슬람은 모종의 강력함을 발휘한다. 병상에서의 고통은 내세에서의 벌을 생전에 받는 것을 의미하고, 그에 상당하는 만큼 최후의 심판에서 저울로 계량되는 '악행'이 없어지게 된다고 이슬람은 가르친다. 본인에게 있어서의 고통, 육친에게 있어서의 슬픔을 내세에서 낙원으로 가는 길이라고 파악하는 발상은 이러한 재앙에 대해 무슬림이 매우 강한 탄성을 가졌음을 보여주고 있다. 현실에서는 의료의 태세가 정비되어 있지 않은 국가나 지역이 많기 때문에 다수의 희생자를 배출하게 될 것이다. 그러나 이 팬데믹에 의해 신앙의 길로 되돌아오고자 하는 무슬림이 늘어날 것이다.

　신형 코로나바이러스의 감염병에 의한 팬데믹은 틀림없이 세계의 구조를 변화시키고 있다. 이슬람 세계와 유럽, 양자도 모두 막대한 인적 피해를 입었다는 점에서는 똑같다. 팬데믹이 종식을 맞이하는 이후에 인류의 예지(叡智)가 이 감염병을 제압했다고 믿을 유럽. 신은 어떠한 재앙에서도 올바른 길을 제시했다고 믿을 이슬람 세계. 양자는 이렇게 다른 길을 걷게 될 것이다.

덧붙이는 말

이슬람과 유럽의 관계는 과거 20년 동안 틈이 깊어지기만 해서 언젠가 『유럽과 이슬람』의 속편을 써야겠다고 생각을 했는데도 매듭을 찾지 못한 채 지금에 이르렀다. 특히 2020년 현재로 10년이 된 시리아 내전의 결과, 2015년에 어마어마한 난민이 유럽으로 건너갔던 것은 양자의 관계를 결정적으로 변화시켜버렸다.

지금까지도 이슬람 세계와 유럽을 둘러싼 상황에 커다란 변화가 발생할 때마다 생각했던 것을 정리해 왔고, 이미 간행된 몇몇 저작과 논문에서 썼던 것도 이 책에 포함시켰다. 연구자로서는 내용적으로 겹치는 것을 쓰면 안되지만, 잇달아 발생하는 새로운 현상만을 절취하면 그이전에 일어났던 것과의 관계는 간과되는 경향이 있다. 최근 5년 동안에 연이어 일어났던 테러 사건이든, 난민문제이든 문제가 발생하기 이전의 상황으로 되돌아간 바탕 위에서 새로운 지견으로 대체하지 않는다면 장래에 왜이러한 일이 일어났는지를 더듬어보는 것이 어려워진다.

필자는 서구와 이슬람 세계의 관계에서 긴장이 고조되었던 1980년 무렵부터 연구를 시작했고, 제한된 지역이기는 했지만 중동에서는 1980년대 전반에 시리아, 1990년대 전반에 튀르키예, 그리고 냉전이 끝날 무렵부터는 유럽 여러 국가에서 현지 조사를 거듭해 왔다. 이 책에서는 필자의 경험에 근거하여 과거 40년 동안 두 개의 거대한 문명권의 상극을 서술해보려고 생각했던 것이다.

필자가 수행하는 연구의 기본은 가능한 사람들의 목소리를 듣는 것에 있다. 거기에서부터 이슬람 사회, 유럽 사회, 그리고 양자의 관계를 도출하고자 했다. 이 수법에 대해서 많은 시사점을 얻었던 책 중 하나가 가타쿠라 모토코(片倉もとこ) 선생의 『이슬람의 일상 세계』(이와나미 신서)였다. 거리 사람들의 신앙 실천으로부터 이슬람을 서술했던 이 명저의 편집을 담당했던 사카모토 준코(坂本純子) 씨에게 이 책의 편집을 부탁드릴 수 있었던 것은 큰 기쁨이었다. 마음에서부터 감사함을 표시하고 싶다. 신형 코로나바이러스의 감염 확대라는 위기 속에서 작업을 계속해주셨던 교정자 분께도 깊은 감사를 드린다.

최근 수개월 동안 대학도 대면으로 강의를 할 수 없게 되는 이례적인 사태가 발생했다. 책의 덧붙이는 말에 개인적인 일은 쓰지 않는 것이지만, 수개월에 걸쳐서 집에 틀어박혀 있는 비일상적인 생활 속에서 문자 그대로 고락(苦樂)을 함께해 왔던 아내 리이(里依)에게 감사의 마음을 표현하고자 한다.

2020년 6월 9일

나이토 마사노리

관련연표

1997	11월: 이집트 룩소르에서 관광객 습격 테러 사건 발생. 이슬람 집단 소행. 사망자 60명 이상.
1998	8월: 케냐와 탄자니아에서 미국대사관 폭파사건 발생. 알카에다 소행. 사망자 200명 이상.
2001	9월: 미국 동시다발 테러 사건(9.11) 발생. 알카에다 소행. 사망자 대략 3천 명. 10월: 아프가니스탄 침공 '불후의 자유' 작전 실시. 탈레반 정권이 타도되고, 카르자이 정권 성립. 2차 세계대전 이후를 포함하여 사망한 시민들의 수는 대략 4만 명?
2002	10월: 인도네시아 발리섬 폭파사건 발생. 이슬람 과격파 소행. 사망자 200명 이상.
2003	3월: 이라크전쟁. 그 이후, 이라크에서는 수니파 대 시아파의 충돌로 희생자가 증가. 2차 세계대전 이후를 포함하여 사망한 시민들의 수는 대략 20만 명? 9월: 독일의 루딘 재판. 연방헌법재판소에서 스카프 착용 때문에 교원 임용을 거부한 것에 위헌 판결. 그 이후, 각 주에서 교원의 덮개를 금지하는 법제화 추진.
2004	3월: 스페인 마드리드의 아토차 역과 그 이외 역의 열차 폭발 테러 사건 발생. 알카에다 소행? 사망자 190명 이상. 3월: 프랑스, 공립학교에서 종교적 상징을 금지하는 법 성립. 실질적으로 무슬림 여성의 덮개를 금지한 조치. 11월: 네덜란드에서 영화감독 테오 반 고흐 암살 사건 발생. 이슬람을 모욕했다는 이유로 모로코계 이민에 의해 살해됨. 12월: EU가 튀르키예와의 가맹 교섭 개시 결정.
2005	7월: 영국 런던에서 동시다발 테러 발생. 알카에다 소행. 사망자 50명 이상. 9월: 덴마크의 신문이 무함마드 풍자 그림을 게재. 10월: EU가 튀르키예와의 가맹 교섭 개시.
2006	9월: 로마 교황 베네딕토 16세가 이슬람의 선교는 폭력적이라고 발언하여 이슬람 세계로부터 반발을 초래함. 12월: EU가 튀르키예와의 가맹 교섭 중단.
2008	11월: 인도의 뭄바이에서 동시다발 테러 사건 발생. 이슬람 과격파 소행. 사망자 160명 이상.

	12월부터 2009년 1월: 이스라엘이 가자를 공격. 사망자 1300명 이상. 국제연합 팔레스타인 난민구제사업기관(UNRWA) 운영하는 피난소가 공격을 받아 40명 사망.
2009	7월: 독일의 드레스덴에서 덮개를 착용했던 무슬림 여성이 법정에서 살해됨. 반이슬람주의자의 범행.
2010	12월: 튀니지에서 '재스민 혁명' 시작. 대규모 민주화 운동인 '아랍의 봄' 시작.
2011	1월: 이집트에서 무바라크 정권 타도 운동 발생. 2월에 무바라크 대통령 사임. 2월: 리비아에서 카다피 정권 타도 운동 발생. NATO 군대가 개입. 3월: 시리아에서 반정부 운동 확대(내전의 단서). 내전은 2020년 6월 현재에도 수습되지 못했고, 사망자는 대략 40만 명. 4월: 프랑스, 공공장소에서의 무슬림 여성 덮개 금지법(부르카 금지법) 시행. 5월: 오사마 빈 라덴을 미국 군대가 파키스탄에서 살해. 7월: 벨기에가 공공장소에서의 무슬림 여성 덮개 금지법 시행. 7월: 노르웨이의 오슬로에서 연속 테러 사건 발생. 극우 배외주의자 소행. 사망자 70명 이상.
2012	현재까지: 시리아 난민의 튀르키예, 레바논, 요르단으로의 유출. 6월부터 현재까지: 미얀마가 다수의 로힝야를 추방. 6월: 이집트에서 최초의 자유선거로 모르시 대통령 선출.
2013	1월: 알제리에서 인질 살해사건 발생. 이슬람 과격파 소행. 사망자 48명. 2월: 독일에서 독일을 위한 선택지(AfD) 결성. 4월: 미국의 보스턴마라톤에서 폭발 테러 사건 발생. 이슬람 과격파 소행. 사망자 3명. 7월: 이집트에서 쿠데타가 일어나 시시 국방장관이 정권 탈취. 모르시 대통령이 체포되고, 무슬림 동포단 탄압. 10월: 이탈리아의 람페두사섬에서 난민선 침몰. 희생자가 다수 발생. 2014년에는 16만 명 이상의 난민이 지중해로부터 이탈리아 등으로 건너옴.
2014	7월부터 현재까지: 리비아 내전의 격화. 7월~8월: 이스라엘이 가자를 공격. 사망자 2100명 이상. 8월: 미국 군대와 유지연합군이 이라크와 시리아에서 '이슬람국가' 초토화작전 개시. 10월: 독일의 드레스덴에서 PEGIDA 운동 시작. PEGIDA란, '유럽의 이슬람화에 반대하는 애국적 유럽 시민'을 의미.
2015	1월: 프랑스에서 『샤를리 에브도』가 습격을 당함. 이슬람 과격파 소행. 사망자 12명. 1월: 프랑스에서 유대계 슈퍼마켓 습격 테러 사건 발생. 이슬람 과격파 소행. 사망자 4명. 3월: 튀니지의 바르도국립박물관 습격 테러 사건 발생. 이슬람 과격파 소행. 사망자 20명 이상.

	4월~2016년 3월: 시리아, 아프가니스탄, 이라크의 난민이 튀르키예를 경유하여 유럽으로 쇄도. 9월: 독일의 메르켈 총리가 난민 수용을 표명. 9월부터 현재까지: 예멘 내전의 격화. 9월: 러시아가 시리아 내전에 군사개입하여 아사드 정권 지원. 10월: 튀르키예의 앙카라에서 폭파 테러 사건 발생. '이슬람국가' 소행. 사망자 100명 이상. 11월: 프랑스 파리에서 동시다발 테러 사건 발생. '이슬람국가' 소행. 사망자 130명 이상.
2016	3월: 벨기에의 브뤼셀에서 동시다발 테러 발생. '이슬람국가' 소행. 사망자 30명 이상. 3월: EU와 튀르키예가 난민 유출 억제에 합의. 6월: 튀르키예 이스탄불의 아타튀르크 국제공항 테러 사건 발생. '이슬람국가' 소행. 사망자 40명 이상. 7월: 방글라데시 다카에서 레스토랑 습격 테러 사건 발생. '이슬람국가' 소행? 사망자 20명 이상. 7월: 이라크의 바그다드에서 폭탄 테러 사건 발생. '이슬람국가' 소행. 사망자 200명 이상. 7월: 프랑스의 니스에서 테러 사건 발생. 이슬람 과격파 소행? 사망자 80명 이상. 7월: 튀르키예에서 쿠데타 미수 사건 발생. 귈렌계 조직 소행. 사망자 251명. 9월: 독일, 베를린시 의회선거에서 AfD가 약진. 12월: 독일의 베를린에서 크리스마스 슈퍼마켓 습격 테러 사건 발생. 이슬람 과격파 소행? 사망자 10명 이상.
2017	1월: 튀르키예의 이스탄불에서 나이트클럽 습격 테러 사건 발생. '이슬람국가' 소행. 사망자 약 40명. 3월: 네덜란드 의회선거에서 자유당(PVV)이 제2당으로 약진. 3월: 영국의 웨스트민스터 브릿지 등에서 습격 테러 사건 발생. 이슬람 과격파 소행? 사망자 5명. 4월: 스웨덴의 스톡홀름에서 테러 사건 발생. 이슬람 과격파 소행. 사망자 4명. 5월: 프랑스 대통령 선거 결선 투표. 마크롱 대통령 탄생, 2위는 극우의 마린 르펜. 5월: 영국의 맨체스터 아레나 폭파 테러 발생. 이슬람 과격파 소행. 사망자 20명 이상. 6월: 영국의 런던 브릿지 등에서 습격 테러 사건 발생. 이슬람 과격파 소행? 사망자 8명. 8월: 스페인의 바르셀로나에서 테러 사건 발생. 이슬람 과격파 소행? 사망자 10명 이상. 9월: 독일 연방의회선거에서 AfD 약진. 의석 94석을 획득하며 야당 제1당이 됨.

	10월: 오스트리아에서 무슬림 여성 덮개 금지법 시행. 11월: 이집트의 시나이반도에서 모스크 습격 발생. '이슬람국가' 소행. 사망자 300명 이상.
2018	5월: 이스라엘의 미국대사관을 예루살렘으로 이전. 8월: 덴마크에서 무슬림 여성 덮개 금지법 시행. 11월부터 현재까지: 서아프리카의 나이지리아, 니제르, 부르키나파소 등에서 '이슬람국가' 계열 무장 세력에 의한 습격이 빈번히 발생.
2019	3월: 뉴질랜드의 크라이스트처치에서 모스크 습격 테러 사건 발생. 반이슬람주의자 소행. 사망자 50명 이상. 6월: 덴마크 의회 총선거. 좌파의 배외주의 경향이 현저해짐. 10월: 미국 군대가 '이슬람국가'의 자칭 칼리프인 바그다디를 살해.
2020	1월: 미국이 이라크의 바그다드에서 이란의 혁명방위대 솔레이마니 장군을 살해. 이란 전역에서 반미감정이 높아짐.

역자 후기

  서아시아와 유럽의 관계, 이슬람교와 기독교의 관계
를 살펴보는 것은 세계사 공부에서 큰 비중을 차지한다
고 할 수 있다. 7세기에 이슬람교가 형성되어 급속도로
세력을 팽창하고 있었을 때에 유럽에서 이를 저지시켰
던 투르-푸아티에 전투, 11세기 말부터 13세기 이르기까
지 이슬람교와 기독교 세력이 '성지'를 둘러싸고 오랫동
안 대립했던 십자군 전쟁, 발칸반도와 동유럽까지 영역
을 확장했던 이슬람 제국인 오스만튀르크와 유럽 국가들
의 갈등과 같은 여러 사건은 세계사 서술에서 빠지지 않
고 등장한다.

  이를 바라보는 우리들의 시선은 어떠한가? 전반적으로
서아시아와 이슬람교 쪽에 부정적인 감정을 가지고 있는
것으로 보인다. 특히 2001년 9월 11일에 전 세계를 경악
하게 만들었던 테러 사건은 이슬람교는 폭력적인 종교라
는 이미지가 더욱 굳어지게 만들었고, 이로 인해 세계사
를 해석하는 데에 있어서 서아시아라는 지역과 이슬람교

라는 종교가 지니고 있는 중요한 의미는 점점 우리의 시야에서 사라져갔다. 그리고 서아시아에 있는 여러 국가가 민주주의를 향한 길로 나아가지 못하고, 독재자 혹은 군부가 장악하는 체제를 유지하고 있다는 점도 서아시아에 대한 관심을 대폭 줄어들게 한 요인이라고 할 수 있다. 그 결과, '이슬람=테러 집단'이라는 인식이 부지불식간에 고정관념이 되어가고 있는 것이 아닐지 모르겠다.

게다가 유럽에서 대규모 무슬림 난민이 국경으로 쇄도하고 있다는 뉴스가 2010년대 중반부터 자주 들리기 시작했다. 그리고 이 책에서도 언급되고 있는, 알란 쿠르디라는 이름을 가진 남자 아이의 시신이 해안가에서 표류한 모습을 찍은 사진이 인터넷을 통해 확산되면서 난민 문제가 심각하다는 것은 우리들도 분명히 확인할 수 있었다. 그러나 관심은 거기까지였다. 인권의 측면에서는 너무나도 안타까운 일이었지만, 우리와는 너무나 멀리 떨어져 있는 지역에서 벌어진 사건이었다. 유럽도 마찬가지였다. 심지어 유럽은 난민들이 대거 흘러들어왔기 때문에 직접적인 영향을 받고 있었지만, 난민 구제보다는 각각의 국가 정체성과 국가 안보를 지키기 위한 방책 쪽에 더욱 큰 관심을 가지게 되었다. 이는 표현의 자유를 빙자해서 이슬람교에 대한 모독을 공공연히 드러냈던 유럽 사회가 무슬림들을 향해 더욱 적대적인 자세를 취하는 계기로 작용했다.

어느 쪽에 문제가 있는 것일까? 국가 체제가 제대로 작동하지 않고 심지어 격렬한 내전에 휩싸인 서아시아나 아프리카 일대의 이슬람교 국가 때문에 모든 것이 엉망진창이 되었던 것일까? 자신들의 목숨을 위해 위험을 무릅쓰고 유럽까지 넘어온 난민들을 무슬림이라면서 '잠재적 테러리스트'로 간주하면서 배척하고, 그러한 심리를 이용하여 배외주의 정당들이 세력을 확대하고 있는 유럽이 너무 편협한 것은 아닌가? 어느 한쪽에만 잘못이 있다고 할 수는 없다. 양쪽의 입장을 아울러 살펴보아야만 하는 문제이다.

그러나 이슬람교에 대한 적대적인 선입견 때문에 많은 사람들은 유럽의 입장에 자연스럽게 동조하는 경향이 있다. 유럽은 선진국들이 모여 있고, 서아시아는 후진국들이 모여 있기 때문이라는 의견도 종종 보인다. 모든 것이 이슬람교의 폭력, 지하드(성전) 때문이라고 단언하는 경우도 있다. 과연 그럴까? 이 책을 읽어보게 되면, 사정은 그렇게 단순하지 않다는 것을 확인할 수 있다. 서아시아의 혼란한 정치적 상황을 조성한 역사적 배경에 영국, 프랑스, 미국, 러시아의 영향력이 있다는 점을 고려하면 이슬람교의 특성이라는 한 가지 요소 때문에 혼란이 발생한 것은 결코 아니다. 미국이 사담 후세인(이라크), 오사마 빈 라덴(알카에다), 알 바그다디(이슬람국가), 가셈 솔레이마니(이란) 등을 제거했는데도 전쟁은 왜 계속되고 있는가? 이는 서아시아의 국가들뿐만 아니라 이슬람교와 이슬람의 국가들을 바라보는 서방국가들의 관점에도 문제가 있고, 이로 인해 타자의 문화에 대한 진정한 이해를 기반으로 하는 '공생'을 염두에 두고 있지 않기 때문에 발생하는 현상이다.

단적인 예를 들면, 이 책에서도 언급되고 있듯이 유럽에서는 무함마드를 희화화하는 만화나 이슬람교를 모독하는 작품이 표현의 자유라는 이름으로 자유롭게 제작된다. 살만 루슈디의 소설 『악마의 시』는 가장 대표적인 작품이라고 할 수 있을 것이다. 이러한 작품들이 등장하면, 어김없이 무슬림에 의한 폭력적 공격이 일어난다. 『악마의 시』를 일본어로 번역했던 교수가 살해되었고, 2022년에는 살만 루슈디가 강연 직전에 습격을 당하면서 큰 부상을 입기도 했다. 이런 뉴스들에서 강조되는 것은 무슬림의 '폭력'이다. 왜 그들이 이런 극단적인 폭력 행위를 일으켰는지 그 원인에 대한 심도 있는 분석은 이루어지지 않는다. 입장을 바꿔서 생각해보자. 만약 이란이나 사우디아라비아와 같은 이슬람교 국가에서 예수를 모독하거나 성경의 내용을 신성모독의 방향으로 왜곡하는 그림, 책, 영화를 제작했다고 하면 기독교도들은 어떻게 대처할 수 있을까? 그러나 무슬림 쪽에서 기독교의 근본을 모독하는 행위를 했다는 뉴스를 접해본 일은 없다.

우리가 이슬람교를 생각할 때 떠올리는 대표적인 문구 중 하나가 '한 손에는 칼, 한 손에는 쿠란'이다. 이슬람교의 폭력성을 언급할 때 늘 등장하는 말이지만, 이 구절은 이슬람교의 경전 그 어디에도 존재하지 않는다. 이슬람교의 이미지를 폭력과 결합하기 위해서 의도적으로 만들어진 것이다. 그런데 왜 현대에 이슬람 과격파들은 세계 곳곳에서 테러를 저지르고 있는 것일까? 분명한 것은 7세기에 이슬람교가 생겨나서 전쟁을 통해 교세를 확장했던 것과는 달리 현재의 폭력적인 행동은 이슬람교의 포교나 선교를 위한 것과는 이미 거리가 멀어져 있다는 사실이다. 이는 미국을 포함한 서방국가의 정책과 서아시아에서 쉬지 않고 벌어지는 전쟁이 만들어낸 너무나도 불행한 결과라고 하지 않을 수 없다.

　역자는 세계사를 공부하면서 이슬람교의 확장과 그로 인해 형성된 현재 세계의 모습에 지속적인 관심을 가지고 있다가 이 책을 발견하고 번역하기 시작했다. 책의 제목에 끌리게 된 것인데, 이슬람의 관점에서 세계(유럽)를 바라보면 어떤 내용의 역사 서술이 나오게 될지가 궁금했던 것이다. 공부를 하겠다고 관련 서적들을 뒤져보기는 했지만, 이슬람교에 대해 가지고 있었던 선입견과 오해가 여전히 남아 있었는데 이 책의 번역을 통해 이슬람교와 무슬림의 '실제' 모습과 가치관 등이 무엇인지를 조금은 알 수 있게 되었다. 그리고 이슬람교의 종교적 관습과 사상, 교리에 대해 제대로 알려고 하지 않고 폭력성만을 강조한 결과 무슬림은 잠재적 테러리스트로 간주되었고, 테러 방지와 근절이라는 '올바른' 목적의 수행으로 인해 군사적인 대립만 확대되면서 또 다른 무력 충돌이 지속적으로 현대 세계에서 일어나고 있다는 점을 확인할 수 있었다. 결국 '타자'를 진정으로 이해하려는 노력이 역사 공부의 목적임을 새삼 깨닫게 만드는 책이었다고 평가하고 싶다.

　이 책을 번역하는 과정에서 도움을 주신 분들에게 감

사의 말씀을 드리고 싶다. 이슬람교와 무슬림의 시선으로 현대 세계를 이해하는 데에 도움을 준 이 책의 저자 나이토 마사노리 선생님께 감사의 말씀을 드린다. 그리고 수업 도중에 갑자기 이슬람 세계와 관련된 이야기를 불쑥 꺼내면서 서아시아 지역과 그 역사에 대한 선입견에서 벗어나는 것이 세계사 공부를 위해서 중요하다는 일장 연설을 끝까지 참고 들어주신 경기대학교 사학과 학부생 여러분께도 감사의 말씀을 올린다. 또한 이 책의 번역 출간을 흔쾌히 수락해주고 꼼꼼하게 교정해주신 AK커뮤니케이션즈 출판사의 모든 분께도 감사드린다. 아울러 이제 10권째가 넘어가는 역자의 번역 작업에 계속 관심을 가지고 응원해주시는 부모님의 지원은 역자가 계속 공부할 수 있는 중요한 원동력이다. 항상 감사드린다.

2024년 9월
광교의 연구실에서
옮긴이 권용철

IWANAMI 89

이슬람에서 바라보는 유럽

초판 1쇄 인쇄 2025년 2월 10일
초판 1쇄 발행 2025년 2월 15일

지은이 : 나이토 마사노리
옮긴이 : 권용철

펴낸이 : 이동섭
편집 : 이민규
책임 편집 : 유연식
디자인 : 조세연
표지 디자인 : 공중정원
기획·편집 : 송정환, 박소진
영업·마케팅 : 조정훈, 김려홍
e-BOOK : 홍인표, 최정수, 김은혜, 정희철, 김유빈
라이츠 : 서찬웅, 서유림
관리 : 이윤미

㈜에이케이커뮤니케이션즈
등록 1996년 7월 9일(제302-1996-00026호)
주소 : 08513 서울특별시 금천구 디지털로 178, B동 1805호
TEL : 02-702-7963~5 FAX : 0303-3440-2024
http://www.amusementkorea.co.kr

ISBN 979-11-274-8594-8 04900
ISBN 979-11-7024-600-8 04080 (세트)

ISURAMU KARA YOROPPA O MIRU:
SHAKAI NO SHINSO DE NANI GA OKITE IRUNOKA
by Masanori Naito
Copyright © 2020 by Masanori Naito
Originally published in 2020 by Iwanami Shoten, Publishers, Tokyo.
This Korean print edition published in 2025
by AK Communications, Inc., Seoul
by arrangement with Iwanami Shoten, Publishers, Tokyo

지성과 양심 **이와나미**岩波 **시리즈**